LES JUIFS DE FRANCE
DE 1789 À 1860

PATRICK GIRARD

LES JUIFS DE FRANCE DE 1789 A 1860

De l'émancipation à l'égalité

CALMANN-LÉVY

ISBN 2-7021-0099-6

Pour Pierre et Fernande Hamel

Introduction

ÉCRIRE un livre sur l'émancipation des Juifs de France
n'est pas un acte neutre, si l'on prend en considération
les querelles et les passions suscitées par ce fait. D'importantes mutations mentales se sont effectuées à ce sujet dans
le monde juif contemporain. A ceux qui considéraient la
France comme « désignée par celui qui dirige les destinées
de l'humanité pour travailler à l'émancipation de tous les
opprimés, pour répandre dans le monde les grandes et belles
idées de justice, d'égalité et de fraternité qui étaient naguère
le patrimoine exclusif d'Israël [1] » ont succédé ceux qui
affirment, non moins péremptoirement, que « les hommes
qui célébraient l'idéal français et l'érigeaient en bien suprême
pour les Juifs du monde entier, faisaient preuve d'un aveuglement tragique [2] ». De tels jugements, s'ils sont les conséquences de phases successives de l'histoire juive, de l'ivresse
de la liberté au désarroi né dans les flammes d'Auschwitz,
ne peuvent en aucun cas guider l'historien juif. Ce dernier,
bien que largement déterminé par le destin mouvementé
de sa communauté d'origine, éprouve une légitime irritation

1. Rabbin HERRMANN in *La Révolution française et le rabbinat
français,* sous la direction de Benjamin Mossé, Avignon, 1890, p. 94.
2. M. R. MARRUS, *Les Juifs de France à l'époque de l'affaire
Dreyfus. L'assimilation à l'épreuve,* préface de Pierre Vidal-Naquet,
Calmann-Lévy, coll. « Diaspora », 1972, p. 14.

devant le caractère passionnel d'un débat, dont nombre de données sont encore méconnues.

A force d'en parler, on a oublié, pour autant qu'on l'ait jamais su, ce qu'était l'émancipation ou plutôt ce que furent ses différentes formes. Traiter de façon abstraite de l'émancipation comme d'un phénomène uniforme, c'est ignorer que l'accès des Juifs à l'égalité civile et politique se fit selon des modalités et à des époques différentes. Acquise dès 1870 pour la quasi-totalité des pays d'Europe occidentale, elle s'accompagna de la disparition de l'autonomie traditionnelle des communautés juives. En Europe orientale, les lois discriminatoires restèrent plus longtemps en vigueur et, si la Russie émancipa ses Juifs en avril 1917, elle le fit en les dotant, plus tard et très partiellement, d'un statut de minorité nationale.

Aux Etats-Unis les Juifs constituent, depuis le milieu du XVIIe siècle, une minorité, se voulant et étant reconnue comme telle par la société environnante.

La relative rareté d'études sérieuses [1] portant sur tel ou tel cas d'espèce ne permet pas, pour le moment du moins, d'envisager une réflexion de synthèse sur les différents types d'émancipation. Le présent ouvrage sera donc volontairement limité à l'étude du cas français, encore peu connu, mais dont il ne faut pas sous-estimer l'importance. En effet, la France fut le premier pays d'Europe à faire de ses habitants juifs des citoyens égaux en droits et en devoirs avec leurs compatriotes chrétiens. Nous ne prétendons cependant pas nous restreindre à l'étude des débats autour de l'émancipation ou à celle de ses modalités juridiques. Nous avons surtout voulu, et il s'agit là d'un choix que certains contesteront, analyser les réactions des communautés juives devant

---

1. On consultera cependant avec profit les ouvrages suivants : *Les Juifs en Union soviétique depuis 1917,* sous la direction de L. Kochan, Calmann-Lévy, coll. Diaspora, 1971 ; N. GLAZER, *Les Juifs américains, du XVIIe siècle à nos jours,* Calmann-Lévy, coll. Diaspora, 1972.

la modification profonde de leur statut juridique. Confrontées à un nouveau type de société, elles durent se transformer profondément, remettre en question la légitimité de leur existence et de celle du judaïsme lui-même. Le sujet de ce livre est donc le long et pénible itinéraire emprunté par les Juifs français de 1789 à 1860 et la façon dont ils vécurent l'affrontement d'une tradition multiséculaire avec le monde moderne. Bien entendu, les opinions personnelles de l'auteur ont profondément influencé la présentation et l'interprétation des faits, l'amenant à porter un jugement plutôt favorable sur l'évolution du judaïsme français pendant cette période. A notre avis, ceux qui propagèrent la doctrine de l'assimilation assurèrent ainsi, dans des conditions difficiles, le maintien d'une certaine forme d'identité juive en France. Nous nous sommes cependant efforcé de donner de cette époque le tableau le plus exact possible afin d'indiquer ainsi les faits sur lesquels nous fondons notre appréciation. Au lecteur de juger et de montrer, par la variété de ses réactions, que nous avons, si ce n'est visé juste, tout au moins fait place à tous et étudié ce sur quoi chacun voulait plus particulièrement insister.

Ce livre a pour titre : *Les Juifs de France de 1789 à 1860. De l'émancipation à l'égalité.* La période choisie et la distinction faite entre émancipation et égalité peuvent surprendre ; aussi nous semble-t-il utile de préciser ici la conception générale de l'ouvrage. Deux faits ont plus particulièrement retenu notre attention. D'une part, l'émancipation de 1791 fut partielle et la conquête de l'égalité juridique absolue se fit en plusieurs étapes. D'autre part, l'émancipation, si elle mit fin à l'autonomie traditionnelle des communautés juives, ne s'accompagna pas de la disparition de celles-ci. D'autres structures apparurent, regroupant selon des modalités nouvelles les émancipés de la veille. Ces deux phénomènes, étroitement liés l'un à l'autre, amenèrent au fil des années l'assimilation des Israélites [1] à la nation française. Nul ne s'étonnera donc que nous ayons consacré un chapitre entier à l'élaboration de la doctrine de l'assimilation, c'est-à-dire de la représentation que se firent les Juifs français des conséquences, sur le plan individuel et collectif, de l'émancipation. A cet égard, la tâche de l'historien est rendue singulièrement difficile par l'effacement, dans la mémoire collective, des circonstances exactes de l'émancipation et des difficultés auxquelles furent confrontés les Juifs français.

Ceux-ci, loin d'accueillir avec des transports d'allégresse l'abolition des lois discriminatoires, firent tout leur possible pour la refuser, au nom d'un particularisme juif dont ils ne souhaitaient nullement la disparition. Ce n'est que dans la seconde moitié du XIXᵉ siècle que les rabbins et les laïcs accréditèrent l'idée selon laquelle les Juifs étaient devenus, du jour au lendemain et sans nul regret, des Français à part entière. Rien n'est moins vrai et ce livre s'efforcera de le montrer. Les mêmes rabbins et laïcs réinterprétèrent aussi profondément l'attitude de la Révolution vis-à-vis des Juifs. Celle-ci fut peu bienveillante, refusant, pendant deux années, aux Juifs d'Alsace et de Lorraine les droits de citoyens dont jouissaient leurs coreligionnaires du sud de la France. Les déclarations enthousiastes sur la Révolution française, « notre seconde loi du Sinaï » selon Isidore Cahen [2], eurent pour

---

1. Nous employons ici le terme d'Israélite à la place de celui de Juif, jugé par nombre d'émancipés comme étant péjoratif ou se rapportant à une situation révolue d'oppression. Tout au long de l'ouvrage, nous utilisons alternativement les deux termes, ainsi que le firent les auteurs de l'époque. En effet, Juif et judaïsme continuèrent à désigner l'adepte d'une religion et celle-ci. Israélite était couramment employé pour désigner, de façon élogieuse, les émancipés par opposition à ceux qui demeuraient, en d'autres pays que la France, sous le joug de lois discriminatoires. Nous reviendrons plus en détail sur cette question dans le chapitre III.

2. I. CAHEN, « Les décrets et les Israélites », *Les Archives israélites*, XLI, 1880, p. 363.

conséquence de faire oublier qu'en raison du maintien de lois discriminatoires, l'égalité absolue devant la loi ne fut acquise que sous la monarchie de Juillet. Peut-être cet effacement de la mémoire collective est-il l'un des traits topiques de l'assimilation. Les faits ainsi dissimulés sont cependant d'importance et montrent clairement que l'étude de l'émancipation, loin de se restreindre à la période révolutionnaire, doit englober une période plus longue, marquée par la succession de différents régimes politiques.

Notre enquête portera donc sur le lent cheminement des Israélites français vers l'égalité absolue avec leurs concitoyens chrétiens et vers la formation d'une doctrine politique et de structures communautaires originales, susceptibles de constituer un modèle pour les autres communautés juives du monde. Notre propos concerne aussi bien la façon dont les Juifs français luttèrent pour leur émancipation et pour la disparition des lois discriminatoires que les mutations intervenues dans leurs structures socio-professionnelles et leurs comportements mentaux après 1791. Cela nous a entraîné à privilégier les réactions les plus aisément perceptibles, c'est-à-dire celles des organisations cultuelles, des associations de bienfaisance et des journaux israélites, qui prétendaient, à juste titre, être représentatifs de la majorité de leurs coreligionnaires. Cependant, lorsque cela était nécessaire ou pouvait apporter un regard neuf sur une réalité encore méconnue, nous avons fait intervenir des individus et des groupes, dont l'importance numérique et l'attachement au judaïsme étaient plus faibles, mais qui nous semblaient être également caractéristiques des réactions juives à l'émancipation.

L'un des paradoxes les plus étonnants de l'histoire juive est que l'historien, s'il peut décrire avec précision les problèmes d'une communauté israélite, ne peut délimiter exactement l'élément humain la composant. Sous l'Ancien Régime, l'existence de « nations », exerçant sur leurs membres un contrôle absolu, permettait de donner des Juifs

une définition et une estimation numérique aisées. Ce n'est
plus le cas après 1791, puisque rien n'obligeait les Israélites
à maintenir des liens avec leur communauté d'origine. Comment, dès lors, dire ce qui fait de tel citoyen français un
Juif et de l'ensemble de ceux-ci une collectivité distincte ?
Certes, le fait que nous parlions de mutations lentes suggère
que les formes traditionnelles de l'identité juive se sont
maintenues longtemps chez la plupart des Israélites français.
Certains d'entre eux, une minorité, échappent à cette analyse, soit qu'ils aient rompu avec toute pratique religieuse,
soit qu'ils aient changé de religion. N'est-ce pas là cependant
l'une des multiples facettes de l'existence juive ? Nous avons
donc pris en considération l'ensemble des émancipés et de
leurs descendants, indépendamment de la façon dont ils se
rattachaient ou non au judaïsme. Parce qu'ils furent tous
confrontés à un même dilemme, l'intégration dans un monde
nouveau pour eux, sans pour autant le résoudre de la même
façon, les Israélites français du XIXᵉ siècle constituent selon
nous un groupe original et distinct.

Quelques mots encore sur la population étudiée dans ce
livre. Sous l'Ancien Régime, les Juifs n'avaient le droit de
séjourner que dans les quelques régions : le Sud-Ouest (Bordeaux, Saint-Esprit) ; le Sud-Est (Avignon et le Comtat
Venaissin) ; l'Est (l'Alsace et la Lorraine) sans oublier un
groupe semi-clandestin à Paris. Les décrets émancipateurs
permirent une certaine mobilité géographique, mais celle-ci
se fit à l'intérieur et non à l'extérieur des anciennes zones
de résidence. Notre étude portera donc sur celles-ci et nous
nous sommes efforcé de redonner aux régions la place qui
leur était due, ne faisant intervenir Paris que dans la mesure
où cette ville était représentative des débats en cours et
annonçait des mutations qui sont le principal sujet de notre
livre.

On trouvera à la fin de l'ouvrage une liste des principaux
livres et articles consultés pour sa rédaction. C'est avec
raison que M. Marrus note à propos des Juifs de France

qu'il n'y a « aucune étude générale sur le problème de
leur assimilation [1] ». Bien que portant sur les dernières années
du XIX⁰ siècle, son livre donne des aperçus brillants de la
période précédant l'affaire Dreyfus, en dépit d'une hostilité
systématique envers l'assimilation. Il nous a profondément
influencé, bien que nos conclusions soient radicalement différentes de celles de M. Marrus. En raison de l'absence
d'études sérieuses publiées sur les Juifs de France de 1789 à
1860, notre tâche n'était guère facile et son côté « pion-
nier » nous a sans doute fait commettre bien des erreurs
d'appréciation. Nous avons cependant voulu combler partiellement une lacune grave, qui se laisse attribuer aux
aspects particuliers de l'histoire juive en France. Sans évo-
quer l'affaire Dreyfus, qui obligea les Israélites français à
rompre avec un passé conçu comme un obstacle, force est
de reconnaître que nul n'aime à raconter une époque dont
lui-même ou ses ancêtres furent les sujets plutôt que les
acteurs. Si les ouvrages publiés à l'époque étaient le signe
d'un désarroi et la volonté de créer des mécanismes de
pensée mieux adaptés aux exigences du temps, ils ne pouvaient, sauf de rares exceptions, prendre un recul critique
vis-à-vis des questions traitées et de leur enjeu. Une fois
les mécanismes assimilateurs mis en place, l'idée d'une quelconque spécificité juive disparut. Peu d'historiens se sentirent alors attirés par l'étude d'une communauté dont la
réalité quotidienne démentait l'existence. Cela explique que
l'histoire du judaïsme français soit demeurée jusqu'à ces
jours méconnue ou totalement ignorée.

Ce livre comprend trois parties. La première est consacrée
à l'émancipation politique et à la conquête de l'égalité absolue devant la loi. La deuxième partie traitera des conséquences de l'émancipation sur les structures socio-professionnelles des Juifs et de la doctrine de l'assimilation. La troisième partie, plus ambitieuse, décrira les institutions commu-

---

1. MARRUS, *op. cit.*, p. 18.

nautaires et s'efforcera de montrer les mutations mentales intervenues de 1789 à 1860. Enfin, nous donnons en annexe un certain nombre de textes fondamentaux, dont la connaissance est indispensable pour comprendre l'histoire du judaïsme français.

Avant d'entrer dans le vif du sujet, il m'est agréable de remercier ici tous ceux qui m'ont permis de mener à bien la rédaction de ce livre, tant par leurs conseils que par leur appui moral. Ma reconnaissance va tout d'abord à mes deux maîtres et amis, Lilly Scherr et Léon Poliakov, qui m'ont donné le goût de l'histoire juive et la formation nécessaire pour l'étudier. Ils trouveront ici un modeste témoignage de ma gratitude à leur égard, puisque, sans eux, ce livre n'aurait jamais été écrit. Je tiens à remercier également Mme Yvonne Lévyne, bibliothécaire de l'Alliance israélite universelle pour son aide précieuse lors des recherches effectuées en vue de ce livre [1]. Lilly Scherr a relu une première version de l'ouvrage et m'a fait part de ses suggestions et critiques, qui ont complété celles de Roger Errera pour l'établissement du texte définitif. C'est dire l'étendue de ma gratitude à leur égard. Les encouragements prodigués par Gérard Nahon et Pierre Vidal-Naquet, les discussions avec mes camarades de l'Union des étudiants juifs de France, notamment Guy Rozanowicz, m'ont été précieux et m'ont permis de nuancer nombre de mes hypothèses de départ, ainsi que d'éviter de commettre certaines erreurs d'appréciation sur le judaïsme français. Il va sans dire que celles qui sont contenues dans ce livre incombent uniquement à l'auteur et non aux personnes précitées. Ce livre a été rédigé à Paris et à Jérusalem de 1973 à 1975 et a bénéficié du climat moral qu'ont su créer autour de moi ma mère, Mme Hamel, et la famille Lévy, de Jérusalem, ce dont je tiens à les remercier ici.

Paris-Jérusalem, 1973-1975

1. Une partie de ce livre a constitué ma thèse de troisième cycle, préparée sous la direction du professeur Jacques Droz, que je tiens à remercier ici.

PREMIÈRE PARTIE

L'ÉMANCIPATION POLITIQUE
ET LA CONQUÊTE
DE L'ÉGALITÉ ABSOLUE

Au contraire de la société chrétienne, le monde juif n'est sorti que fort tardivement d'un immobilisme dans lequel les lois discriminatoires et l'hostilité nourrie envers le peuple « déicide » l'enfermèrent pendant de longs siècles. Pour cela, il fallut attendre qu'apparaissent, à la fois chez les Juifs et les chrétiens, le désir et la possibilité d'établir des relations fondées non plus sur la réclusion dans le ghetto, mais sur la tolérance et une certaine fusion sociale et intellectuelle. S. W. Baron fait débuter ce mouvement avec la parution des ouvrages de Menassé Ben Israël et le retour des Juifs en Angleterre. Plus soucieux de la lente évolution des mécanismes mentaux en ce domaine, Jacob Katz situe la rupture dans la seconde moitié du XVIIIᵉ siècle, sous l'influence conjuguée du livre de Dohm [1] et de la *haskalah* (mouvement des Lumières), animée par Moïse Mendelssohn [2]. Alors que les relations judéo-chrétiennes se déroulaient autrefois sur un terrain conflictuel, le siècle des Lumières vit l'émergence d'une société « neutre », facilitant les rapports entre les deux groupes et les mettant sur un pied d'égalité. Parallèlement à ce mouvement, les Juifs reçurent

1. Dohm, *De la réforme politique des Juifs,* Dessau, 1782.
2. J. Katz, *Tradition and Crisis. Jewish Society at the end of the Middle Ages*, The Free Press, Glencoe, 1961.

certains droits, dont l'édit de Tolérance autrichien de 1781
et les Lettres patentes de 1784 en France étaient des signes
timides, mais évidents. A cette époque, le Juif, tout en
demeurant pour beaucoup un être maléfique, reprend rang
d'homme, ce qui pose le problème de son insertion dans la
cité et de sa régénération. Dans ce vaste mouvement à
l'échelle européenne, la France occupe une place de choix,
non seulement parce qu'elle fut la première à émanciper
ses Juifs, mais aussi parce qu'elle était alors le foyer intellectuel de l'Europe. Ce lent cheminement de la tolérance à
l'émancipation, ce passage du paria à l'homme, réalisés au
prix d'une uniformisation parfois aliénante, seront les thèmes
principaux de cette première partie.

CHAPITRE PREMIER

L'émancipation politique

Les communautés juives avant 1789

A la veille de la Révolution, les Juifs de France étaient des parias, soumis à des lois discriminatoires et dont la présence sur le sol français dépendait étroitement du bon vouloir de l'administration royale [1]. Loin de constituer une communauté homogène, les 40 000 Juifs français appartenaient à quatre groupes bien distincts : les Sépharades, les Ashkénazes, les Comtadins et les Parisiens.

Les Sépharades, ou « Portugais », étaient les descendants des Marranes ou Nouveaux chrétiens espagnols, convertis au catholicisme et demeurés secrètement fidèles au judaïsme. Obligés de fuir la péninsule ibérique pour échapper aux bûchers de l'Inquisition, ils s'installèrent dès le XVIe siècle dans le sud-ouest de la France et y fondèrent de prospères colonies de « Marchands portugais ». Après deux siècles de pratique catholique extérieure, ils revinrent au judaïsme au début du XVIIIe siècle et reçurent de Louis XV, puis de Louis XVI des Lettres patentes les autorisant à séjourner à

---

1. Certains historiens du XIXe siècle ont décrit avec précision la situation des Juifs, tout en noircissant à dessein le tableau pour souligner les progrès accomplis. *Cf.* L. KAHN, *Les Juifs de Paris au XVIIIe siècle d'après les archives de la Lieutenance générale de police à la Bastille*, A. Durlacher, 1894.

Bordeaux (2 400 Juifs en 1789), Saint-Esprit (1 200 Juifs), Bidache, Dax, Peyrehorade et La Bastide-Clairence. Le deuxième groupe, estimé à 2 500 personnes en 1789, était constitué par les Juifs d'Avignon et du Comtat Venaissin, territoires alors sous domination pontificale. La grande majorité vivait dans les quatre « Carrières » (équivalent comtadin du ghetto) d'Avignon (350 Juifs), Carpentras (750 Juifs), L'Isle-sur-la-Sorgue (350 Juifs) et Cavaillon (250 Juifs). Le reste avait essaimé pour des raisons économiques dans quelques localités du sud-est, telles Montpellier, Aix, Arles, Lyon, etc. Signalons enfin la présence d'une « université » israélite à Nice, qui ne fait pas partie de la France, forte de 300 membres [1]. Les Ashkénazes, également appelés à l'époque les « Allemands », étaient de loin le groupe le plus nombreux : 30 500 personnes établies en Alsace, en Lorraine et dans les Trois-Evêchés. En Alsace, où les préjugés antijuifs demeuraient très vifs, les villes refusaient aux Juifs le droit de séjour et ceux-ci constituaient donc une population rurale. Sur 25 000 Juifs alsaciens, 74 % habitaient 129 localités de Haute-Alsace et 26 % 54 villages de Basse-Alsace. Metz avait une communauté israélite de 2 000 membres, auxquels s'ajoutent 1 500 Juifs installés dans le plat pays messin et 2 000 Juifs lorrains résidant à Nancy, Thionville, etc. La capitale comptait en 1789 500 Juifs, appartenant aux trois groupes précédemment cités, plus quelques étrangers, tel le Polonais Zalkind Hourwitz, interprète du roi pour les langues orientales [2]. Séparées géographiquement, ces communautés le sont

1. « Université » était le terme officiel désignant la communauté juive niçoise.
2. Pour une étude plus détaillée de ces communautés, voir le recueil publié sous la direction de B. BLUMENKRANZ, *Histoire des Juifs en France*, Privat, Toulouse, 1972, et qui comprend : G. CAHEN, « la région lorraine », pp. 77-136 ; G. WEILL, « l'Alsace », pp. 137-192 ; H. J. DE DIANOUX, « Le Sud-Est », pp. 193-220 ; E. SZAPIRO, « Le Sud-Ouest », pp. 221-261.

encore plus si l'on examine leurs activités économiques, souvent décriées par les corporations chrétiennes et les partisans d'une régénération des Juifs. Deux faits sont à noter : l'extrême précarité de la situation matérielle des Juifs français et leur concentration dans un petit nombre de métiers, dont l'exercice était générateur de graves tensions sociales. Il y avait certes des exceptions et, en dépit de la présence d'une classe pauvre, les Portugais formaient une communauté économiquement privilégiée. L'industrie était présente chez eux, notamment celle du chocolat à Saint-Esprit et celle du cuir ou de la soie. Le commerce occupe cependant la place prédominante, que ce soit le commerce de gros ou le commerce international, ce qui entraînait le contrôle partiel de certaines branches parallèles, telles les assurances maritimes, la traite des Noirs et la course aux vaisseaux ennemis. A côté de cette haute et moyenne bourgeoisie portugaise, les grandes fortunes étaient rares dans les autres communautés. Dans l'est de la France, les Juifs les plus aisés étaient CerfBerr, enrichi dans les fournitures aux armées, Berr Isaac Berr, propriétaire d'une manufacture de tabac et quelques banquiers. Toutefois, quelle différence entre le Bordelais Gradis, estimé de ses concitoyens chrétiens, et l'Alsacien CerfBerr, auquel Strasbourg refusait le droit de séjour et qui demeurait un maquignon fortuné, anobli, mais méprisé ! A cette élite s'opposait une importante classe indigente, vivant des maigres secours accordés par les communautés. Elle formait le tiers des Juifs de Carpentras et un dixième du judaïsme alsacien.

La majorité vivait du petit commerce et de l'artisanat. Les Comtadins étaient de modestes marchands de chevaux et de mulets, de tissus et de soieries. D'autres étaient forains ou colporteurs, parcourant le sud-est de la France et revenant à date fixe dans les Carrières, comme le confirme un texte de 1820 : « Ces Juifs forains se rendaient presque tous les ans dans leur carrière respective, aux approches de la Pâque, pour y manger l'agneau pascal, et fin septembre pour célébrer la fête des Tabernacles [1]. » A Paris, où de nombreux Juifs séjournaient quelque temps pour affaires, les résidents permanents étaient fripiers, graveurs, tailleurs, marchands d'étoffes, colporteurs. En Alsace et en Lorraine, les Juifs, exclus des corporations, n'avaient qu'un choix limité de professions. Les plus répandues étaient la friperie, la brocante, le colportage, le commerce de grains et de bétail, autant de métiers qui leur permettaient tout juste de survivre misérablement. D'autres étaient prêteurs sur gages, ce qui pose le problème de l'usure, notamment dans la région du Sundgau, alors en proie à une grave crise économique [2]. Paysans, nobles et militaires désargentés empruntaient de l'argent chez les détenteurs de numéraire, notamment les Juifs, puisque le droit canon interdisait aux chrétiens de prêter à intérêt. Ces relations économiques étaient génératrices de graves tensions sociales ; en 1778 éclata l'affaire des fausses créances, rédigées en hébreu par le bailli alsacien Hell. L'affaire menaça de ruine de nombreux Juifs et contribua à renforcer l'hostilité latente à leur égard. Mais, et il s'agit là d'une des ambiguïtés de l'émancipation, plus les accusations contre l'usure juive se renforçaient, plus la nécessité d'un contrôle et d'une réforme des activités économiques des Juifs s'avérait indispensable. Si la masse était partisane de mesures coercitives, les esprits éclairés, tout en condamnant l'usure, étaient conscients du fait que la solution se trouvait dans une nouvelle définition du statut juridique des Juifs et dans l'amélioration progressive de leur sort.

Bien que l'édit d'expulsion de 1394 demeurât en vigueur, rendant par là même illégale l'existence de communautés juives en France, celles-ci étaient cependant reconnues par le pouvoir et dotées de statuts variant selon les régions. Les

---

1. Cité par Z. SZAJKOWSKI, *Autonomy and Communal Jewish Debts during the French Revolution of 1789*, New York, 1959, p. 5.
2. Sur ce problème, on consultera R. MARX, *La Révolution et les classes sociales en Basse-Alsace*, thèse, Strasbourg, 1971.

autorités désiraient en effet contrôler les activités des Juifs et disposer d'intermédiaires pour veiller à la répartition et à la levée des impôts. Le statut des Juifs était paradoxal, puisque ceux-ci n'avaient aucun droit, mais des privilèges. Ils avaient le privilège de pouvoir résider dans certaines régions, mais non le droit de circuler librement sur l'ensemble du territoire et de s'établir là où ils le désiraient. Les Juifs avaient le privilège d'être jugés par leurs propres tribunaux pour tous les litiges entre Juifs, mais n'était-ce pas ainsi les exclure des bénéfices de la loi française, sauf, bien entendu, du droit de payer des impôts ? Les Juifs avaient le privilège de pouvoir célébrer discrètement leur culte en certains endroits, mais c'était ainsi les reconnaître comme une secte tolérée, condamnée à une sorte de clandestinité légale. De même, l'obligation d'appartenir à une communauté et de subir le joug parfois tyrannique des syndics contraignait les Juifs à l'orthodoxie rabbinique ou à la conversion, mais excluait toute autre solution qui se serait située au niveau du droit et non du privilège. On voit là l'ambiguïté du statut juridique des Juifs, inacceptable par une société qui connaissait alors de profonds changements.

A la veille de la Révolution, les communautés juives étaient des entités autonomes, exerçant sur leurs membres un contrôle absolu. Rien d'étonnant à cela si l'on sait la multiplicité des coutumes dans la France d'Ancien Régime et l'existence de « nations » picarde, bretonne, etc., conjointement à celle d'une nation juive allemande, portugaise et avignonnaise. Formant une micro-société destinée à satisfaire les divers besoins de leurs membres, les communautés juives étaient organisées sur le mode censitaire. Leurs instances dirigeantes étaient élues au suffrage indirect par différentes classes de contribuables, système qui favorisait la monopolisation des charges communautaires par les familles les plus aisées. A Bordeaux, la Nation portugaise était dirigée par un conseil de treize Anciens. En Avignon et dans le Comtat Venaissin, des baylons ou syndics dirigeaient les communautés. En Alsace, les Lettres patentes de 1784 confirmèrent l'existence, à la tête de chaque communauté, d'un *parnass* (syndic), dont le rôle se limitait à surveiller l'obéissance aux lois et le paiement des impôts. En Lorraine, les syndics étaient élus au suffrage indirect, mais le cens exigé était réduit pour les titulaires d'un diplôme rabbinique. Il n'est nul besoin de préciser que le rôle de collecteur d'impôts tenu par les syndics était la source de maints conflits, menaçant l'équilibre interne des communautés. Le rabbin, élu, jouait un rôle important ; gardien et interprète de la Loi, il veillait à son respect, usant au besoin de l'anathème. Il disposait d'un pouvoir considérable puisqu'il contrôlait l'ensemble des actes de l'état civil et jugeait les litiges entre Juifs. Chaque communauté comprenait une multitude d'institutions (synagogues, oratoires, confréries religieuses, sociétés de bienfaisance) très hiérarchisées et largement dominées par la classe aisée, bien que le savoir pût suppléer la fortune pour l'accès à certaines dignités.

En dépit de la ressemblance de leurs institutions communautaires, Portugais, Alsaciens et Comtadins ne formaient pas un groupe homogène. Loin de s'inspirer d'une solidarité née de l'oppression, leurs relations prenaient volontiers des aspects conflictuels. Chaque groupe désirait en effet conserver ses privilèges et exclure de leur possession les autres groupes, censés les menacer par leur présence. Jaloux des avantages que leur conféraient les Lettres patentes, les Portugais s'opposaient à la présence dans le Sud-Ouest de Juifs allemands ou de Comtadins, demandant même à cet effet l'aide des autorités locales. Ainsi, en 1734, 1761 et 1774, plusieurs familles « tudesques, avignonnaises, italiennes » furent expulsées de Bordeaux à la demande de la Nation portugaise. Elle exigea même en 1771 l'expulsion d'un Ashkénaze, Serf Polac, pourtant marié à une Portugaise. Un procès s'ensuivit, pendant lequel Polac adressa à ses coreligionnaires bordelais le reproche suivant : « Exercez en un mot, sur vos frères, le despotisme le plus révoltant et le plus odieux ; mais cessez au moins d'attenter à leur bonheur et à la liberté de leur personne [1] ! » Victimes à Bordeaux, les Comtadins partageaient les mêmes préjugés et employaient les mêmes méthodes en Avignon. En 1784, la Carrière de cette ville demanda à la municipalité d'interdire l'accès du ghetto aux mendiants juifs étrangers. Ces pratiques étaient l'expression d'un sentiment profondément ancré dans les mentalités : la dissemblance et la disparité des groupes juifs, qu'une tradition religieuse commune ne suffisait pas à unir.

Chaque communauté vivait un judaïsme largement déterminé par la société environnante, laquelle prenait des formes diverses sur le territoire français. Le judaïsme se modelait parfois harmonieusement sur ces variations, dont il ne pouvait faire abstraction au profit d'une mythique et monolithique unité juive. Cette différenciation était remarquablement exprimée dans la classification des indigents secourus par la communauté portugaise de Peyrehorade. Les ayants droit à la charité sont tout d'abord les « membres » de la communauté locale, puis les « frères » de Bordeaux et de Saint-Esprit, enfin les « amis » d'Allemagne ou du Comtat. Lors d'une polémique avec Voltaire, un Bordelais, Isaac Pinto, fit remarquer au philosophe :

> L'ignorance où l'on est communément en France de la distinction qu'on doit mettre entre les Juifs portugais et espagnols et ceux des autres Nations... Un Juif portugais de Bordeaux et un Juif allemand de Metz paraissent deux êtres absolument différents... M. de Voltaire ne peut ignorer la délicatesse scrupuleuse des Juifs portugais et espagnols à ne point se mêler, par mariage, alliance ou autrement, avec les Juifs des autres Nations [2].

1. Cité par Z. SZAJKOWSKI, « Relations among Sephardim, Ashkenazim and Avignonese Jews in France from the 16th to the 20th centuries , in *Jews and the French Revolutions of 1789, 1830 and 1848*, New York, 1970, p. 273.

2. *Lettres de quelques Juifs portugais, allemands et polonais à M. de Voltaire*, 5e éd., Paris, 1781, tome I, pp. 3, 12 et 16.

Le désir de conserver des privilèges et d'en exclure les autres, la diversité de leurs structures socio-économiques expliquent sans nul doute la division des communautés, y compris lors des débats sur l'émancipation. Mais, au-delà des différences de rite et de statut juridique, le fondement essentiel de la différenciation entre les groupes juifs de France résidait dans leurs attitudes, leurs comportements mentaux et sociaux envers le monde chrétien. La fréquentation ou l'ignorance de celui-ci déterminait en effet partiellement la forme vécue du judaïsme.

Avant 1789, il existait deux modes de relations entre Juifs et chrétiens. Le premier, traditionnel, se fondait sur un terrain conflictuel, l'hostilité religieuse (et souvent économique) de deux groupes, dont l'un subissait le fanatisme et l'intolérance de l'autre. Le second mode de relations s'inspirait d'une conception « neutraliste » de la vie sociale, facilitant les rapports entre les deux groupes et plaçant les protagonistes sur un pied d'égalité. Le Juif cessait d'être le sectateur de l'erreur et de l'aveuglement, le chrétien n'était plus l'idolâtre ou le *goy*. Tous deux, au-delà des différences de rite, se reconnaissaient un fond culturel commun, cette religion naturelle chère au XVIIIe siècle. Les préjugés dissipés, les violences oubliées ou abolies, la fusion sociale et intellectuelle, mais non la fusion religieuse, devenait possible. Une telle conception constitua la première fissure capitale dans le monde juif et entraîna des mutations mentales, qui permirent la pénétration du monde moderne dans les ghettos. Propagé en Allemagne par la *haskalah* de Moïse Mendelssohn, avec pour principal support les salons juifs de Berlin, ce courant de pensée était peu développé en France. Les *maskilim* (partisans des Lumières) français étaient peu nombreux en raison du bas niveau intellectuel des Juifs français [1]. Les relations judéo-chrétiennes se heur-

1. Z. SZAJKOWSKI, « La vita intelletuale profana fra gli Ebrei nella Francia del XVIII secolo ». *La Rassegna Mensile di Israel*, XXVII, 1961, n°s 3-4, pp. 122-129 et 179-191.

taient d'ailleurs à un obstacle linguistique de taille. Si les Portugais et les Comtadins parlaient le français ou le dialecte local, les Alsaciens et les Lorrains, à l'exception d'une infime minorité, ne parlaient pas le français et pouvaient donc difficilement participer au mouvement intellectuel de l'époque. En France, la *haskalah* ne fut pas une théorie diffusée par des écrits, mais une pratique de certains groupes ou individus.

Les Ashkénazes étaient représentatifs du premier mode de relations dans la mesure où l'hostilité latente à leur égard se nourrissait, au-delà des facteurs économiques, du schéma classique opposant Juif déicide et chrétien, le « meurtre » du Christ supposant un statut éternel de déchéance et d'abaissement. Dès lors, les relations judéo-chrétiennes étaient vécues de façon conflictuelle et étaient acceptées comme telles par les deux communautés. Cependant, des hommes comme Berr Isaac Berr, Isaïe Berr Bing, Israël Hayemsohn Créhange, CerfBerr, en contact étroit avec les *maskilim* berlinois [1], tentaient de promouvoir une amélioration de la condition socio-économique des Juifs par le biais d'une réforme intellectuelle, la diffusion d'une instruction profane et l'acquisition de métiers utiles [2]. Le judaïsme comtadin occupait quant à lui une position intermédiaire. Certes, Rome entendait maintenir le statut d'oppression des Juifs, mais ceux-ci, par des contacts fréquents avec les chrétiens et par l'adoption de la langue dominante, montrèrent leur volonté de s'intégrer au nouvel ordre des choses. Les Juifs portugais étaient représentatifs du mode « neu-

1. Les contacts entre Juifs allemands et alsaciens sont nombreux à l'époque. Quelques Juifs alsaciens sont abonnés à la revue berlinoise *Hameassef* (le collectionneur). Les mariages intercommunautaires, les échanges de rabbins étaient fréquents. Pour le cas d'une Juive allemande installée en France, voir Gluckel HAMELN, *Mémoires*, préface de Léon Poliakov, éd. de Minuit, 1971.
2. CERFBERR créa deux manufactures à Tomblaine pour y employer des Juifs indigents.

traliste » de relations judéo-chrétiennes. Ayant conservé
pendant des siècles le masque chrétien, ils avaient entretenu
avec les non-Juifs, dont rien n'était censé les séparer, des
relations non conflictuelles, qui se poursuivirent après leur
retour officiel au judaïsme. Les rapports entre les deux
groupes n'étaient pas le fait de Juifs ou de chrétiens, mais
d'individus, tous français, ayant une base culturelle et morale
ainsi que des intérêts de classe communs. Cela obligea les
Portugais à modeler leur judaïsme sur un souci de tolérance
et de non-différenciation, notamment en ce qui concernait
les interdits alimentaires. De tels phénomènes sont significatifs des mutations mentales indéniables intervenues dans
les communautés juives à la veille de la Révolution. Il en
allait de même de l'attitude du monde chrétien vis-à-vis
des Juifs.

Les Lumières et les Juifs

Ce fait, dont on trouve trace dans les nombreux ouvrages traitant de la question juive, se laisse attribuer selon nous
à l'influence de trois facteurs d'importance inégale : la
diffusion de l'idéologie des Lumières, la centralisation administrative et l'ascension de la bourgeoisie. Le jugement des
Lumières sur les Juifs a volontiers été qualifié d'hostile.
Certains y voient, non sans raison, l'origine de l'antisémitisme moderne [1], mais soulignent également l'influence bénéfique et involontaire qu'eurent sur le statut des Juifs l'idée
de tolérance et la progression d'un certain sentimentalisme.
Sévères envers le judaïsme comme religion et les Juifs comme
peuple, les philosophes et les encyclopédistes prônèrent

1. Notamment L. POLIAKOV, *Histoire de l'antisémitisme*, tome III :
de Voltaire à Wagner, Calmann-Lévy, 1968. On trouvera des vues
similaires chez A. HERTZBERG, *The French Enlightenment and the
Jews*, Columbia University Press, New York et Londres, 1968.

cependant une attitude plus humaine envers les Juifs et condamnèrent les violences dont ils étaient victimes. Il suffit de rappeler la « très humble remontrance aux Inquisiteurs d'Espagne et du Portugal » de Montesquieu et le fameux « pourtant, il ne faut pas tous les brûler » de Voltaire, bien dérisoire à côté des propos haineux tenus par son auteur sur les Juifs. Certes, la revendication de la tolérance comme principe politique devant régler les rapports entre les différents groupes humains, n'impliquait nullement ni des contacts sociaux avec les parias, ni l'égalité juridique. Il s'agissait uniquement de donner aux Juifs la possibilité de mener une existence paisible à l'abri des persécutions et des exactions. C'était bien peu, comparé à l'émancipation, mais tel était le rêve du XVIII\ siècle avant l'apparition, sous l'influence de Rousseau, d'un sentimentalisme dont Léon Poliakov a raison de souligner l'importance.

Ce brusque regain d'intérêt pour les Juifs, qui inclut désormais l'amélioration de leur position sociale, coïncide avec le développement en Allemagne de la *haskalah*[1]. Pour la première fois depuis des siècles, un Juif, Mendelssohn, passait dans l'élite cultivée pour un philosophe de talent, dont les écrits étaient discutés avec passion[2]. Mirabeau, hôte des salons juifs berlinois, rapporta ces faits, mais ce sont des Juifs français, notamment CerfBerr, qui financèrent la publication d'ouvrages favorables aux Juifs, tels les livres de Dohm et de Lessing. Au contraire de l'Allemagne, ces campagnes en France n'avaient pas pour but de montrer le

1. Sur le développement de la *haskalah,* consulter H. BRUNSCHWIG, *Société et Romantisme en Prusse au XVIII\ siècle. La crise de l'Etat prussien à la fin du XVIII\ siècle et la genèse de la mentalité romantique,* Flammarion, 1973, pp. 107-157.

2. Thiéry, lauréat du concours de Metz, écrivait : « On a vu un Moïse Mendelssohn regardé à juste titre comme un des plus grands philosophes et un des meilleurs écrivains de ce siècle », cependant que l'abbé Grégoire affirmait : « Depuis l'historien Joseph, il a fallu dix-sept siècles pour produire Mendelssohn », in POLIAKOV, *op. cit.,* p. 172.

haut degré de sociabilité et de culture des Juifs, mais plutôt de souligner le retard pris par le judaïsme français et donc la nécessité de hâter la régénération des Juifs. Une telle cause touchait profondément l'opinion publique, émue par la description de la misérable situation des communautés juives. Comme le fait remarquer Léon Poliakov :

> Pour ce qui est des Juifs, les milieux éclairés commencent à s'intéresser à leur condition vers 1775-1780. Cet intérêt coïncide avec la diffusion d'une sensibilité humanitaire qui vibre devant le sort de tous les déshérités, notamment des prisonniers et des fous. Ce n'est pas que la nouvelle opinion publique bourgeoise ait sensiblement révisé son jugement sur le judaïsme, ni même sur les Juifs ; ce jugement demeure malveillant dans l'ensemble et il s'agit plutôt d'une prise en charge des responsabilités, d'un retour de la société des Lumières sur elle-même : si la nation persécutée présente des tares multiples, la faute n'en reviendrait-elle pas à nous, qui fûmes ses persécuteurs d'abord ? Et ne lui devons-nous pas réparation [1] ?

Cette idéologie posait le principe nouveau d'une réforme du statut juridique des Juifs, ce qui n'était pas sans correspondre à l'évolution politique et administrative de l'Ancien Régime.

Dans *l'Ancien Régime et la Révolution,* Tocqueville a montré que le système jacobin, très centralisateur, était en fait le prolongement et l'achèvement de l'œuvre entreprise par la monarchie. Certes, en 1789, la France apparaît encore comme « un agrégat de peuples désunis » (Mirabeau), une pléiade de nations, de groupes sociaux aux privilèges et coutumes variés. Les Etats dans l'Etat, âprement dénoncés par Karl de Biefeld [2], sont nombreux en France : corporations régissant une partie de l'économie, parlements

---

1. *Ibid.,* p. 163.
2. *Institutions politiques,* La Haye, 1760, tome I, pp. 29-30 notamment.

dominés par la noblesse de robe et opposés à l'autoritarisme royal, etc. Plus encore, l'existence de nations picarde, bretonne, gasconne montre l'extrême vigueur des particularismes locaux avec leurs implications politiques et juridiques. L'adaptation de la France à l'ère moderne exigeait l'instauration d'un système politico-administratif homogène sur l'ensemble du territoire et applicable à toutes les catégories d'individus, à toutes les nations. Ministres versaillais, intendants provinciaux et partisans de changements profonds s'y appliquèrent tout au long du XVIIIe siècle.

Or, le besoin d'un pouvoir central fort, d'une législation homogène mit en relief l'existence de groupes sociaux, tels les communautés juives, vivant sous un régime particulier et dotés de privilèges à défaut de droits. Cette situation apparaissait comme absurde à ceux qui luttaient contre les privilèges ou s'efforçaient d'atténuer les dissemblances régionales pour fondre les Français dans une même masse de citoyens. A cet égard, il est remarquable de constater que l'abbé Grégoire [1], avocat de l'émancipation, liait la disparition du particularisme juif à celle des particularismes régionaux. Evoquant l'emploi du judéo-allemand par les Ashkénazes, il concluait de façon plus générale : « Les gouvernements ignorent ou ne sentent pas assez combien l'anéantissement des patois importe à l'expansion des Lumières, à la connaissance épurée de la religion, à l'exécution facile des lois, au bonheur national et à la tranquillité politique [2]. » Certes, l'Etat, demeuré « très chrétien », ne pouvait envisager la disparition totale du

---

1. Sur Grégoire, voir R. F. NECHELES, *The abbé Grégoire, 1787-1831 ; the Odyssey of an Egalitarian*, Greenwood Publishing Corporation, Westport (Connecticut), 1971.
2. *Essai sur la régénération physique, morale et politique des Juifs*, Metz, 1789, p. 161. Ce texte, de même que nombre de textes cités plus loin, a été publié sous sa forme originale dans le recueil *La Révolution française et l'émancipation des Juifs*, éd. EDHIS, 8 volumes, 1968.

statut discriminatoire des Juifs, mais il entreprit d'uniformiser la législation régissant la vie des différentes nations juives. Les Lettres parentes de 1784 pour l'Alsace, le fait que Malesherbes ait réuni au sein d'une même commission Sépharades et Ashkénazes en étaient les signes les plus évidents. La puissance accrue des institutions communautaires, la centralisation du pouvoir dans les mains d'un groupe restreint d'individus montraient aussi que, bien que soumis à un régime particulier, les Juifs, bon gré, mal gré, modelaient leurs comportements administratifs et « politiques » sur ceux de la société non juive. Il n'est pas erroné de penser que la concordance de ces deux phénomènes a préparé le passage de tous sous le joug d'une même loi.

La révision du statut juridique des Juifs était également la conséquence de mutations sociales et économiques, à savoir la progressive ascension de la bourgeoisie. Contrairement à ce que semblent affirmer Werner Sombart et Hannah Arendt [1], la prétendue part prise par les Juifs au développement du capitalisme et de l'Etat-Nation n'explique en rien leur émancipation, bien au contraire. Pour ce qui concerne le judaïsme français, au demeurant fort pauvre, sa non-participation à la production des richesses nationales, plus particulièrement de celles qui étaient issues du travail manuel, posait un problème. En effet, une telle situation était inacceptable lors de la mise en place de structures de type capitaliste, assignant à chacun un rôle précis dans l'organisation de la production. Plus grave encore, l'intensification des conflits économiques entre Juifs et chrétiens [2] rendait nécessaire l'adoption par le groupe minoritaire des structures

1. Voir W. SOMBART, *Les Juifs et la vie économique*, Payot, 1923, et H. ARENDT, *Sur l'antisémitisme*, Calmann-Lévy, coll. Diaspora, 1972.
2. Pour une étude locale, lire N. ROUBIN, « La vie commerciale des Juifs comtadins en Languedoc au XVIIIe siècle », *Revue des études juives*, XXXIV, pp. 276-293 ; XXXV, pp. 91-105 ; XXXVI, pp. 75-100 (1896-1897).

professionnelles du groupe majoritaire ainsi que son intégration au modèle nouveau d'organisation politique, sociale et économique.

Cette intégration se heurta certes à de nombreuses difficultés, notamment à l'hostilité des corporations de marchands et d'artisans, qui redoutaient la concurrence et la prétendue habileté commerciale des Juifs. Dans leur description des méfaits supposés des Juifs, ces milieux employaient des termes à l'accent tout voltairien, mais leurs revendications politiques étaient, elles, indirectement favorables aux Juifs. Conscients du déclin et de l'appauvrissement de la noblesse, ils demandaient une nouvelle répartition des fonctions politiques. Barnave l'exprimait ainsi : « Une nouvelle distribution de la richesse prépare une nouvelle distribution du pouvoir. De même que la possession des terres a élevé l'aristocratie, la propriété industrielle élève le pouvoir du peuple [1]. » Pour le « peuple », à savoir la bourgeoisie, la nouvelle organisation du pouvoir passait par l'égalité civile et politique, l'admission de tous aux charges de l'Etat et l'abolition des privilèges de naissance. Bien que la question n'ait pas été abordée par les théoriciens, la revendication de l'égalité civile permettait difficilement d'en exclure les Juifs. La liberté du commerce était un autre aspect bénéfique du programme de la bourgeoisie. Hostile à toute entrave étatique à l'activité économique, elle considérait la multiplicité des douanes et des taxes comme un obstacle à la création d'un marché national et partant à l'accroissement de ses profits. En raison de l'hostilité similaire des Juifs aux restrictions pesant sur leurs activités économiques, il y avait concordance d'intérêts, plus implicite qu'explicite, entre le groupe juif et la fraction avancée du groupe chrétien. Confirmant en cela l'analyse plus générale faite par Tocqueville, on voit que l'émancipation avait été préparée

---

1. BARNAVE, *Introduction à la Révolution française*, texte présenté par F. RUDE, Armand Colin, 1960, p. 9.

par de profondes mutations, dont on trouve trace dans les
travaux de l'Académie de Metz et de la commission Malesherbes.

Le concours de Metz et la commission Malesherbes

En 1785, la Société royale des Sciences et des Arts de
Metz mit comme sujet de son concours de 1787 la question
suivante : « Est-il des moyens de rendre les Juifs plus heureux
et plus utiles en France [1] ? » La question ainsi posée était
habile. Elle supposait que, dans l'état actuel, les Juifs
n'étaient ni heureux, ni utiles, mais qu'ils pouvaient le devenir. On remarque que le « Est-il des moyens ? », loin d'avoir
un sens restrictif, impliquait une acceptation tacite de l'amélioration du sort des Juifs, le seul obstacle restant l'éventuel
aveuglement de ces derniers ou le poids des préjugés. Le
climat intellectuel de l'époque, la présence à Metz d'une
communauté juive modèle firent que, sur les dix manuscrits
briguant les suffrages de la Société, seuls deux contenaient
de violentes attaques contre les Juifs [2]. Parmi ces dix concur-
rents, quatre étaient ecclésiastiques, deux hommes de loi
et l'on comptait même un Juif, Zalkind Hourwitz, d'origine
polonaise, mais établi à Paris. Bien que fort détaché du
judaïsme, Hourwitz avait tenu à participer au concours,
car « il était donc absolument nécessaire que quelque Juif

1. Sur le concours, voir A. CAHEN, « L'émancipation des Juifs
devant la Société royale des sciences et arts de Metz en 1787 et
M. Rœderer », Revue des études juives, I, 1880, pp. 83-104 ;
H. TRIBOUT DE MOREMBERT, Considérations sur le concours de
l'Académie royale de Metz de 1787 et 1788, Mémoires de l'Académie nationale de Metz, VIe série, éd. Le Lorrain, Metz, 1974. Cette
étude a été également publiée dans Rencontres, Chrétiens et Juifs,
1974, n° 38, supplément.
2. Un procureur au Parlement de Metz demandait leur déporta-
tion en Guyane et un bénédictin suggérait de les employer à l'api-
culture.

répondît à la question de l'Académie, n'importe comment, pourvu qu'il s'inscrivît en faux contre les reproches qu'on fait à sa nation [1]... ».

La société messine ne retint que trois des dix manuscrits. L'abbé Grégoire, curé d'Emberménil, Thiéry, avocat nancéen, et Zalkind Hourwitz se partagèrent le prix. Ils firent imprimer leurs mémoires, ce qui ne manqua pas de faire rebondir le débat sur la question juive. Les travaux primés n'étaient pas d'une grande qualité et le rapporteur, Rœderer, prit soin de préciser qu'aucun des mémoires ne répondait véritablement à la question posée. Il se félicitait cependant de ce que « tous..., à un ou deux près, accusent nos préjugés contre les Juifs d'être la cause première de leurs vices [2] », mais leur reprochait de ne pas avoir évoqué les dangers d'une émancipation immédiate. Ces critiques étaient assez représentatives de l'esprit du temps, de même que l'était la perception de la question juive par les trois lauréats. A l'exception de Zalkind Hourwitz, le portrait brossé des Juifs était peu flatteur et non exempt de préjugés. Pour l'abbé Grégoire, « ce sont des plantes parasites qui rongent la substance de l'arbre auquel elles s'attachent. Si les Juifs n'étaient que des sauvages, on aurait plus de facilités pour les régénérer ». Quant à Thiéry, il constatait chez eux un « état d'inertie, de stupidité dans lequel l'esclavage les a précipités » et se demandait comment « changer la nature entièrement altérée, corrompue, de leurs cœurs [3] ».

L'image du Juif tendait à souligner, en dépit de certains traits positifs, la dégradation physique et morale des enfants d'Israël, mais la société chrétienne en était unanimement

1. In *Apologie des Juifs*, Paris, 1789, p. 11.
2. CAHEN, *loc. cit.*, p. 104.
3. THIÉRY, *Dissertation sur cette question : est-il des moyens de rendre les Juifs plus heureux et plus utiles en France ?* Paris, 1788, pp. 8 et 20.

rendue responsable. Thiéry exprimait de façon remarquable cette idée :

C'est nous qu'il faut accuser de ces crimes, injustement reprochés aux Juifs ; c'est nous qui y forçons ; c'est à la conduite barbare de nos pères envers eux, c'est à notre propre injustice que nous devons l'attribuer.

Si la société chrétienne est coupable, elle doit remédier au sort tragique des Juifs. Dans les trois mémoires, les remèdes n'étaient cependant pas clairement indiqués. Grégoire et Thiéry demandaient notamment l'abolition des derniers signes humiliants, particulièrement l'obligation de résider dans un quartier réservé. Rendre les Juifs heureux, c'était permettre leur fusion avec la population chrétienne tant par une réforme profonde de leurs structures socio-professionnelles que par l'adoption de la langue nationale et le développement de contacts sociaux fréquents. Les suggestions énoncées en ce sens par les trois auteurs révélaient des divergences graves. Grégoire et Hourwitz étaient partisans de mesures coercitives [1] visant à l'annihilation du particularisme juif et de l'autonomie des communautés [2]. Le problème clef de l'émancipation était ainsi posé : l'amélioration du statut des Juifs devait-elle s'accompagner de la disparition des communautés juives et de leur autonomie ? Thiéry faisait entendre un son de voix contraire. Préférant voir les Juifs rester Juifs plutôt que de devenir ni Juifs, ni

1. Ainsi, GRÉGOIRE voulait « aider la bonne volonté des uns, la faire naître chez les autres et même contraindre la mauvaise... Il faut malgré eux mériter leur gratitude et les gêner d'une manière qui tourne à leur avantage comme à celui de la société », op. cit., pp. 185-186.

2. HOURWITZ écrivait notamment : « Il serait même à désirer qu'on leur défendît d'avoir des rabbins, dont l'entretien coûte trop cher et qui sont absolument inutiles... Il faut défendre sévèrement à leurs rabbins et à leurs syndics de s'arroger la moindre autorité sur leurs confrères hors de la synagogue... », op. cit., p. 38.

chrétiens, il n'était pas hostile au maintien provisoire de l'autonomie et souhaitait employer envers les Juifs « la confiance qui invite, plutôt que l'autorité qui commande [1] ». Sans doute, cela était dû au fait que le laïc Thiéry ne partageait pas la vision paulinienne d'une conversion finale des Juifs, qui guidait l'action de Grégoire. Ce dernier ne cachait pas ses intentions : « L'entière liberté religieuse accordée aux Juifs sera un grand pas en avant pour les réformer, et j'ose le dire, pour les convertir ; car la vérité n'est persuasive qu'autant qu'elle est douce [2]. »

Au-delà de ces divergences, tous étaient d'accord pour admettre l'urgence d'une amélioration du sort des Juifs. L'absence de suggestions pratiques, déplorée par Rœderer, rendait cette idée d'une exécution difficile, mais était compréhensible. Pour l'élite cultivée du temps, c'était à l'Etat de prendre des initiatives en ce sens et l'édit de Tolérance autrichien de 1781 constituait en quelque sorte un modèle pour les monarchies européennes. Rœderer ne cachait pas d'ailleurs que c'était désormais au pouvoir politique d'agir : « Soyons justes envers eux pour qu'ils le deviennent envers nous, c'est le vœu de l'humanité et de tous les gens raisonnables ; tout porte à croire que le gouvernement l'a recueilli et ne tardera pas à le réaliser [3]. » La commission Malesherbes allait exaucer son désir.

Un édit de novembre 1787, en grande partie redevable à Malesherbes, accorda aux protestants le droit d'avoir un état civil particulier et de disposer à cet effet de registres. Les travaux de Malesherbes sur les protestants l'avaient amené à se préoccuper de la situation, tout aussi dramatique, des Juifs et l'avaient incité à étudier plus avant ce problème. Une légende, rapportée par Rœderer, veut que Louis XVI ait dit à son ministre : « Monsieur de Malesherbes, vous

1. THIÉRY, *op. cit.*, p. 73.
2. GRÉGOIRE, *op. cit.*, p. 132.
3. CAHEN, *loc. cit.*, p. 104.

vous êtes fait protestant, moi, maintenant, je vous fais Juif ;
occupez-vous d'eux [1]. » La légende n'est qu'une légende et,
sans doute, est-ce pour aplanir les difficultés juridiques
posées par l'extension aux Juifs des mesures prises que
Malesherbes entreprit de réunir sa commission. Il s'entoura à cet effet de deux conseillers particulièrement compé-
tents, Rœderer, rapporteur du concours de Metz, et Pierre-
Louis Lacretelle, avocat des Juifs de Thionville. Avec leur
aide, il réunit une importante documentation sur la question
juive, consultant aussi bien le philosémite Mirabeau que le
très antijuif magistrat bernois Mulinem. Au sein même
de la commission, tous les groupes juifs de France, à l'exception des Comtadins, alors sujets pontificaux, étaient représentés : Furtado, Gradis, Lopès-Dubec pour les Portugais,
CerfBerr et Berr Isaac Berr pour les Alsaciens et les Lorrains, Trenel, Lazard et Fonseca pour les Parisiens.

Deux personnalités dominèrent les débats, le Bordelais
Gradis et l'Alsacien CerfBerr, dont les demandes étaient
pour le moins opposées. Fiers de leur intégration à la société
française, les Portugais, soutenus par Fonseca, souhaitaient
conserver leurs privilèges, y compris l'autonomie des communautés, mais refusaient la promulgation d'une loi générale, qui aurait eu pour conséquence de les assimiler aux
Juifs « tudesques ». Les revendications des Ashkénazes
s'inspiraient des critiques formulées contre les Lettres
patentes de 1784. CerfBerr demandait que les Juifs soient
autorisés à s'établir partout, à acquérir des terres, à pratiquer tous les métiers et à jouir des privilèges jusque-là
réservés aux seuls Portugais. Divisés sur les buts à atteindre,
les membres juifs de la commission l'étaient encore plus sur
les conséquences d'une amélioration de leur sort. Sépharades
et Ashkénazes se sentaient plus ou moins liés par l'obser-

1. *Le Journal de Paris,* 5 nivôse an V. Sur les travaux de la commission Malesherbes, on lira Pierre GROSCLAUDE, *Malesherbes, témoin et interprète de son temps,* Fischbacher, 1961. Le chapitre XI
est consacré à la question juive.

vance rigoureuse des préceptes religieux. Une légende veut
que Gradis ait affirmé à Malesherbes qu'il était possible
pour un Juif de s'asseoir et de manger à la table d'un chrétien, cependant que CerfBerr y mettait comme condition
le respect des règles alimentaires juives. Cette divergence
de vue était révélatrice des clivages entre Ashkénazes et
Sépharades, ceux-ci s'efforçant de développer au maximum
les rapports sociaux avec les non-Juifs, les premiers ne les
concevant qu'à travers le maintien d'un particularisme rigide.
De tels désaccords n'étaient pas faits pour faciliter la tâche
de Malesherbes, lequel quitta le ministère en août 1788,
sans qu'aucune décision concernant les Juifs ait été prise.
   Quels étaient en fait ses desseins ? Nous sommes ici dans
l'incertitude et de multiples hypothèses pourraient être avancées. Il semble cependant qu'en physiocrate convaincu,
Malesherbes ait souhaité que les Juifs se consacrent à l'agriculture, aux arts mécaniques et abandonnent l'usure. Il était
plus nuancé quant à l'amélioration de leur statut juridique.
En permettant aux Juifs d'acquérir des terres, il savait que
les nouveaux propriétaires obtiendraient le droit de participer aux assemblées municipales, à égalité de droits avec les
chrétiens. Redoutant des conflits, Malesherbes suggérait que
les propriétaires juifs, à l'instar de nombreux seigneurs, se
fissent représenter par leurs chargés d'affaires chrétiens.
La comparaison avec la noblesse était flatteuse, mais on
était loin de l'égalité civile [1], bien que certains y aient fort
timidement songé. Peu avant la fin des travaux de la com-

----

1. Contrairement aux affirmations de Michel BERR, lequel évo-
quait « l'existence civile et politique des Israélites, conçue et appli-
quée par Louis XVI, Malesherbes et l'Assemblée constituante »,
in *Un mot de M. Michel Berr, avec des notes : en réponse à un
pamphlet anonyme, intitulé : un mot à M. Michel Berr, publié par
des Juifs de Paris*, Paris, 1824, p. 37. Pour un jugement similaire,
voir Joseph LÉMANN, *L'entrée des Israélites dans la société française
et les Etats chrétiens*, Paris, 1886, p. 455 : « Malesherbes a été
pour les déchus d'Israël le rayon bienfaisant et visiteur : mais le
disque de bonté, ce fut Louis XVI. »

mission Malesherbes, CerfBerr écrivit à Louis XVI une lettre dans laquelle il déclarait notamment :

> Quelles que puissent être les vues de Votre Majesté, soit que, par un reste de pitié pour de vieux préjugés, Elle ne veuille élever les Juifs que par degrés au rang de citoyens, soit que Sa main puissante se prépare à briser tout d'un coup les liens qui tiennent dans le malheur ce peuple infortuné [1]...

Deux modes d'émancipation étaient ainsi mis en présence par CerfBerr : l'émancipation graduelle et l'émancipation immédiate et complète. Malesherbes, selon toute probabilité, aurait plutôt penché vers la première solution. Ses convictions personnelles l'y poussaient, mais aussi le climat général de l'époque. En effet, ceux qui prônaient la régénération des Juifs le faisaient en décrivant ces derniers sous un jour si peu favorable qu'il semblait dès lors difficile de leur accorder immédiatement l'égalité civile avec leurs concitoyens des autres cultes. A la fin de 1788, celle-ci est encore lointaine. La convocation des Etats généraux et le déclenchement du processus révolutionnaire modifièrent radicalement la situation. Quelle fut l'attitude du judaïsme français pendant cette période et comment parvint-il à l'égalité ?

Les Etats généraux, la Constituante et les Juifs

En 1787, la situation financière de la monarchie était pour le moins grave. Malgré l'augmentation des charges fiscales, le déficit né des dépenses de la Cour et de la Dette allait croissant. L'égoïsme des privilégiés avait fait échouer la réforme proposée par Calonne et seuls de nouveaux impôts pouvaient sauver le trésor royal. Parlements et

---

1. R. LEVYLIER, *Notes et documents concernant la famille Cerf-Ber, recueillis par un de ses membres,* trois volumes, Paris, 1901-1906, tome I, p. 21.

assemblées provinciales, récemment créées, refusèrent de voter les augmentations demandées. Cette fronde politique atteignit son apogée lors de l'assemblée de Vizille, le 21 juillet 1787 ; les représentants des trois ordres demandèrent la convocation des Etats généraux. Devant cette alliance, certes fragile et vite rompue, Loménie de Brienne capitula et promit de réunir les Etats généraux le 1er mai 1789. Son successeur, Necker, eut la lourde tâche de préparer cette réunion.

Le règlement électoral, publié le 21 janvier 1789, prévoyait que seraient électeurs pour les assemblées primaires du Tiers [1] les hommes âgés de vingt-cinq ans au moins, nés ou naturalisés français, domiciliés et compris au rôle des impositions. Une telle définition n'excluait pas la participation des Juifs aux élections ; le problème fut posé aussi bien par les intéressés que par les autorités locales. L'édit d'expulsion de 1394 leur interdisait toute existence légale en France ; « morts » au regard de l'état civil, ils ne pouvaient prétendre à rédiger des cahiers de doléances et à élire des députés. Mais les Portugais avaient reçu des Lettres patentes et des brevets de naturalité, cependant que les Alsaciens et les Lorrains formaient une nation « régnicole [2] ». Les Juifs étaient domiciliés et compris au rôle des impositions, la monarchie en tirait même un certain profit. Le seul problème était de savoir s'ils étaient français.

La question divise les historiens du judaïsme français. A la fin du siècle dernier, Maignal écrivit une thèse de trois cents pages pour démontrer qu'en 1789 les Juifs étaient des étrangers [3], idée reprise par R. Anchel. Le débat est d'importance, puisqu'il détermine en partie la portée juridique de l'émancipation. Pour notre part, nous pensons que les Juifs étaient considérés en 1789 comme des Français, déchus

1. Les assemblées primaires élisaient les délégués à l'assemblée de baillage, laquelle désignait les députés aux Etats généraux.
2. Le terme de régnicole désigne celui qui habite le pays où il est né, auquel il appartient comme citoyen.
3. *La question juive en France en 1789*, Paris, 1903.

de tout droit. En effet, les biens d'un étranger, d'un aubain, étaient confisqués à sa mort par le trésor royal. Au XVIII⁰ siècle, l'étude des cas d'aubaine montre que ceux-ci concernent uniquement des Juifs comtadins, alors sujets du Pape, et des Juifs bordelais, installés dans les colonies françaises. Encore faut-il remarquer que le Parlement de Paris rejeta régulièrement les demandes d'aubaine sur des biens juifs, présentées par le procureur du Roi en la chambre des Domaines. Lors d'un procès de ce genre, le procureur Jaladon, concluant au rejet de la demande de confiscation, disait : « Si l'on est né en France de père et de mère français, on est naturel français et l'on jouit de tous les droits du citoyen. »

Alsaciens, Lorrains et Portugais étaient donc considérés comme régnicoles et Français. Ils pouvaient donc être convoqués à la préparation des Etats généraux, mais ne bénéficièrent pas d'un même traitement [1]. A Bordeaux et à Saint-Esprit, en dépit de quelques réticences, les Juifs portugais et avignonnais participèrent aux assemblées primaires et Gradis eut même quelques suffrages lors de la désignation des députés aux Etats. Les Juifs d'Alsace et de Lorraine furent quant à eux exclus de la convocation générale. Cerf-Berr demanda alors à Necker qu'un arrêt du Conseil du Roi leur permît d'y participer ou qu'on les autorisât à nommer deux députés par province, lesquels auraient alors rédigé un cahier de doléances et l'auraient confié à un ou plusieurs députés, mandatés pour parler au nom des Juifs. Cette dernière solution prévalut et Necker autorisa six députés juifs à se réunir chez CerfBerr à Paris pour rédiger un cahier de doléances. Deux députés par province furent donc élus : Goudchaux Mayer Cahn et Louis Wolf pour Metz et les Trois-Evêchés, David Sintzheim et S. Seligmann Wittersheim

---

1. La meilleure étude à ce sujet reste M. LIBER, « Les Juifs et la convocation des Etats généraux (1789) », Revue des études juives, LXIII, pp. 185-210, LXIV, pp. 89-108 et pp. 244-277 (1912) ; LXV, pp. 89-133 ; LXVI, pp. 161-212 (1913).

pour l'Alsace, Mayer Marx et Berr Isaac Berr pour la Lorraine.

Convocation particulière pour les Ashkénazes, générale
pour les Portugais, l'événement est important, comme le
remarque Liber :

> Les « Portugais » furent traités en Français, les « Allemands »
en Juifs. Les uns et les autres furent considérés, inégalement d'ailleurs, comme sujets du roi ; étrangers, ils n'auraient eu aucun
titre à être représentés. Quand la Révolution viendra, elle n'aura
pas à naturaliser les Juifs, elle aura à les émanciper [1].

Les délégués des provinces de l'Est se réunirent en août
1789 à Paris et rédigèrent un cahier de doléances, compre-
nant des revendications communes et d'autres, particulières [2]. Outre l'exemption des droits de protection et l'égalité fiscale avec les chrétiens, tous demandaient à nouveau
l'autorisation d'exercer les métiers de leur choix, dont l'agriculture, de s'établir librement partout, d'acquérir des biens
immeubles. Ils souhaitaient également conserver leurs rabbins et leurs syndics, ce qui impliquait le maintien de l'autonomie. Il y avait aussi des demandes particulières à chaque
communauté. Les Alsaciens désiraient pouvoir se marier
librement, ne plus être insultés dans les tribunaux et avoir
des domestiques chrétiens pour les initier à l'agriculture.
Les Messins demandaient à être exemptés de la taxe Brancas
(20 000 livres par an) et à pouvoir utiliser les biens communaux dans le plat pays messin. Les principales revendications des Lorrains concernaient la vie interne des communautés : droit d'avoir des synagogues à l'architecture
discrète, droit pour les rabbins de procéder à divers actes de
justice, majorité religieuse fixée à vingt-cinq ans et non plus

1. Liber, *op. cit.*, LXIV, p. 277.
2. Ce cahier fut remis à Necker, lequel le fit **parvenir à Grégoire.**

à quatorze ans, fixation d'un revenu minimum [1] comme
préalable à la venue de nouvelles familles juives en Lorraine.
Ces demandes étaient fort timides. Certes, pour tout ce
qui concernait la fiscalité et les activités économiques, les
Juifs demandaient à être traités comme les chrétiens. Bien
sûr, la volonté d'acquérir des métiers utiles et celle de ne
plus être insultés montraient la progression des idées régé-
nératrices des Lumières. Mais, sur le plan politique, leurs
demandes, sans marquer une régression, indiquaient une
singulière modération, à laquelle le prudent CerfBerr n'était
pas étranger. Les Ashkénazes, tout comme les Portugais,
voulaient conserver l'autonomie traditionnelle des communautés juives, c'est-à-dire des privilèges alors que ceux-ci
étaient emportés par le tourbillon révolutionnaire. Au
moment où la société d'Ancien Régime disparaît, les Juifs
désirent uniquement qu'on leur reconnaisse le droit de vivre
dans la tranquillité et de conserver leur particularisme.

Car les cahiers de doléances juifs ont été rédigés en août
1789, alors que la proclamation de l'Assemblée constituante
le 5 juillet, l'abolition des privilèges et droits féodaux le
4 août, l'adoption de la Déclaration des droits de l'homme
et du citoyen avaient instauré un nouveau type de société.
Est-ce à dire que la Révolution n'avait en rien affecté les
Juifs ni modifié leurs revendications ? Non, et la prudence
d'un CerfBerr n'était pas acceptée par tous. Les Juifs parisiens n'étaient point si timides [2]. Ils avaient créé un comité
de onze membres, présidé par le joaillier Goldschmidt et
le négociant Lopès-Lagouna. Ce comité rassemblait les
représentants des trois groupes juifs de Paris : Portugais,
Allemands et Comtadins, unis puisqu'ils n'avaient aucun
privilège à perdre, voire à revendiquer. Leur intérêt pour

1. 10 000 livres pour Nancy, 3 000 livres pour les autres villes et
1 200 livres pour les villages.
2. Sur leur participation aux événements révolutionnaires, on lira
Léon KAHN, Les Juifs de Paris pendant la Révolution, Ollendorf,
1898.

les débats politiques du temps a pour meilleure preuve le
fait que, dès l'adoption de la Déclaration des droits de
l'homme et du citoyen, ils écrivirent à l'Assemblée constituante pour demander le titre de citoyens. Bien plus, ils
renoncèrent expressément à l'autonomie traditionnelle des
communautés, montrant ainsi leurs divergences avec les
députés juifs de l'Est[1].

Les Portugais étaient, eux, résolument hostiles à ce que
l'Assemblée promulguât un décret d'émancipation des Juifs.
Une délégation, composée de Gradis et de Furtado, vint
spécialement à Paris discuter ce problème avec Grégoire.
Dans une lettre qu'ils lui adressèrent, les Portugais affirmaient : « Nous ne présumons pas que dans l'état actuel
des choses il faille pour régénérer les Juifs d'autres lois que
celles qui serviront à la régénération du royaume entier[2]. »
Ce refus s'expliquait certes par la peur d'être ainsi confondus
avec les Ashkénazes, ce qu'ils auraient considéré comme
« une injustice aussi gratuite que cruelle ». Mais, en agissant
ainsi, les Portugais manœuvraient habilement. Affirmant
qu'il n'y avait pas besoin d'une loi spéciale pour émanciper
les Juifs, ils niaient également la nécessité d'une loi infirmant
ou confirmant leurs privilèges, parmi lesquels se trouvait
le droit d'avoir des communautés autonomes, auxquelles
ils demeuraient attachés. La question est complexe et ne
se prête pas à des simplifications abusives visant à opposer
d'une part les Sépharades, d'autre part les Ashkénazes.
Les communautés de l'Est étaient d'ailleurs elles-mêmes

1. Les Parisiens écrivaient : « Nous renonçons, en conséquence,
pour la chose publique, et pour notre propre avantage, toujours
subordonné à l'intérêt général, au privilège qui nous avait été
accordé d'avoir des chefs particuliers tirés de notre sein, et nommés par le gouvernement », in *Adresse présentée à l'Assemblée nationale, le 26 août 1789, par les Juifs résidants à Paris*, Paris, 1789,
pp. 6-7.
2. *Lettre adressée à M. Grégoire, curé d'Emberménil, député de
Nancy, par les députés de la Nation juive portugaise de Bordeaux*,
Versailles, 1789, p. 2.

divisées. CerfBerr représentait en fait les communautés légalement reconnues et assurées de leur avenir. Il n'en allait pas de même des petites communautés, plus ou moins clandestines, établies à la périphérie des centres traditionnels. Les Juifs de Lunéville et de Sarreguemines, las de subir la tutelle des syndics messins, pétitionnèrent auprès de l'Assemblée pour demander les droits civiques, mais aussi l'abolition de leur dépendance. Ce début de désintégration du bloc ashkénaze amena CerfBerr et ses amis à modifier quelque peu leurs demandes et à tenir compte du cours nouveau des événements. Le 31 août 1789, les députés des Juifs de l'Est présentèrent à l'Assemblée une adresse plus audacieuse que leurs revendications initiales, puisqu'ils demandaient aux Constituants de se « prononcer d'une manière expresse sur le sort des Juifs, en leur décernant le titre et les droits de citoyens [1] ». Cette revendication du droit commun était certes tempérée par la non-renonciation à l'autonomie des communautés. Encore faut-il remarquer que les motifs invoqués à l'appui avaient bien changé. Les députés écrivaient : « C'est donc pour être meilleurs citoyens que nous demandons à conserver notre *Synagogue,* nos *Rabbins* et nos *Syndics* [2]. » A cela, s'ajoutait le problème des dettes des communautés, dont la suppression aurait pu créer chez les créanciers chrétiens un sentiment de peur. Les députés juifs n'avaient pas tort de souligner ce point, mais leurs justifications portaient trop la marque de l'époque nouvelle pour ne point être ainsi affaiblies et ouvrir la voie à des concessions ultérieures.

L'Assemblée ne pouvait ignorer les demandes des Juifs, mais elle était elle-même partagée en deux camps, l'un favorable, l'autre hostile aux Juifs. Ce dernier courant, fort actif, comprenait les éléments les plus réactionnaires du clergé,

1. *Adresse présentée à l'Assemblée nationale le 31 août 1789 par les députés réunis des Juifs,* Paris, 1789, p. 13.
2. *Idem,* p. 11.

avec à leur tête l'abbé Maury, et les députés des provinces de l'Est, notamment de la Fare, de Broglie et Rewbell. Ce dernier, qui siégeait à la gauche de l'Assemblée, avait peu de points communs avec les milieux cléricaux, si ce n'est sa méfiance vis-à-vis des Juifs, qui, selon lui, s'excluaient eux-mêmes du corps des citoyens par leurs revendications particularistes. Certes, tous n'étaient pas hostiles à des réformes de détail, tel l'évêque de Nancy, de la Fare :

> Les Juifs établis en France ont, je l'avoue, des griefs légitimes dont ils peuvent demander, et ont droit d'attendre le redressement... Ainsi, Messieurs, assurez à chaque individu juif la liberté, la sûreté de sa personne, la jouissance de sa propriété, vous le devez à cet individu égaré au milieu de vous, vous ne lui devez rien de plus[1].

Le prince de Broglie, qui dénonçait l'invasion de l'Alsace par les Juifs, envisageait la possibilité d'accorder à certains d'entre eux, après un temps de « noviciat », une émancipation individuelle et collective[2]. Mais ces velléités libérales étaient de bien peu de poids à côté des considérations politiques. En effet, la fraction antijuive de l'Assemblée insérait son hostilité à l'émancipation dans le combat, plus général, pour la défense des biens et des privilèges du clergé. Plus ce dernier était menacé, plus grande était la tentation d'en rendre responsables les Juifs et de les maintenir dans un statut d'infériorité.

La fraction favorable aux Juifs était, elle, composée de nobles acquis aux idées libérales, tels Mirabeau, Clermont-Tonnerre, de membres du clergé, tel Grégoire, de députés siégeant à la gauche de l'assemblée, tel Robespierre. Cer-

1. *Opinion de M. l'évêque de Nancy, député de Lorraine, sur l'admissibilité des Juifs à la plénitude de l'état civil, et des droits de citoyens actifs*, Paris, 1789, pp. 1-2-3.
2. *Opinion de M. le prince de Broglie, député de Colmar, sur l'admission des Juifs à l'état civil*, Paris, 1789, p. 7.

tains appartenaient à la franc-maçonnerie, mais partisans et adversaires de l'émancipation étaient également représentés dans les loges. Appuyée par *Le Courrier de Provence,* journal de Mirabeau, cette tendance avait vis-à-vis des Juifs de singuliers préjugés, ne concevant leur émancipation que par le biais d'une régénération et de la disparition du judaïsme, ce dernier étant la source des maux dont souffraient ses adhérents. Jusqu'à l'automne de 1789, elle se manifesta peu. Certes, lors de la Grande Peur, des troubles éclatèrent en Alsace et, à la demande de Grégoire, puis de Clermont-Tonnerre, l'Assemblée prit sous sa protection les Juifs. Elle reçut même le 14 octobre une délégation juive conduite par Berr Isaac Berr et venue lui exposer les doléances des Juifs de l'Est. L'Assemblée décréta alors que le statut des Juifs serait examiné lors de sa présente session, mais ne s'engagea à rien de bien précis.

Le problème juif allait être discuté lors des débats sur l'éligibilité des non-catholiques. Selon le projet de constitution rédigé notamment par Sieyès, l'on distinguait trois types de citoyens : les citoyens passifs, ne possédant pas de propriété et qui n'étaient pas électeurs ; les citoyens actifs, payant un cens égal au produit de trois journées de travail, et qui étaient électeurs. La troisième catégorie, prise dans une proportion d'un pour cent citoyens actifs, était composée des Français payant un cens estimé à dix jours de travail. Outre ces dispositions, l'Assemblée devait se prononcer sur l'éligibilité des non-catholiques (protestants, Juifs) et des exclus (comédiens et bourreaux). La discussion s'ouvrit le 21 décembre 1789 ; un député gascon, Brunet de la Tuque, avait déposé un projet de loi tendant à accorder le titre de citoyens à tous les non-catholiques, ce qui ne manqua pas de susciter l'opposition des députés les plus conservateurs. Ils cédèrent cependant sur les comédiens, les bourreaux et les protestants, dont certains étaient d'ailleurs députés.

Les Juifs furent l'occasion d'un débat particulièrement houleux. Duport, Barnave, Mirabeau et Robespierre parlèrent en leur faveur, en des termes que les philosophes des Lumières n'auraient point désavoués. Répondant aux Juifs et à leurs adversaires, Clermont-Tonnerre déclara :

Il faut refuser tout aux Juifs comme nation et accorder tout aux Juifs comme individus... ; il faut qu'ils ne fassent dans l'Etat ni un corps politique, ni un Ordre ; il faut qu'ils soient individuellement citoyens [1].

Le projet de Brunet de la Tuque fut combattu par Maury, de la Fare, de Broglie et Rewbell, chacun usant du langage propre à ses opinions. Ainsi, les trois premiers exprimèrent la crainte qu'une telle loi ne permît à un Juif de devenir évêque, cependant que Rewbell peignait sous les traits les plus sombres la situation économique de l'Alsace après une émancipation des Juifs. Le front uni des députés de l'Est impressionna sans doute les plus hésitants et, le 24 décembre [2], l'ajournement des débats sur la question juive fut voté par 408 voix contre 404. Les Portugais ne manquèrent pas d'attribuer cet échec aux demandes particularistes des Juifs d'Alsace et cherchèrent dès lors à se dissocier complètement d'eux. Le 31 décembre 1789, ils firent parvenir une nouvelle adresse à l'Assemblée, dont les termes sont assez significatifs :

Nous osons même croire que notre état en France ne se trouverait pas aujourd'hui soumis à la discussion, si certaines demandes des Juifs d'Alsace, de Lorraine et des Trois-Evêchés, n'eussent fait naître une confusion d'idées qui paraît nous envelopper [3].

Attribuant ces demandes à un zèle religieux « mal entendu », les Portugais demandèrent à être reconnus

1. *Opinion de M. le comte Stanislas de Clermont-Tonnerre, député de Paris, le 23 décembre 1789*, Paris, 1789, p. 13.
2. La date en elle-même est suggestive.
3. *Adresse à l'Assemblée nationale*, Paris, 1789, pp. 1-2.

comme citoyens, arguant qu'il s'agissait pour eux « moins d'acquérir que de ne pas perdre » un droit qui était le leur.

Les Parisiens avaient, eux, pris contact avec le libéral abbé Mulot, président de l'Assemblée des districts, et ce dernier s'était engagé à appuyer leurs revendications. Se sentant isolés, les Juifs de l'Est modérèrent quelque peu leurs demandes. Dans une pétition adressée à l'Assemblée le 28 janvier 1790, ils renoncèrent de façon déguisée au particularisme juif, puisqu'ils écrivaient à propos de la requête des Portugais :

> Nos demandes principales sont les mêmes que les leurs ; à l'exception que ce qu'ils demandent à conserver, nous demandons à le conquérir. Mais il y a des choses dont ils ne jouissent pas encore, et qu'ils doivent, en conséquence, demander... Notre cause s'identifie absolument avec la leur [1].

Le principe de l'ajournement du débat sur le problème juif fut discuté à nouveau le 28 janvier 1790. La discussion fut houleuse et dura onze heures, la fraction antijuive tentant désespérément d'empêcher le vote [2]. Par 374 voix contre 214, l'Assemblée décida que les Juifs portugais, espagnols et avignonnais, « jouiraient des droits de citoyens actifs lorsqu'ils réuniront par ailleurs les conditions requises par les décrets de l'Assemblée ». Les réactions devant cette décision furent presque nulles. Des spectateurs juifs furent sifflés par quelques jeunes gens à leur entrée dans le théâtre de Bordeaux, mais les spectateurs chrétiens les firent taire. Le décret du 28 janvier 1790, dont la portée a été exagérée, ne touchait que 4 000 personnes. Il laissait en suspens le

---

1. *Pétition des Juifs établis en France, adressée à l'Assemblée nationale, le 28 janvier 1790, sur l'ajournement du 24 décembre 1789*, Paris, 1790, pp. 2-3.
2. Le judéophile *Courrier de Provence* écrivait : « Le parti anti-judaïque a lui-même retracé l'image de la synagogue. »

problème des Ashkénazes et celui des Comtadins, alors sujets pontificaux.

L'émancipation des Comtadins et des Ashkénazes

Les Comtadins bénéficièrent indirectement des événements révolutionnaires. La chute de l'Ancien Régime amena la formation en Avignon d'un parti favorable à l'annexion par la France. Le 12 juin 1790, une pétition en ce sens recueillit 1 061 signatures, dont 36 étaient celles de Juifs. La guerre civile entre Avignon et le Comtat, qui éclata en juillet 1790, poussa plus avant les Juifs dans le camp français. Les délégations françaises, venues proposer leur médiation, étaient composées de libéraux favorables aux Juifs, tel l'abbé Mulot. Ce dernier obtint l'abolition du chapeau jaune, le 28 octobre 1790, et fit rendre à sa famille le jeune Michaël Jassuda Mossé, enlevé et converti contre le gré de ses parents trois ans auparavant. L'abolition du signe distinctif ne se heurta à aucune difficulté, sauf à Carpentras où le fait déclencha de violentes émeutes antijuives. Certains Juifs refusèrent même d'abandonner le chapeau jaune qui était devenu pour eux partie intégrante de l'existence juive [1]. La lenteur mise par les autorités locales à améliorer le sort de leurs Juifs provoqua une émigration de ceux-ci vers la France. Le fait était préjudiciable à l'économie locale et aux communautés juives surchargées de dettes, qui voyaient leurs membres les plus riches les quitter. Peu à peu, les éléments pro-français se montrèrent sinon favorables, du moins non hostiles à l'émancipation des Juifs. Celle-ci fut votée par Avignon les 10 et 11 juin 1791, le 20 juillet 1791 par les autres villes du Comtat.

---

1. J. BAUER, « Le chapeau jaune chez les Juifs comtadins », *Revue des études juives*, XXXVI, 1898, pp. 53-64.

L'accès des Comtadins à l'égalité civile et politique fut donc l'œuvre des autorités locales et non de la Constituante [1].

Après l'ajournement du 28 janvier 1790, les Ashkénazes se sentirent à la fois humiliés et isolés. Les Juifs parisiens étaient de loin les plus affectés, puisqu'ils avaient constitué un comité unitaire, rassemblant Portugais, Comtadins et Allemands. Après le 28 janvier 1790, les Portugais et les Comtadins de la capitale furent émancipés alors que leurs coreligionnaires ashkénazes continuaient à vivre dans une situation de semi-clandestinité. Disposant de solides appuis au sein de l'Assemblée des districts, présidée par l'abbé Mulot, ils demandèrent à ce dernier de consulter les districts sur la question juive et sur leur requête d'être déclarés citoyens. Un seul district, celui des Carmélites, émit un avis défavorable. Assurés de l'appui des districts, les Juifs de Paris adressèrent une nouvelle pétition à l'Assemblée. Bien que voyant « avec la plus grande joie que leurs frères, les Juifs connus sous le nom de Juifs espagnols, portugais, avignonnais » étaient émancipés, ils constataient qu'eux ne l'étaient pas, « quoiqu'ils soient de la même famille, tous descendants de Jacob, fils d'Isaac, dont la généalogie est d'autant plus certaine, que la tradition parmi eux fait titre [2] ». En dépit du plaidoyer de l'abbé Mulot, leur demande ne fut pas prise en considération. Leur civisme, reconnu par tous, les mit du moins à l'abri des vexations et de l'arbitraire auxquels ils avaient été soumis jusque-là.

En Alsace et en Lorraine, l'émancipation des Bordelais déclencha une violente campagne antijuive, animée par le clergé et la noblesse. On excita de nouveau les paysans contre les Juifs et l'Assemblée dut prendre ceux-ci sous sa protection par un décret du 16 avril 1790. Un incident est cependant significatif : le duc de La Rochefoucauld

1. Contrairement à l'affirmation de F. DELPECH in BLUMENKRANZ, op. cit., p. 282.
2. Adresse présentée à l'Assemblée nationale par les Juifs domiciliés à Paris, Paris, 1790, pp. 1-2.

avait affirmé le 15 avril que certaines communes alsaciennes
avaient réservé aux Juifs une part des biens communaux,
tant elles étaient persuadées de leur émancipation. Les
communes citées, Bischeim, Lingolsheim et Dangendorf,
nièrent violemment le fait, « attendu que notre vœu est que
les Juifs ne puissent jamais devenir citoyens actifs de notre
communauté, ce qui entraînerait à coup sûr notre ruine [1] ».
C'était là l'opinion de la majorité des Alsaciens, mais il faut
noter l'existence d'un courant qui, sans être ouvertement
favorable aux Juifs, n'excluait cependant pas l'éventualité
de leur émancipation. Autour de ce courant, s'organisa une
campagne financée par CerfBerr.

Tout semble avoir commencé avec la publication d'une
Adresse des Juifs alsaciens au peuple d'Alsace, dans laquelle
l'auteur anonyme, sans doute un proche de CerfBerr, concluait : « Oubliez donc que vous avez eu à souffrir des
Juifs ; comme les Juifs oublieront à leur tour les mépris et
les outrages dont vous les avez couverts [2]. » Cet appel et
les troubles antijuifs furent à l'origine de la discussion sur
l'émancipation des Juifs, organisée par la Société des Amis
de la Constitution, le 27 février 1790, à Strasbourg. Bien
que déplorant les troubles antijuifs, la société ne proposa
aucune solution concrète. La seule manifestation de soutien
total aux Juifs semble avoir été la *Lettre d'un Alsacien sur
les Juifs d'Alsace*, où l'auteur faisait remarquer que la seule
crainte pour les Juifs était que « l'Assemblée nationale ne
se hâte point de les juger [3] ». Il soulignait également, non
sans ironie, que l'Assemblée avait solennellement consacré,
parmi les Droits de l'homme, « la résistance à l'oppression ».

En dépit de cette campagne, le problème des Ashkénazes

---

1. Cité par P. SAGNAC, « Les Juifs et la Révolution française »,
Revue d'histoire moderne et contemporaine, I, 1899, pp. 6-19 et
209-234 ; p. 229.
2. *Adresse des Juifs alsaciens au peuple d'Alsace*, s.l., s.d., p. 6.
3. *Lettre d'un Alsacien sur les Juifs d'Alsace*, Paris, 1790, p. 21.

demeurait entier. La seule amélioration de leur sort fut l'abolition, le 20 juillet 1790, de la taxe Brancas, mais les démarches entreprises ne trouvaient pas d'écho auprès des députés, trop préoccupés par la rédaction de la Constitution. Seule la presse réactionnaire continuait à mener campagne contre l'émancipation. Ainsi, *Le Journal de la ville et de la cour* écrivait : « Qui peut nous assurer que nous ne serons pas obligés de nous faire circoncire avant trente ans [1] ? » Un thème majeur dominait la campagne de la droite : la destruction de l'Ancien Régime, sans être due à un complot juif, équivaut à judaïser. Il est vrai que l'émancipation ne fut rendue possible qu'après la fuite du roi à Varennes et son arrestation. A cet égard, Léon Poliakov a raison de souligner que cette trahison, espérée impossible, mettait fin au système monarchique et aux tabous élevés autour de lui, et permettait de consommer définitivement la rupture en faisant des Juifs des citoyens.

C'est donc dans le contexte de la fuite à Varennes et du vote de la Constitution qu'intervint l'émancipation des Ashkénazes. La Constituante, imbue de l'idéal des Lumières, avait proclamé son attachement aux principes de liberté et d'égalité, tout en laissant subsister des traces d'oppression, en ce qui concernait les Juifs et les esclaves des colonies. Le 27 septembre 1791, un député de Paris, Duport, fit remarquer que toute trace de discrimination devait disparaître, conformément à l'esprit de la Constitution. Il proposa en conséquence d'émanciper les Juifs de l'Est et ne rencontra pas d'opposition notable. La plupart des députés antijuifs avaient émigré et Rewbell fut rappelé à l'ordre, sur un ton menaçant, par le président de séance [2]. L'émancipation des

---

1. Voir le numéro du 3 avril 1791.
2. Regnault de Saint-Jean d'Angély déclara notamment : « Je demande qu'on rappelle à l'ordre tous ceux qui parleront contre cette proposition, car c'est la Constitution elle-même qu'ils combattront », cité par KAHN, *op. cit.*, p. 110.

Ashkénazes fut alors votée à la quasi-unanimité, ce qui n'avait pas été le cas pour les Portugais [1].

La signification de l'émancipation

Contrairement aux prédictions de Rewbell, le décret d'émancipation ne déclencha pas de troubles en Alsace et en Lorraine. Cela n'empêcha pas les autorités de mettre de nombreux obstacles à la prestation du serment civique par les Juifs. Ces derniers étaient d'ailleurs fort divisés. La masse orthodoxe, fidèle à ses traditions séculaires, voyait dans l'émancipation une mesure peu favorable aux Juifs, à tel point que Berr Isaac Berr dut écrire une brochure pour rassurer ses coreligionnaires [2]. L'abolition de l'autonomie des communautés était en effet interprétée comme la manifestation, sous une forme nouvelle, d'une politique de persécution et d'humiliation du judaïsme, qui caractérisait jusque-là l'attitude de l'Etat vis-à-vis des Juifs. Néanmoins, la maxime talmudique *Dina demalkhuta dina* (la loi de l'Etat est la loi) demeurait impérative et les Juifs prêtèrent le serment civique. Le plus souvent, ce fut collectivement et non individuellement. Ainsi, à Nancy, le 2 janvier 1792, après un discours patriotique de Berr Isaac Berr, le rabbin prêta serment pour toute la communauté. Des cérémonies similaires eurent lieu à Lunéville, Sarreguemines, etc. Les municipalités alsaciennes tentèrent, elles, de retarder la prestation du serment civique par les Juifs. Le 12 mars 1792, les Juifs de Bischeim n'étaient toujours pas citoyens, la municipalité arguant qu'ils ne voulaient pas jurer tête nue

---

1. Le texte du décret est donné en annexe, voir p. 276.
2. *Lettre d'un citoyen, membre de la ci-devant communauté des Juifs de Lorraine à ses confrères, à l'occasion du droit de citoyen actif, rendu aux Juifs par le décret du 28 septembre 1791*, Nancy, 1791.

comme les chrétiens [1]. A Soultz, la cérémonie n'eut lieu que le 7 décembre 1792, ce qui montre l'ampleur des résistances locales. A la fin de 1792 cependant, tous les Ashkénazes pouvaient être considérés comme citoyens.

Cette émancipation était partielle, puisqu'elle accordait aux Juifs les droits civiques et la capacité de les exercer dans le cadre d'un régime censitaire. Citoyen passif ou actif, électeur ou éligible, le Juif émancipé devenait l'égal en droits et devoirs du chrétien ou plutôt de l'individu non juif appartenant à la même classe sociale que lui. A cet égard, deux remarques s'imposent. D'une part, l'émancipation porta sur la citoyenneté et non la nationalité des Juifs. Ils ne sont pas devenus Français, ce qu'ils étaient déjà auparavant, mais citoyens en 1791. D'autre part, l'égalité ainsi acquise était tempérée par certaines restrictions. Les capacités d'éligibilité des Juifs étaient limitées et l'abbé Grégoire lui-même estimait qu'on ne pouvait les admettre aux offices qui pourraient influer sur l'exercice de la religion catholique [2]. Le culte juif, tout en étant toléré, n'était pas reconnu par l'Etat. Ce fait, en apparence injuste, permit aux Juifs de continuer à exercer leur religion plus ou moins librement, alors que le culte catholique était soumis à la Constitution civile du clergé. Faute de rabbins constitutionnels, il n'y eut pas de rabbins réfractaires...

Citoyens égaux, ou presque, en droits et en devoirs à leurs compatriotes, les Juifs étaient censés, d'après les termes mêmes du décret, renoncer à tout particularisme et à toute autonomie politique. Il leur fallait, selon l'expression de Berr Isaac Berr, « quitter cet esprit de corps ou de commu-

1. M. GINSBURGER, *Histoire de la communauté israélite de Bischeim au Saum*, Strasbourg, 1937, p. 54.
2. *Motion en faveur des Juifs*, par M. Grégoire, curé d'Emberménil, député de Nancy, précédée d'une notice historique, sur les persécutions qu'ils viennent d'essuyer en divers lieux, notamment en Alsace, et sur l'admission de leurs députés à la barre de l'Assemblée nationale, Paris, 1789, pp. 38-39.

nauté pour toutes les parties civiles et politiques, non inhé-
rentes à nos lois spirituelles[1] ». Cela ne signifiait pas la
disparition du judaïsme, mais l'abolition des aspects natio-
nalistes de l'existence juive. Le Juif devenait le sectateur
d'un culte privé et non plus le membre d'une nation régissant tous les aspects de la vie sociale et politique de ses
adhérents. Il s'agissait là de la transcription en milieu juif
des mesures prises par d'Allarde et Le Chapelier contre
les corporations ou les associations ouvrières. Il est d'ailleurs
significatif de constater que d'Allarde et Le Chapelier furent
d'actifs partisans de l'émancipation des Juifs, tant cela s'intégrait dans leur vision libérale de la société. La disparition
de l'autonomie communautaire marque à la fois la générosité
conceptuelle des Lumières et leur irréalisme. Le Juif était en
effet considéré comme un individu dont les facultés physiques
et morales s'étaient considérablement affaiblies et qu'il fallait
régénérer. Néanmoins, il était un malade guérissable et amen-
dable de lui-même, puisque nulle structure particulière ne
devait l'encadrer après son émancipation.

Privés de leurs communautés et contraints de s'intégrer
dans un monde nouveau pour eux, les Juifs se trouvaient
dans le désarroi le plus profond. Incapables de rompre avec
l'héritage du passé, ils ne comprenaient pas les exigences
de leur nouveau statut. Les auteurs juifs de la première moitié du XIX° siècle ont remarquablement exprimé cet aspect
pénible de l'émancipation. Dans un mémoire publié en 1825,
Prosper Wittersheim écrivait : « Ils étaient dépourvus de
tout et l'on attendait tout d'eux-mêmes[2]. » Dès lors, la

---

1. Berr Isaac BERR, *op. cit.*, p. 8.
2. P. WITTERSHEIM, *Mémoire sur les moyens de hâter la régénération des Israélites de l'Alsace*, Metz, 1825, p. 12. On trouvera des
vues similaires dans GERSON-LÉVY, *Du paupérisme chez les Juifs*,
Paris, 1845, pp. 45-46 ; J. BÉDARRIDE, *Les Juifs en France, en Italie
et en Espagne. Recherches sur leur état, depuis leur dispersion,
sous le rapport de la législation, de la littérature et du commerce*,
Michel Lévy, 1859, pp. 399-400.

persistance des anciens comportements et des mentalités traditionnelles était facilement interprétable par les esprits éclairés comme la preuve de l'incapacité des Juifs à quitter volontairement leur état d'oppression. Cela eut pour conséquence non seulement la reconstitution par le pouvoir de structures communautaires juives, mais aussi la promulgation de mesures coercitives et le retour à une certaine forme d'inégalité juridique. Le chapitre suivant s'efforcera de montrer la nature de ces inégalités et leur disparition progressive.

CHAPITRE II

La disparition des inégalités

DEVENUS citoyens en 1791, les Israélites français accédèrent à l'égalité absolue avec leurs concitoyens chrétiens sous la monarchie de Juillet. Celle-ci abolit en effet en 1846 la dernière mesure discriminatoire : l'obligation de prêter un serment *more judaico* avant de comparaître en justice. Principal artisan de la campagne menée contre ce serment, Adolphe Crémieux, pourtant oppositionnel notoire, vantait les mérites de Louis-Philippe sous cet angle et écrivait de ses coreligionnaires : « Ils n'oublieront jamais que sous le règne de Louis-Philippe ils sont enfin parvenus à cette égalité complète qu'ils étaient si jaloux de conquérir [1]. » La presse israélite soulignait volontiers que l'octroi d'un budget au culte israélite en 1831 avait supprimé les ultimes vestiges d'une inégalité juridique [2]. On voit là l'écart avec l'historiographie juive traditionnelle, pour laquelle l'égalité absolue était un acquis immédiat de la Révolution. L'un des aspects les plus connus de cette lente marche vers l'égalité est sans nul doute la politique napoléonienne vis-à-vis des Juifs, remarquablement étudiée par Robert Anchel [3]. Il

1. In S. POSENER, *Adolphe Crémieux, 1796-1880*, préface de S. Lévi, 2 volumes, F. ALCAN, 1933-1934, tome I, p. 157.
2. Voir notamment *Les Archives israélites*, 1840, I, p. 594.
3. R. ANCHEL, *Napoléon et les Juifs*, Presses Universitaires de France, 1928.

serait cependant erroné de limiter aux préjugés et à l'autoritarisme d'un seul homme, fût-il Napoléon I⁰ʳ, les restrictions mises à l'égalité des Juifs avec leurs concitoyens des autres cultes. Celles-ci ont précédé et suivi l'Empire, sous des formes différentes : contributions forcées, persécutions religieuses, dettes des communautés et statut du culte.

Les contributions forcées et le problème des dettes

Les décrets émancipateurs ne mirent pas fin aux méthodes de l'Ancien Régime, notamment dans le domaine de la fiscalité. Les levées arbitraires de taxes et les contributions forcées ne cessèrent point et furent souvent l'expression de sentiments antijuifs latents. En avril 1792, le conseil municipal de Bischeim logeait les soldats uniquement dans les familles juives. La levée d'un impôt patriotique après la déclaration de guerre fut l'occasion de nombreuses injustices. Celles-ci étaient des actes d'hostilité délibérée envers les Juifs et non des mesures frappant les classes aisées ou supposées contre-révolutionnaires. Hayem et Cerf Worms durent payer à eux seuls le tiers de l'impôt patriotique de Saint-Louis. A Metz, le 9 septembre 1793, le conseil municipal décida de lever une contribution spéciale sur les Juifs, dont le montant, 20 000 livres, était curieusement identique à celui de la taxe Brancas. Le 11 novembre 1793, Saint-Just et Le Bas, alors commissaires aux armées, levèrent un impôt de trois millions de livres sur les Juifs de Nancy, ce qui était sans commune mesure avec la fortune des intéressés[1].

A Bordeaux, les sympathies marquées des Juifs pour le parti girondin furent à l'origine des amendes particulièrement

1. Z. SZAJKOWSKI, « The Jewish aspect of levying taxes during the French Revolution of 1789 », *Journal of Jewish Studies*, II, 1960, n° 1-2, pp. 35-47.

fortes que leur infligèrent les sans-culottes : 1 200 000 livres
pour le banquier Peixotto et 500 000 livres pour les frères
Raba[1]. Les biens de Furtado et de Lopès-Dubec furent
confisqués après l'échec du mouvement fédéraliste. Les Juifs
récalcitrants étaient emprisonnés, tel A. Seligmann, le beau-
frère de CerfBerr. Ce dernier dut même consentir un prêt
important aux communautés alsaciennes lors de la levée
d'une contribution forcée en 1793. De telles mesures ne
furent pas l'apanage exclusif de la Révolution. Le 9 décembre 1793, le préfet du Haut-Rhin décida de lever un impôt
spécial de 300 000 francs sur la population juive, en dépit
d'une protestation du consistoire local. Après l'invasion
étrangère, les troupes russes réclamèrent le versement de
la somme due, dont seuls 50 389 francs furent payés[2]. Ces
mesures discriminatoires ne peuvent être comprises qu'une
fois mises en rapport avec la campagne antireligieuse sous
la Terreur.

Celle-ci affecta particulièrement le judaïsme, dont les
commandements rituels (règles de non-mixité, de non-com-
mensalité) étaient interprétés comme le symbole même de
l'intolérance et du fanatisme. Aux idées des Lumières
s'ajoutaient de fort anciens préjugés, telles la peur du Talmud et la méfiance envers certaines cérémonies du culte
juif, volontiers assimilées à un noir complot menaçant le
genre humain. L'attachement obstiné des Juifs aux rigoureuses prescriptions mosaïques se laissait interpréter comme
le refus de la régénération et donc comme un acte contre-
révolutionnaire. Il est à cet égard significatif de constater
que les attaques menées par les sociétés populaires étaient
toujours formulées en termes politiques. Ainsi, les 4 et
11 mars 1793, la société de Château-Salins demandait l'in-

1. A. DETCHEVERRY, Histoire des Israélites de Bordeaux, Bordeaux, 1850, p. 101.
2. R. ANCHEL, « Contribution levée en 1813-1814 sur les Juifs
du Haut-Rhin », Revue des études juives, LXXXII, 1926, pp. 495-
501.

terdiction de l'allumage des bougies, la veille du sabbat, en raison de la pénurie d'huile. Le 5 février 1794, la même société exigeait que les Juifs rasent leurs barbes et que leurs femmes abandonnent la perruque pour une coiffure plus « républicaine [1] », cependant que celle de Nîmes les priait de renoncer à leurs fêtes religieuses. De telles demandes étaient des vœux « pieux » que les Juifs étaient censés satisfaire de leur plein gré, par patriotisme, et non une forme particulière de persécution.

L'accélération de la Terreur et l'existence de cercles antijuifs, prêts à camoufler une haine séculaire sous un langage nouveau, amenèrent un certain nombre d'exactions. Alors que les biens des communautés juives n'avaient pas été nationalisés, les Juifs d'Avignon et de Carpentras durent remettre aux autorités locales les objets du culte. Les synagogues de Metz, Carpentras, Avignon, Bidache et Labastide-Clairence furent confisquées. Certaines sources font état de la destruction de la synagogue de l'Isle-sur-la-Sorgue, mais le fait n'est pas prouvé. Quelques cimetières juifs furent profanés et, en brumaire an II, les municipalités du Haut-Rhin reçurent l'ordre de brûler le Talmud et « autres livres juifs », ce qui obligea David Sintzheim, futur grand rabbin de France, à cacher sa bibliothèque. Les *yeshivot* furent fermées, ce qui conduisit les Juifs pieux à envoyer leurs enfants faire leurs études en Allemagne, d'où la présence dans les listes d'émigrés de quelques Juifs.

Les persécutions contre le « clergé » juif semblent avoir été relativement réduites, puisque le judaïsme n'a pas de clergé au sens propre du terme. Certains rabbins sacrifièrent aux exigences du temps. Salomon Hesse et Isaïe Cavaillon, rabbins à Paris et à Orange, abjurèrent le culte juif, cependant que le chantre Mardochée Mayrargues officia au temple de la Raison de Nîmes. En Alsace, sept chantres et abatteurs

---

1. Les Juives orthodoxes se rasent les cheveux avant le mariage, d'où le port de la perruque.

rituels furent arrêtés avec des prêtres et des pasteurs, mais ils furent relâchés peu après. Les Juifs eux-mêmes n'étaient pas absents de la lutte antireligieuse. A Saint-Esprit, le comité Jean-Jacques-Rousseau, composé en majorité de Juifs, fit arrêter le rabbin Attias, les sœurs Montès et David Delvaille pour « fanatisme et menées contre les progrès des Lumières ». E. Ginsburger pense que ces arrestations étaient faites pour parer à tout reproche de la population chrétienne [1], mais l'explication est trop hâtive. La participation des Juifs à la campagne antireligieuse peut être également interprétée comme la conséquence des tensions internes dans les communautés juives, dont les structures oppressives n'étaient pas unanimement regrettées par leurs membres.

Plus grave que la persécution religieuse, il y eut la menace d'une révocation des décrets émancipateurs en brumaire an II, à la demande des jacobins de Nancy et de Colmar. Ceux de Nice, Paris et Saint-Esprit protestèrent, mais le fait est révélateur des mentalités de l'époque. En Alsace, le conventionnel Foussedoire notait que les sociétés populaires ne cessaient de réclamer l'expulsion des Juifs, cependant que son collègue Baudot proposait leur régénération « guillotinière ». Sous des prétextes fallacieux, les Juifs furent expulsés de la Garde nationale à Nancy, Wintzenheim, Avignon. A Nancy, des certificats de civisme furent refusés à plusieurs Juifs, sous le seul prétexte qu'ils étaient juifs [2]. Les exécutions capitales de Juifs furent cependant peu nombreuses et toutes furent prononcées pour des motifs politiques. Azaria Vidal, de Lyon, et Jassué Carcassonne, de Nîmes, furent guillotinés pour fédéralisme, un frère Calmer comme aristocrate (son père était baron de Picquigny). Un autre Calmer le fut pour hébertisme avec Jacob Pereyra et

1. Voir à ce sujet E. GINSBURGER, *Le Comité de surveillance de Jean-Jacques Rousseau, Saint-Esprit-lès-Bayonne*, préface de R. Cuzacq, Lipschutz, 1934.
2. J. GODECHOT, « Les Juifs de Nancy de 1789 à 1795 », *Revue des études juives*, LXXXVI, 1928, pp. 1-35 ; p. 18.

les deux frères Frey. La politique était-elle le seul facteur en jeu ? On peut en douter en lisant le journal de Furtado et son explication des menaces qui pesèrent sur sa vie après la chute des Girondins :

> Le peuple qui commençait à s'habituer au sang... avait remarqué qu'on avait fait périr des gens de toutes les classes, de tous les états, de l'un et de l'autre sexe, tandis qu'aucun individu de la religion juive n'avait encore monté l'échafaud... Il était étonnant combien on tenait à égorger quelqu'un qui ait appartenu à cette ancienne secte [1].

Bien que Furtado ait eu tout intérêt à se poser en martyr après Thermidor, sa réflexion ne peut être ignorée.

Comment interpréter l'attitude de la Révolution vis-à-vis des Juifs après leur émancipation ? Il faut certes accorder peu de crédit aux témoins juifs de l'époque. Victimes de persécutions séculaires, ils avaient tendance à voir celles-ci dans tout acte pris à l'encontre d'un membre ou de l'ensemble de la communauté juive. En ce sens, ils ne pouvaient comprendre que la campagne antireligieuse n'était pas une persécution délibérément hostile aux Juifs, mais la manifestation des outrances d'une Raison triomphante et intolérante par haine du « fanatisme ». Il serait cependant vain d'innocenter la Terreur, dont la politique fut en contradiction flagrante avec les intentions des émancipateurs. Sans frapper de façon aveugle tous les Juifs, la Terreur a commis à l'égard de certains d'entre eux des exactions caractérisées en les considérant comme taillables et corvéables à merci. Les conséquences d'une telle attitude furent graves. Ne le voulant ni ne le pouvant, les Juifs ne s'intégrèrent pas à la nation française, ce qui permit de laisser subsister en bien des domaines un statut d'inégalité juridique. La liquidation des dettes des anciennes communautés le montra clairement.

1. *Mémoires d'un patriote proscrit*, manuscrit de la Bibliothèque de Bordeaux.

En raison de la fiscalité arbitraire qui pesait sur elles, les communautés juives s'étaient lourdement endettées [1]. En 1789, la Carrière de Carpentras devait à différents créanciers 800 000 livres ; de 1748 à 1789, les syndics messins empruntèrent 526 326 livres, converties en rentes annuelles de 42 172 livres. Les dettes alsaciennes étaient plus modestes, 181 652 livres, mais la levée d'une contribution forcée amena les Juifs alsaciens à s'endetter pour 130 000 livres auprès de CerfBerr [2]. A Bordeaux, les dettes étaient estimées à 7 026 livres en 1789. Dans l'ensemble, à l'exception de Bordeaux, les communautés empruntaient de préférence à des créanciers chrétiens. Ceux-ci en effet leur accordaient des prêts valables pour de longues périodes et convertibles en rentes annuelles, ce que n'auraient pu faire d'éventuels créanciers juifs. Le fait explique l'importance prise par le problème des dettes après la dissolution des anciennes communautés, laquelle causa de vives inquiétudes chez les créanciers chrétiens.

En effet, nulle loi ne fut édictée concernant le remboursement des sommes dues, sans doute parce que l'on pensait appliquer aux communautés juives les mesures prises à l'égard des corporations et confréries religieuses, dont les biens avaient été nationalisés en même temps que leurs dettes. Afin de rassurer les créanciers et dans l'attente d'une décision officielle, les autorités locales prirent quelques mesures provisoires. Le 7 février 1792, le directoire de la Moselle interdit aux Juifs de quitter Metz et sa région à moins de verser un huitième de leur fortune à la caisse commune pour l'extinction de la dette. A Metz, en Alsace

1. Nous traiterons ici du problème dans son ensemble pour revenir ensuite à la période napoléonienne. Le lecteur nous pardonnera d'avoir préféré une étude thématique à une démarche chronologique, qui ne rendrait pas compte de la complexité des faits.
2. Ces dettes étaient connues sous le nom de « Herz-Gelder », *cf. L'Univers israélite*, XXXIX, 1884, p. 257.

et dans le Comtat Venaissin, des commissions, élues ou nommées, furent chargées d'administrer les biens des communautés et de payer les rentes annuelles.

Conscients de l'indécision des autorités, les Juifs entreprirent de mener un vigoureux combat pour la nationalisation de leurs dettes. Ceux d'Avignon adressèrent deux pétitions à la Convention en septembre et novembre 1794 [1]. Les Juifs de Metz firent de même, sans grands résultats, puisque la Convention décida seulement d'arrêter toute procédure judiciaire à propos des dettes, mais ne se prononça pas sur leur nationalisation.

Celle-ci fut réclamée par une commission créée par le Conseil des Cinq-Cents. Dans son rapport, déposé le 24 août 1797, Saladin considérait que la non-nationalisation des dettes serait une mesure anticonstitutionnelle, car elle « supposerait dans les Juifs ou la faculté ou le droit de s'agréger encore en corporations ; et ce droit ou cette faculté ne peuvent plus appartenir en France à aucune portion de citoyens, qui ne sont plus que des individus, et qui n'ont plus chacun que les droits d'un seul [2] ». En dépit de cet avis, le Conseil des Cinq-Cents décréta le 6 décembre 1797 que les communautés juives n'étant pas comprises dans le décret portant dissolution des corporations, leurs dettes n'étaient pas nationalisées. Nulle mesure cependant n'était prise pour procéder à leur liquidation et il fallut attendre le premier Empire pour que les autorités s'attachent à régler cet épineux problème. L'on peut supposer que l'Empereur, qui reprochait aux Juifs de se livrer à l'usure, ne fut pas mécontent de leur faire sentir les désavantages du prêt à

---

1. *Observations pour des Juifs d'Avignon à la Convention nationale*, Paris, an III, et *Nouvelles observations pour les Juifs d'Avignon*, Paris, An III.

2. *Rapport fait par Saladin, au nom d'une commission spéciale, composée des représentants Grégoire, Chappuy, Louvet, Beytz et Saladin, sur les pétitions des Juifs de Metz et d'Avignon*, Paris, an V, p. 13.

intérêt. Des commissions furent créées pour évaluer l'importance des sommes dues et dresser la liste des imposables. Les directives impériales se soldèrent cependant par un échec, puisque le remboursement des dettes ne put se faire [1]. Les consistoires, récemment créés, avaient des tâches plus urgentes à accomplir et manquaient de l'autorité nécessaire pour lever un nouvel impôt sur leurs administrés.

La chute de l'Empire fut l'occasion pour les Juifs de relancer leur campagne en faveur de la nationalisation de leurs dettes, puisqu'ils pouvaient se présenter comme des victimes de l'arbitraire impérial ou révolutionnaire. Les autorités locales notamment dans les régions où sévissait la Terreur blanche, ne l'entendaient point ainsi. En 1816, le préfet du Vaucluse créa trois nouvelles commissions à Avignon, Carpentras et L'Isle-sur-la-Sorgue. Celle de Carpentras fut la plus active, dressant la liste des contribuables et envisageant toutes les difficultés juridiques. En effet, le problème des Juifs convertis se posa et il fut résolu de la manière suivante : « Un changement de religion ne peut jamais affranchir des obligations civiles [2]. » Les Juifs convertis furent donc compris parmi les imposables, de même que les Comtadins de Bordeaux [3] et les Portugais mariés à des originaires du Comtat. En 1819, deux pétitions furent adressées à la Chambre des députés par les Juifs de Metz et d'Avignon, mais elles montrèrent les clivages entre les deux communautés. Les Comtadins soutenaient en effet que la décision de ne pas nationaliser les dettes était peut-être fondée pour Metz, mais injuste à leur égard.

1. A Bordeaux, le remboursement des sommes empruntées auprès de créanciers juifs s'effectua en 1804, la communauté prenant des mesures contre les récalcitrants.
2. Cité par SZAJKOWSKI, *Jews and the French Revolutions...*, *op. cit.*, p. 694.
3. Ceux-ci avaient déjà participé à la liquidation de la dette bordelaise et protestèrent sans succès auprès du ministre de l'Intérieur.

Les deux pétitions furent discutées le 6 juillet 1820. Le libéral Benjamin Constant prit la parole en faveur des Juifs et, sensible à ses arguments, la Chambre refusa d'ordonner la liquidation des dettes. Les créanciers chrétiens firent appel de cette décision et obtinrent satisfaction. Si le remboursement des dettes de l'ancien Comtat se fit rapidement, il n'en alla pas de même pour celles de Metz. Les membres les plus influents de cette communauté refusaient en effet de payer un impôt contraire à leur dignité de citoyens. Après de multiples procès, ils furent contraints cependant de participer à la liquidation des dettes qui eut lieu en 1855, 1856 et 1857. Seuls les Juifs d'Alsace n'eurent point à rembourser les sommes dues aux héritiers CerfBerr, dont certains s'étaient convertis au catholicisme. En 1870, la procédure engagée par les Ratisbonne contre les consistoires traînait toujours. L'exil d'une partie importante de la population juive après la défaite de 1871 rendit impossible toute tentative de recouvrement des sommes dues et les Ratisbonne renoncèrent à leurs prétentions. A cette seule exception près, la liquidation des dettes se caractérisa par une discrimination exercée à l'égard des Juifs. Les critères utilisés pour dresser les rôles de contributions — responsabilité collective des émancipés et de leurs descendants, recherche des Juifs convertis ou assimilés — montrent que les Juifs ne furent pas considérés comme des citoyens à part entière, mais comme un groupe dont les membres avaient des obligations civiles particulières. Sans doute était-ce là le legs ultime de la politique antijuive instituée par Napoléon Ier.

Le statut des Juifs sous le premier Empire

Le premier Empire fut marqué par la reprise partielle des droits civiques acquis par les Juifs en 1791. Si les émancipateurs n'étaient pas dépourvus de préjugés à l'égard des

Juifs, ils n'en considéraient pas moins l'égalité comme le préalable à leur régénération. Napoléon, au contraire, fit de celle-ci la condition *sine qua non* de la possession des droits civiques. En ce sens, et en dépit d'un vocabulaire et de préjugés communs, la politique impériale constitua un renversement total de la perspective des Lumières et se traduisit par une régression sur le plan juridique. A ses débuts, Bonaparte ne semble pas avoir nourri une animosité particulière envers les enfants d'Israël. Il intervint même auprès du Pape en faveur des Juifs d'Ancône et, pendant la campagne d'Egypte, il lança un vibrant appel aux Juifs d'Asie, leur demandant de s'enrôler sous ses drapeaux pour reconquérir Jérusalem [1]. Après le désastre d'Aboukir, il était certes à la recherche d'appuis locaux, mais son génie politique n'était-il pas caractérisé par un certain opportunisme qu'il sut admirablement définir : « C'est en me faisant musulman que je me suis établi en Egypte, en me faisant ultramontain que j'ai gagné les esprits. Si je gouvernais un peuple de Juifs, je rétablirais le Temple de Salomon » ? Digne héritier de la Révolution, il était peu enclin à tolérer le particularisme juif, dont il rendait responsable le Talmud, considéré comme un amas de superstitions et le véhicule d'une morale antisociale. Ces sentiments, partagés par nombre de ses contemporains, ne suffisent pas à expliquer le passage des préjugés à la discrimination ouverte.

La modification de la politique gouvernementale fut déterminée essentiellement par la non-régénération des Juifs et par le problème de l'usure. Acte étroitement juridique, l'émancipation n'avait pas modifié sensiblement le mode de vie des Juifs. Ceux-ci demeuraient attachés à leurs traditions et se montraient peu disposés à la fusion avec leurs concitoyens chrétiens. Vaublanc, préfet de la Moselle, signalait le 19 novembre 1806 que les Juifs messins se refusaient à

---

1. A.S. YAHUDA, « Conception d'un Etat juif par Napoléon », *Evidences*, mai-juin 1951, pp. 3-8.

quitter l'ancien ghetto [1]. Les Juifs eux-mêmes reconnaissaient leur non-régénération, mais attribuaient le fait au
poids des anciens préjugés. Berr Isaac Berr écrivait en
1806 : « Le dédain, le mépris, vulgairement attachés au
mot de Juif, est une des plus grandes causes du retard de
notre régénération [2]. » En 1810, le Consistoire central admet-
tait que, jusqu'à l'Empire, les bienfaits de l'émancipation
étaient une « simple théorie [3] ». Napoléon pouvait trouver
une justification de sa politique dans cette situation et il est
vrai que les Juifs « régénérés », c'est-à-dire les Portugais
et les Comtadins, n'eurent pas à subir les foudres impériales.
Si la régénération des Juifs apparaissait comme une impé-
rieuse nécessité, cela était, sans nul doute, dû aux tensions
sociales provoquées par l'usure dans les départements de
l'Est.

Ceux-ci connaissaient alors une grave crise économique,
causée par le morcellement des terres et le surpeuplement
de l'Alsace. Les petits paysans, avides de terres, ne dispo-
saient pas de l'argent nécessaire à leur achat et, faute de
banques de prêt, étaient obligés d'emprunter auprès d'un
usurier, juif ou non [4]. L'importance des créances « juives »
a suscité bien des débats passionnés et les estimations varient
selon les auteurs. Z. Szajkowski estime que huit des cent

1. AN F 20 230.
2. *Réflexions sur la régénération complète des Juifs de France*,
Paris, 1806, p. 9.
3. Cité par A. E. HALPHEN, *Recueil des lois, décrets, ordonnances, avis du Conseil d'Etat, arrêtés et règlements concernant les
Israélites depuis la Révolution de 1789, suivi d'un appendice contenant la discussion dans les assemblées législatives, la jurisprudence
de la Cour de Cassation et celle du Conseil d'Etat et des notes
diverses*, Paris, 1851, p. 308.
4. Selon Vaublanc, un certain nombre de Juifs messins servaient
de prête-noms à des chrétiens. *Cf.* ANCHEL, *op. cit.*, p. 401. Quant
au préfet du Mont-Tonnerre, il affirmait : « Il n'y a de pires Juifs
à Mayence que certains chrétiens », cité par F. PIÉTRI, *Napoléon
et les Israélites*, Berger-Levrault, 1965, p. 136.

cinquante principaux financiers alsaciens de l'époque étaient juifs. D'après cet auteur, sur 62 149 créances émises de 1799 à 1805, 9 125 l'auraient été par des Juifs [1]. Dans une thèse brillante et plus solidement étayée, R. Marx a montré que les Juifs détenaient 33,5 % des obligations contractées à Strasbourg en l'an X, soit 42,6 % des capitaux prêtés. Nous retenons pour notre part cette dernière estimation, qui explique mieux l'aggravation de la tension sociale entre les Juifs et les paysans sous le premier Empire. Le 12 novembre 1805, le maire de Huningue écrivait au préfet du Haut-Rhin que la population se disposait à attaquer les Juifs et que ceux-ci faisaient passer en Suisse les reçus de dettes. Quant à Jacob Mayer Wittersheim, il remarquait : « Nos coreligionnaires se plaignent d'être maltraités dans leurs villages et d'éprouver chaque jour des vexations plus insultantes [2]. » Ce mécontentement populaire s'exprimait également dans les rapports des préfets alsaciens et dans les plaintes des conseils généraux. Sénateur de Colmar, le général Kellermann prit le parti des paysans et une délégation fut reçue par Napoléon lors de son passage à Strasbourg en janvier 1805.

Une telle unanimité ne fut pas sans impressionner l'Empereur et sans l'inciter à réprimer plus particulièrement l'usure juive. Il fut aidé en cela par les milieux catholiques et monarchistes qui déclenchèrent une violente campagne antijuive. Un avoué parisien, Pujol, fut chargé de rédiger un mémoire contre l'usure, qui reprit toutes les accusations les plus éculées. L'élément central de cette campagne fut l'article de Bonald dans *Le Mercure de France* du 9 février 1806 [3]. L'article était un violent réquisitoire contre les

1. Z. SZAJKOWSKI, *Agricultural Credit and Napoleon Anti-Jewish Decrees*, New York, 1953, repris dans *Jews and the French Revolutions...*, *op. cit.*, pp. 919-970 ; p. 961.
2. ANCHEL, *op. cit.*, p. 495.
3. De BONALD, « Sur les Juifs », *Mercure de France*, XXIII, 1806, pp. 249-267.

usuriers juifs, « véritables hauts et puissants seigneurs de l'Alsace », auxquels l'auteur proposait de retirer les droits civiques. Son influence fut considérable et Anchel a raison d'affirmer que Napoléon y trouva « la théorie justificatrice des mesures réclamées contre l'usure [1] ». Les Juifs y furent particulièrement sensibles et Jacob Rodriguès répondit à Bonald dans *La Revue philosophique, littéraire et politique*. Berr Isaac Berr publia une brochure pour défendre ses coreligionnaires [2], qui reçurent également l'appui de l'abbé Grégoire [3].

A l'occasion ou à cause de cette polémique, le ministre de la Justice proposa de prendre des mesures spéciales contre les Juifs, cependant que celui de l'Intérieur suggéra de surseoir aux poursuites engagées contre les débiteurs défaillants des Juifs. Le 5 mars 1806, Napoléon déféra ces propositions au Comité de l'Intérieur du Conseil d'Etat, composé d'anciens révolutionnaires. Un premier rapport, rédigé par Molé, un ami de Bonald, fut jugé insuffisant par les membres du Comité et Beugnot en rédigea un autre, nettement plus modéré. Il s'efforça de montrer que l'usure était due à l'absence de tout système de crédit organisé et que la véritable solution résidait dans la création de banques de prêt et de monts-de-piété. S'en tenant à une stricte, mais judicieuse interprétation du Code civil, il proposait l'application des lois existantes pour tous les conflits entre débiteurs et créanciers. Le 30 avril 1806, Beugnot exposa son projet à l'Empereur, lequel ne lui cacha pas son hostilité. Dans une violente déclaration contre le Conseil d'Etat rebelle, Napoléon affirma :

---

1. ANCHEL, *op. cit.*, p. 71.
2. Sur cette campagne et la campagne adverse, voir P. SAGNAC, « Les Juifs et Napoléon (1806-1808) », *Revue d'histoire moderne et contemporaine*, II, 1900-1901, pp. 461-484 et 596-626.
3. Il fit paraître en 1806 ses *Observations nouvelles sur les Juifs et spécialement ceux d'Allemagne*.

Le gouvernement français ne peut voir avec indifférence une nation avilie, dégradée, capable de toutes les bassesses, posséder exclusivement les deux beaux département de l'Alsace. Des villages entiers ont été expropriés par les Juifs ; ils ont remplacé la féodalité ; ce sont de véritables nuées de corbeaux... Il serait dangereux de laisser les clefs de la France... entre les mains d'une population d'espions qui ne sont pas attachés au pays.

Les thèmes bonaldiens étaient abondamment repris par l'Empereur dans un désaveu cinglant de Beugnot, dont Regnaud de Saint-Jean-d'Angély prit en vain la défense. Napoléon ordonna l'insertion au *Moniteur* du rapport de Molé, qu'il reçut en audience le 6 mai. Le lendemain, une nouvelle séance du Conseil d'Etat eut lieu. Contrairement à toute attente, Napoléon rejeta la solution extrémiste de Bonald, qui désirait la révocation de l'émancipation[1]. Un décret du 30 mai 1806 précisait les intentions impériales. Il instituait d'une part un moratoire d'un an sur les créances possédées par les Juifs et convoquait d'autre part à Paris une assemblée de « Rabbins, Notables et autres Juifs, les plus distingués par leur probité et leurs Lumières ».

Le revirement impérial, bien que surprenant, est aisément explicable. Dans un livre superficiel et partisan, François Piétri explique l'hostilité initiale de l'Empereur par le désir de se concilier ainsi les milieux catholiques afin de mieux faire accepter une politique quelque peu différente de leurs souhaits. L'hypothèse est peu plausible, car Napoléon partageait sans retenue aucune les opinions de Bonald. Léon Poliakov et François Delpech suggèrent que Napoléon préféra, dans un souci d'efficacité, associer les Juifs à la lutte contre l'usure. Une telle explication est vraisemblable, mais n'en exclut pas d'autres. Il semble que Napoléon ait été très sensible à l'opinion du Conseil d'Etat. Tout en lui

1. Napoléon déclara notamment : « Ce n'est pas avec des lois de métaphysique qu'on régénérera les Juifs. Il faut ici des lois simples, des lois d'exception », cité par PIÉTRI, *op. cit.*, p. 54.

infligeant un blâme public, il n'a pas voulu suivre Molé dans ses conclusions extrêmes. La révocation de l'émancipation eût été un acte par trop antirévolutionnaire. De plus, Napoléon avait compris que la question juive ne se limitait pas au seul problème de l'usure, mais englobait également celui de la régénération et de l'assimilation des Juifs. Contrairement à la Révolution française, Napoléon ne posa pas le problème de la citoyenneté, mais celui de la nationalité : les Juifs sont-ils français ou désirent-ils le devenir ? A une telle question, la réponse de l'Empereur fut singulièrement complexe. Il confirma aux Portugais et aux Comtadins les dispositions du décret d'émancipation, mais imposa aux Ashkénazes un noviciat après le passage d'un examen préalable, constitué par l'Assemblée des notables et le Grand Sanhédrin. Il s'agissait en fait d'associer les Juifs à une propédeutique de l'égalité, à une politique instituant l'inégalité pour mieux susciter l'envie de mériter ou de regagner les acquis de la Révolution.

L'Assemblée des notables avait pour but d'obtenir l'adhésion des Juifs au dessein impérial. Cent onze délégués furent nommés parmi lesquels se trouvaient huit rabbins ashkénazes et sept rabbins sépharades, réputés plus conciliants, cinquante-neuf laïcs ashkénazes et trente-sept laïcs sépharades. Un seul délégué, Mardochée Crémieux, d'Aix-en-Provence, déclina l'invitation en faisant état de ses scrupules religieux. Les autres n'eurent point cette audace et ils avaient été en fait soigneusement choisis par les préfets [1]. Ceux-ci avaient désigné en effet les Juifs qui leur semblaient les plus favo-

---

1. Le commissaire impérial Pasquier le reconnaissait : « Les préfets avaient choisi les Israélites les plus considérés et aussi ceux qu'ils supposaient les plus conciliants. C'était principalement parmi ceux de Bordeaux qu'on avait espéré trouver et le plus de lumière et les moyens d'influence dont on pourrait user avec le plus de sécurité », cité par I. Lévi, « Napoléon Ier et la réunion du Grand Sanhédrin », *Revue des études juives*, XXVIII, 1894, pp. 265-280 ; p. 273.

rables au gouvernement et les plus conciliants en matière de religion, ce qui explique la forte proportion de Sépharades. L'Assemblée ne compta jamais en fait cent onze membres effectifs. Les députés italiens arrivèrent après son ouverture, le 26 juillet 1806, d'autres la délaissèrent, soit pour vaquer à leurs affaires, tel Schwabe de Metz [1], soit sous différents prétextes destinés à masquer leur désaccord avec les décisions prises. Ainsi, Mossé Vidal-Naquet de Montpellier quitta l'Assemblée, car il ne pouvait supporter « l'air de Paris ».

Ouverte le 26 juillet 1806 et siégeant dans une chapelle désaffectée, l'Assemblée se dota d'un président et d'un bureau, dont la composition reflétait un courant progouvernemental. Abraham Furtado, de Bordeaux, fut élu président. Deux sépharades, Rodriguès fils, de Paris, et I. S. Avigdor, de Nice, furent élus secrétaires. Olry Worms Hayem, Théodore CerfBerr et Emile Vitta étaient scrutateurs. L'élection de Furtado n'était pas du goût de tous, puisque trente-deux voix se portèrent sur Berr Isaac Berr, réputé plus proche des milieux orthodoxes. Sans renier ses origines juives, Furtado était largement imprégné de l'esprit des Lumières et, bien intégré à la société bordelaise, il comprenait peu le particularisme juif [2]. Aussi, avait-il mauvaise presse auprès de certains délégués ; d'après Pasquier, « les rabbins d'Alsace et ceux de l'ancien Comtat d'Avignon, auxquels appartenait le premier rang pour la science, disaient de leur président qu'on voyait bien qu'il n'avait appris la Bible que dans Voltaire [3] ». Lui-même prisait fort peu ses

1. En effet, nulle indemnité n'avait été prévue pour dédommager les délégués de leurs frais de séjour. Conscients de cet oubli et de ses conséquences, le gouvernement leva un impôt spécial sur les Juifs pour procurer aux délégués une indemnité mensuelle de 200 francs, versée de façon irrégulière.

2. Sur Furtado, on consultera avec profit la thèse de F. M. HOFFMAN, *A. Furtado and the Sephardic Jews of France ; a study on Emancipation*, Ann Arbor, 1969.

3. *Cf.* I. LÉVI, *loc. cit.*, pp. 273-274.

collègues, qu'il traitait de « bavards ». Le gouvernement était représenté par trois commissaires impériaux, membres du Conseil d'Etat : Molé, Portalis fils et Pasquier.

Dès le 29 juillet, Molé fit connaître aux notables les vues de Napoléon : « Sa Majesté veut que vous soyez français : c'est à vous d'accepter un pareil titre et de songer que ce serait y renoncer que de ne pas s'en rendre dignes. » Tout en assurant les délégués d'une entière liberté dans leurs discussions, il précisait toutefois que Napoléon, tel un dieu omnipotent, peut « également tout connaître, tout récompenser, tout punir [1] ». Blessant à dessein, le discours de Molé avait du moins le mérite de la franchise et montrait aux notables le véritable enjeu de leur réunion : les droits civiques. A cet égard, aveuglé par ses opinions bonaldiennes, Molé faisait preuve d'une singulière méconnaissance du statut juridique des Juifs. Ceux-ci étaient déjà français et la Révolution n'avait pas eu à les naturaliser, mais à leur donner le titre de citoyens. L'héritage révolutionnaire, voire même celui de l'Ancien Régime, était ainsi occulté. Certes, les Juifs avaient été émancipés, mais, pour être réellement citoyens et français, il leur manquait une volonté publiquement exprimée d'adhérer à la Nation et de renoncer à leur particularisme. Pour ce faire, les députés devaient répondre à douze questions, dont Anchel a souligné le caractère malveillant. Nous ne retiendrons ici que les questions portant sur les rapports civils et politiques entre Juifs et chrétiens, c'est-à-dire les questions 4, 5, 6, 10, 11 et 12. Leur énoncé était le suivant :

---

1. Pour les débats et les décisions de l'Assemblée, nous avons suivi le texte donné par D. TAMA, *Organisation civile et religieuse des Israélites de France et du Royaume d'Italie... suivie de la collection des actes de l'Assemblée des Israélites de France... et de celle des procès-verbaux et décisions du Grand Sanhédrin, convoqué en 1807*, Paris, 1807.

4. Aux yeux des Juifs, les Français sont-ils leurs frères ou des étrangers ?

5. Dans l'un et l'autre des cas, quels sont les rapports que la Loi leur prescrit avec les Français qui ne sont point de leur religion ?

6. Les Juifs nés en France et traités par la loi comme citoyens français regardent-ils la France comme leur patrie ? Ont-ils l'obligation de la défendre ? Sont-ils obligés d'obéir aux lois et de suivre les dispositions du Code civil ?

10. Est-il des professions que la Loi des Juifs leur défend ?

11. La Loi des Juifs leur défend-elle de faire l'usure à leurs frères ?

12. La Loi des Juifs leur permet-elle de faire l'usure aux étrangers ?

Une commission de rédaction des réponses fut élue. Elle se composait de Berr Isaac Berr, Segré, Sintzheim, Andrade, Lazara, Goudchaux Berr, Moïse Lévy, Rodriguès, Ghidiglio, Michel Berr, B. CerfBerr et Lyon Marx. Ils firent précéder les réponses d'une déclaration liminaire, reprenant la maxime talmudique *Dina demalkhouta dina* (la loi de l'Etat est la loi). Ils écrivaient des Juifs :

Leur religion leur ordonne de regarder comme loi suprême la loi du prince en matière civile et politique ; qu'ainsi, lors même que le code religieux ou les interprétations qu'on lui donne renfermeraient des dispositions civiles ou politiques qui ne seraient pas en harmonie avec le code français, ces dispositions cesseraient dès lors de les régir, puisqu'ils doivent avant tout reconnaître la loi du prince et lui obéir.

Aux questions 4 et 5, les rédacteurs répondirent que les Juifs considéraient les Français comme leurs frères et les traitaient de la même façon qu'ils traitaient leurs coreligionnaires. Le tout n'allait pas sans une certaine emphase : « Oui, la France est notre patrie, les Français sont nos frères et ce titre glorieux, en nous honorant à nos propres yeux, est le plus sûr garant que nous ne cesserons jamais de le mériter. » A la question 6, l'Assemblée tout entière se leva et proclama : « Oui, jusqu'à la mort ! » C'est du moins ce que veut la légende, car peu de délégués parlaient le français et ne purent répondre dans cette langue [1]. Il était aussi précisé que la loi mosaïque ne réprouvait l'exercice d'aucun métier et qu'elle condamnait le prêt à intérêt et ses abus.

Adoptées à l'unanimité, ces réponses étaient à la fois satisfaisantes et maladroites. Satisfaisantes, car elles montraient le patriotisme des Juifs, maladroites, car elles s'inspiraient d'un schéma de relations sociales largement dépassé. Considérant l'ensemble des Français, les députés distinguaient d'une part les Juifs, d'autre part les chrétiens, tous unis par l'amour d'une même patrie. Mais le mérite de la *haskalah* avait été de dépasser cette vision pour affirmer que les relations sociales étaient le fait d'hommes, non de Juifs ou de chrétiens. Or, les délégués, comme le fait remarquer Jacob Katz, acceptaient la fraternité avec les Français, car ces derniers étaient chrétiens [2]. En fondant leurs réponses sur des critères religieux et non civils, les notables semblaient affirmer que l'émancipation et ses conséquences devaient être sanctionnées par une décision émanant d'un organisme religieux, décision qui aurait force de précepte cultuel.

Les commissaires impériaux le comprirent. Le 17 septembre 1806, Molé, tout en se félicitant des réponses apportées, soulignait que l'Empereur avait ainsi désiré qu'il n'y ait plus d'excuse pour ceux qui « refusaient de devenir citoyens [3] ». Il ajoutait :

1. Ce qui ne met pas en cause la sincérité de la réponse.
2. Jacob KATZ, *Exclusiveness and Tolerance. Jewish-Gentile Relation in Medieval and Modern Times,* Oxford University Press, Oxford, 1961, p. 187.
3. Le devenir et non le rester, la nuance est d'importance.

Il faut que ces réponses, converties en décisions par une autre assemblée d'une forme encore plus imposante et encore plus religieuse, puissent être placées à côté du Talmud et acquièrent ainsi aux yeux des Juifs de tous les pays et de tous les siècles la plus grande autorité possible.

Molé expliqua alors que Napoléon avait décidé de convoquer le Grand Sanhédrin, institution politico-religieuse de l'Israël antique. L'idée, grandiose et de nature à frapper les esprits, fut sans doute suggérée à Napoléon par Israël Jacobsohn, un Juif allemand partisan d'une réforme du culte. Quelles furent les raisons qui amenèrent l'Empereur à recréer le Grand Sanhédrin ? Les réponses de l'Assemblée n'avaient pas réussi à dissiper toute méfiance à son égard. Champagny consulta même Zalkind Hourwitz [1], lequel se contenta de pourfendre les rabbins. Si Champagny avait un préjugé plutôt favorable, Molé était, quant à lui, plus réservé et souhaitait, nous l'avons dit, voir les décisions prises revêtir un caractère plus officiel et plus contraignant. Or, et cela ne fut pas sans importance, les commissaires impériaux partageaient l'antique croyance selon laquelle les Juifs sont dirigés par une mystérieuse autorité, qui fut selon les époques soit le Sanhédrin, soit l'Alliance israélite universelle, soit les Sages de Sion. Ils pensaient donc que ce mystérieux organisme, en l'occurrence le Grand Sanhédrin, serait seul capable d'élever les décisions prises au rang de préceptes religieux.

De telles explications ne sont pas à négliger, mais la raison majeure réside dans le renversement de la perspective des Lumières par Napoléon. Si l'émancipation était pour les révolutionnaires le passage des Juifs du statut religieux au statut politique, pour l'Empereur, l'acquisition de la citoyenneté et de la nationalité françaises par les Juifs devait faire l'objet d'un pacte religieux entre eux et les chrétiens. C'était dès lors traiter les Juifs comme un groupe à part,

1. Selon ANCHEL, *op. cit.*, p. 181.

dont les croyances particulières, tenues peu de temps auparavant pour responsables de leur dégénérescence morale,
devaient servir désormais de garant de leur future bonne
conduite. Les Juifs ne seraient plus français parce que
nés en France, mais parce que leur religion les obligeait à
l'être et à considérer leurs concitoyens comme des frères.

De même que son homologue antique, le Grand Sanhédrin était composé de 71 membres, dont deux tiers de
rabbins et un tiers de laïcs [1]. Dix-neuf rabbins sur quarante-
six et douze laïcs sur vingt-cinq étaient sépharades. On peut
même se demander, à la suite des travaux de Gershom
Scholem, si un certain relâchement envers la loi mosaïque
n'était pas dû à des tendances sabbatéennes cachées [2]. Faute
de documents précis, il est difficile de formuler un jugement
catégorique, mais l'importance accordée aux rabbins italiens
n'est pas sans susciter quelques interrogations. Portalis lui-
même disait du rabbin Segré, de Verceil, qu'il « était le
rabbin dont on peut attendre le plus dans l'œuvre de régénération des Juifs [3] ». Il fut donc désigné comme Ab Beth
Din, cependant que son collègue et compatriote, Cologna,
était nommé Chacham [4]. Furtado et Cracovia étaient rap-
porteurs. On prit soin de donner le plus haut rang dans le
Sanhédrin, celui de Nassi (prince), à un rabbin strasbour-
geois, David Sintzheim. En effet, Furtado estimait néces-

1. Mardochée Crémieux, d'Aix, et Sabbaton Costantini, de
Marseille, refusèrent de participer au Sanhédrin. Des invitations furent adressées aux communautés juives européennes, mais leurs
réactions furent loin d'être enthousiastes. Voir à ce sujet N. M. GEL-
BER, « La police autrichienne et le Sanhédrin de Napoléon »,
Revue des études juives, LXXXIII, 1927, pp. 1-21 et pp. 113-145.
2. Sur le sabbatéisme, cf. le magistral recueil d'essais de Gershom
SCHOLEM, Le messianisme juif. Essais sur la spiritualité du judaïsme,
préface de B. Dupuy, Calmann-Lévy, col. Diaspora, 1974.
3. ANCHEL, op. cit., p. 464.
4. Le Sanhédrin antique était composé d'un Nassi (prince), d'un
Ab Beth Din (chef du tribunal) et d'un Chacham (sage).

saire la présence d'un ashkénaze, « le but principal de tout ce qui se passe à l'égard des Juifs étant d'influer sur l'esprit et la doctrine de ceux dont on se plaint, c'est-à-dire de ceux du Nord ».

Le Grand Sanhédrin s'ouvrit le 7 février 1807, avec un cérémonial tapageur destiné à impressionner les participants. Siégeant dans l'ancienne chapelle Saint-Jean, il avait pour mission d'approuver les décisions de l'Assemblée des notables, ce dont il s'acquitta sans trop de difficultés. Il décréta que « tout Israélite, né et élevé en France et dans le Royaume d'Italie et traité par la loi des deux Etats comme citoyen, est obligé religieusement de les défendre, d'obéir aux lois et de se conformer dans toutes ses transactions aux dispositions du Code civil ». Il décida également que les Israélites devaient acquérir des « professions utiles » et il eut à statuer sur le problème de l'usure. La question était délicate, car la Bible autorise le prêt à intérêt envers l'étranger. Il est dit en effet : « Tu pourras tirer un profit de l'étranger, mais de ton frère, tu n'en tireras point [1]. » Le traité *Baba Metzia* du Talmud n'est pas clair sur ce point, certain rabbins approuvant, d'autres désapprouvant le prêt à intérêt. Quand aux rabbins du Moyen Age et de l'époque moderne, ils tolérèrent une pratique devenue le gagne-pain forcé de beaucoup de Juifs [2]. Le Grand Sanhédrin sut donner une réponse habile. Tout en reconnaissant que le prêt à intérêt était permis envers un étranger dans le cas de transactions financières faisant encourir un risque au créancier, il ordonnait à tous « comme précepte religieux, et en particulier à ceux de France et l'Italie, de ne faire aucune distinction à l'avenir, en matière de prêt, entre concitoyens et coreligionnaires ».

---

1. *Deutéronome*, XXIII, 26.
2. Voir à ce sujet l'excellente mise au point de Léon POLIAKOV, *Les Banquiers juifs et le Saint-Siège du XIIIe au XVIIe siècle*, Calmann-Lévy, 1967, pp. 29-37.

En dépit de ces réponses qui allaient bien dans le sens des volontés impériales, le Grand Sanhédrin fut dissous par un décret du 7 mars 1807, sans motif apparent. La campagne de la droite contre cette caricature de l'Assemblée qui avait livré Jésus aux Romains, les scrupules religieux du cardinal Fesch, oncle de l'Empereur, jouèrent un rôle important mais non déterminant dans cette affaire. En fait, Molé et Champagny avaient compris l'inutilité d'une telle réunion, qui se contentait de reproduire les décisions de l'Assemblée des notables. Celle-ci termina d'ailleurs ses travaux le 6 avril 1807. Pendant un an, le Conseil d'Etat et le ministère de l'Intérieur se consultèrent pour aplanir leurs divergences et mettre au point une nouvelle législation, publiée sous forme de trois décrets le 17 mars 1808. (Voir les textes en annexe, p. 274.)

Les deux premiers décrets portaient sur la réorganisation du culte et les tâches des consistoires. Le troisième décret, dit décret infâme, instituait un système d'inégalité juridique visant tous les Juifs de l'Empire, à l'exception de ceux de Bordeaux et de Paris. Sans annuler toutes les créances détenues par les Juifs, il prévoyait un certain nombre de cas d'annulation, que l'imagination des tribunaux de l'Est sut multiplier à l'infini. Tous les commerçants juifs devaient en outre obtenir chaque année une patente en fournissant un certificat des autorités locales et des consistoires, attestant qu'ils n'étaient pas usuriers. L'immigration des Juifs étrangers en France était interdite et l'installation des Juifs alsaciens ou lorrains dans d'autres régions de France était soumise à l'accord préalable des consistoires. A la différence des chrétiens, les conscrits juifs ne pouvaient acheter de remplaçants. Les seules concessions de Napoléon aux libéraux étaient que ces mesures étaient valables pour dix ans seulement. Ces dispositions très rigoureuses étaient une confiscation partielle des acquis de la Révolution et les Juifs s'efforcèrent, mais en vain, d'en obtenir l'abrogation.

Furtado, qui ne cachait pas son indignation devant ces

mesures [1], se rendit en Pologne avec le Nancéen Maurice
Lévy pour tenter d'infléchir l'Empereur. Selon Anchel, il
obtint une audience, mais le fait n'est confirmé par aucune
autre source. Sa mission se solda par un échec et il ne
restait plus aux Juifs qu'à demander à pouvoir bénéficier,
individuellement ou collectivement, de l'exemption accordée
aux Bordelais et aux Parisiens. Hayemsohn Créhange, de
Sedan, J. Javal, de Rambervilliers et I. S. Avidgor, de Nice,
le firent en joignant à leurs requêtes des certificats élogieux
émanant des autorités locales. Avigdor faisait en outre remarquer qu'il avait occupé de hautes fonctions tant à l'Assemblée des notables qu'au Grand Sanhédrin [2]. Aucune dérogation individuelle ne fut cependant acceptée. Seuls furent
exemptés les Juifs des départements dont les préfets avaient
appuyé la demande de leurs administrés israélites, à savoir,
selon un décret du 15 mai 1810 : Alpes-Maritimes, Aude,
Bouches-du-Rhône, Loire, Doubs, Gard, Haute-Garonne,
Hérault, Marengo, Pô, Seine et-Oise, Sesia, Stura et Vosges.
Selon Fauchille [3], en 1811, trente-quatre départements
étaient exemptés, quatorze autres avaient essuyé un refus
et trente-six n'avaient pas demandé de dérogation. A la
veille de la Restauration, la majorité des Juifs français
étaient donc privés de leurs droits civiques. L'œuvre de
Napoléon est bien entendu très controversée. Delpech notamment estime, non sans une trop grande indulgence, que les
acquis de la Révolution ne furent pas totalement annihilés.

1. Elles aboutissaient selon lui à « l'avilissement le plus complet
de cette partie de la Nation à qui l'on avait promis si hautement de
la rendre digne », cité par F. M. HOFFMAN, *op. cit.*, p. 331.
2. Avigdor avait même fait voter une insolite motion de reconnaissance pour les « bienfaits » que le clergé chrétien n'avait cessé
de prodiguer aux Juifs tout au long de l'histoire... Sur sa demande et
sur celle des Juifs de Nice, voir G. D. SCIALTIEL, « Les Juifs de
Nice et le décret de 1808 », *Revue des études juives*, LXVII, 1914,
pp. 118-124.
3. P. FAUCHILLE, *La question juive en France sous le premier
Empire, d'après des documents inédits*, A. Rousseau, 1884, p. 72.

Or, Napoléon n'a pas seulement détruit l'héritage révolutionnaire, il l'a renié tout en associant à son œuvre les Juifs, qui forgèrent les armes destinées à les frapper. C'est ce qui ressort implicitement de ce jugement formulé, quelques décennies après, par l'avocat Halphen :

Les Israélites, qui avaient vu dans la convocation de l'Assemblée des notables et du Sanhédrin une intention libérale et réparatrice, furent frappés de stupeur quand, l'année suivante, parut ce décret infâme du 17 mars 1808, qui les mettait hors la loi et les replongeait dans l'humiliation la plus profonde [1].

Après l'abdication de l'Empereur, la Restauration eut, selon l'expression de Léon Poliakov, à « parachever l'émancipation des Juifs [2] ».

La Restauration et la monarchie de Juillet

La Restauration ne le fit pas immédiatement, bien que le nouveau gouvernement ait eu envers les Israélites une attitude bienveillante. Louis XVIII reçut en audience une délégation du Consistoire central et *Le Moniteur* publia un compte rendu favorable de cette entrevue. Dans une lettre du 14 mai 1814, le Consistoire demandait à ses membres de se montrer de fidèles sujets du nouveau monarque, dont la conduite contrastait avec la « superstition de l'ancien chef de gouvernement [3] ». Les bonnes dispositions des Bourbons ne cessèrent point après l'intermède des Cent-Jours, en dépit de quelques exactions antijuives commises pendant la Terreur blanche [4]. A partir de 1817, la question juive connut

1. HALPHEN, *op. cit.*, p. 301.
2. POLIAKOV, *op. cit.*, p. 249.
3. Pour le texte de la lettre, voir N. NETTER, *Vingt siècles d'histoire d'une communauté juive : Metz et son grand passé*, Lipschutz, 1938, p. 306.
4. La maison du père d'Adolphe Crémieux, à Nîmes, fut pillée par les royalistes, mais le fait visait plus les opinions politiques que l'origine religieuse de la victime.

un regain d'intérêt, puisque le décret infâme venait à expiration en 1818. Les conseils généraux du Haut et du Bas-Rhin réitérèrent leurs plaintes contre l'usure juive et exigèrent l'application de mesures plus sévères, initiative appuyée par un député ultra, le marquis de Lattier.

Devant ces menaces, les milieux juifs, appuyés par les libéraux [1], se montrèrent particulièrement actifs. Une éphémère revue, *l'Israélite français*, fut alors fondée par Elie Halévy avec l'appui du Consistoire central et du grand rabbin Cologna. Le titre avait été choisi à dessein pour montrer l'ampleur des progrès accomplis et donc l'inutilité des mesures répressives. Parmi les collaborateurs de la revue, se trouvait Simon Mayer Dalmbert, monarchiste convaincu, qui sut mettre à profit ses relations avec certains cercles proches du gouvernement. Les Juifs alsaciens déléguèrent à Paris deux représentants, J. Javal et le banquier Ratisbonne, pour plaider leur cause auprès des autorités. Dans un souci de conciliation, de nombreux créanciers juifs firent savoir qu'ils accorderaient des délais à leurs débiteurs défaillants. Après quelques hésitations, le Consistoire se lança ouvertement dans la lutte et demanda aux communautés de l'Est de lui fournir des certificats de bonne conduite, signés par les autorités et les personnalités locales, ce afin d'influer sur la décision de la Chambre. Cette dernière, en accord avec le gouvernement, refusa de reconduire le décret infâme, comme le proposait Lattier. Sitôt la décision connue, le Consistoire central exhorta les Juifs alsaciens à s'abstenir de pratiquer l'usure et à se montrer de bons et loyaux sujets des Bourbons. Des mesures sévères furent prises contre l'usure et les consistoires créèrent des commissions spéciales chargées de la réprimer [2]. Les manuels religieux s'efforcèrent même de la présenter comme une transgression de la loi

---

1. Notamment Benjamin Constant, qui prit leur défense dans *La Minerve française*.
2. Sur les activités d'une de ces commissions, voir *Les Archives israélites*, I, 1840, p. 21.

divine [1]. La Restauration avait donc redonné aux Juifs la dignité de citoyens, mais le fait semble avoir été passé sous silence par les auteurs postérieurs, y compris par ceux qui avaient vécu cette période. En 1842, Ben Lévi se contentait de souligner que, sous Louis XVIII et Charles X, les Israélites « n'ont eu à se plaindre d'aucune atteinte portée à la liberté des cultes [2] ». Sans doute était-il de mauvais ton, dès cette période, d'attribuer aux Bourbons des vertus que la Révolution et surtout l'Empire avaient omis de pratiquer. Il n'en demeure pas moins vrai que quelques inégalités juridiques subsistaient, notamment l'obligation de prêter un serment spécial en justice et la non-attribution d'un budget au culte israélite.

En effet, à la différence des prêtres catholiques, les rabbins n'étaient pas salariés par l'Etat, en dépit des demandes formulées en ce sens par l'Assemblée des notables et Berr Isaac Berr. Les consistoires étaient donc obligés de lever une taxe spéciale sur leurs administrés afin de faire face aux dépenses du culte [3], ce qui n'allait pas sans poser quelques problèmes. Nombre de Juifs omettaient de payer cet impôt et son montant suffisait à peine à assurer le fragile équilibre budgétaire des communautés. La Révolution de Juillet, ardemment soutenue par de nombreux Israélites [4],

1. On se reportera notamment au catéchisme d'Elie HALÉVY, *Instruction religieuse et morale à l'usage de la jeunesse israélite*, Paris, 1820, pp. 99-100-101 : « Un Israélite de nos jours ne pourrait donc, sans transgresser à la fois la loi de Dieu, blesser la justice et l'humanité, se permettre ce commerce illicite envers des individus dont les opinions religieuses, il est vrai, diffèrent des siennes, mais qui n'en sont pas moins de stricts observateurs de ces grands principes, bases fondamentales de toutes les croyances chez tous les peuples civilisés. »

2. BEN-LÉVI, *Les Matinées du samedi, livre d'éducation morale et religieuse à l'usage de la jeunesse israélite*, Paris, 1842, p. 393.

3. Sur ce problème, voir R. ANCHEL, *Notes sur les frais du culte juif en France de 1815 à 1831*, imprimerie Hemmerlé, 1928.

4. Notamment Adolphe Crémieux, Michel Goudchaux et Philippe Anspach.

fut l'occasion de relancer le débat sur ce sujet. Dès le 3 août 1830, le Consistoire central fit remarquer que l'égalité des cultes ne serait pas assurée tant que le culte israélite ne serait pas salarié. A. CerfBerr, M. Goudchaux et J. Bédarride entreprirent des démarches auprès des députés, démarches fructueuses, puisque le texte de la Charte fut modifié à leur demande. Un premier texte comportait la phrase suivante : « Seuls les ministres de la religion catholique, apostolique et romaine, qui est la religion de la majorité des Français, seront rétribués par l'Etat. » Ils obtinrent la suppression du mot « seuls », ce qui permettait d'envisager un amendement ultérieur en faveur du culte israélite. Assuré de l'appui de Louis-Philippe, le Consistoire central entreprit de discuter avec le bureau des cultes le montant du budget alloué au culte israélite et qui fut fixé à 60 000 francs par an. La Chambre discuta le projet gouvernemental le 4 décembre 1830 et l'adopta à une majorité écrasante. La Chambre des Pairs, après un habile et inattendu plaidoyer de Molé, l'ancien commissaire impérial, en faveur des Juifs, fit de même et, le 8 février 1831, un décret fixait les modalités d'application de la loi du 4 décembre 1830.

Ce décret fut accueilli avec enthousiasme par les Israélites français et le grand rabbin Lambert, de Metz, n'hésita pas à déclarer qu'il « était le plus grand acte de justice qu'aient jamais obtenu les Hébreux depuis la destruction du deuxième temple [1] ». Le souci de flatter le pouvoir en place n'explique pas uniquement de telles déclarations. La date de 1830 peut être considérée comme marquant l'accès des Israélites à l'égalité quasi absolue devant la loi et la reconnaissance officielle de leurs droits, en tant que minorité religieuse, par l'Etat. Jusque-là, l'émancipation était un legs de la Révolution, que le souci de ménager l'opinion publique libérale empêchait de révoquer totalement. Désor-

---

1. L. M. LAMBERT, *Précis de l'histoire des Hébreux, depuis le patriarche Abraham jusqu'en 1840*, Metz, 1840, p. 416.

mais, elle devient un acte irréversible, indépendant de tout bouleversement du système politique. Les contemporains en étaient conscients et Gerson-Lévy écrivait de la période précédant la révolution de Juillet :

Les Juifs, comme à peu près toutes les autres classes de citoyens, s'ils étaient en possession plus ou moins complète des bienfaits de la Révolution, étaient agités en même temps de la crainte plus ou moins fondée de les voir retirés ou limités et, pour résumer en peu de mots la situation de cette époque, le présent était incomplet, l'avenir surtout était douteux [1].

La monarchie de Juillet mit fin à cet état de fait, de même qu'elle abolit le serment *more judaico*.

Ce serment était un legs de l'Empire, puisque la cour d'appel de Colmar avait décidé en juillet 1809 que tout Juif, avant de comparaître en justice, devait prêter serment à la synagogue, revêtu du *taleth* (châle de prières) et des phylactères, un rouleau de la Loi dans les bras. La formule du serment était la suivante :

Adonaï, Créateur du ciel et de la terre, et de toutes les choses, qui est aussi le mien et celui de tous les hommes ici présents, je t'invoque par ton nom sacré, en ce moment où il s'agit de dire la vérité et je jure par lui de dire toute la vérité. Je jure, en conséquence, que je te prie, ô Adonaï, de m'aider à confirmer cette vérité, mais dans le cas où en ceci j'emploierais quelque fraude, que je sois éternellement maudit, dévoré et anéanti par le feu dont périrent Sodome et Gomorrhe et accablé de toutes les malédictions écrites dans la Thora ; que l'Eternel ne vienne jamais à mon aide, ni à mon assistance dans aucune de mes affaires, ni à mes peines ; mais, si je dis vrai et agis bien, qu'Adonaï me soit en aide et rien de plus [2].

1. *Société des arts et métiers parmi les Israélites de Metz : extrait du procès-verbal de la séance générale du 7 février 1841*, Metz, 1841, p. 15.

2. H. LUCIEN-BRUN, *La condition des Juifs en France depuis 1789*, Lyon, 1900, 2ᵉ éd., p. 206.

En dépit de ses protestations initiales, le Consistoire fut obligé de s'incliner. Il fit savoir à ses administrés qu'il autorisait la prestation du serment sur une Bible hébraïque, en présence d'un rabbin et dans la salle d'audiences.

Sous la Restauration, les protestations contre ce type de serment se firent plus nombreuses. En 1816, les grands rabbins de France déclarèrent solennellement que le serment civil était pour les Israélites un acte religieux, qui les engageait à dire la vérité sans le recours à « aucune autre intervention, aucune formalité, ni cérémonie quelconque ». Nulle action ne fut cependant entreprise par les consistoires et la campagne contre le serment *more judaico* fut l'œuvre d'Adolphe Crémieux. En 1827, il prononça une plaidoirie célèbre contre ce serment en développant deux types d'arguments. Cette forme de serment est une atteinte à l'égalité devant la loi et blesse la liberté des cultes. Soulignant que c'est « la conscience et non la religion qu'il faut appeler devant les magistrats », il demandait son abolition et concluait : « Qu'on cesse donc de faire retentir dans cette enceinte le nom de nation juive, si tant est qu'on puisse regarder les Juifs comme une nation depuis qu'ils ont eu le bonheur d'être confondus dans la grande masse du peuple français. » A la suite de cette plaidoirie, la cour de Nîmes abolit le serment *more judaico,* de même que celle d'Aix en 1828.

Les tribunaux de l'Est ne l'entendaient point ainsi et la cour de Colmar statua la même année que la décision prise à Nîmes s'appliquait uniquement aux Juifs du Midi, qui ne reconnaissaient pas, au contraire de leurs coreligionnaires ashkénazes, l'autorité du Talmud. L'argumentation était pour le moins spécieuse, mais elle fit cependant jurisprudence. Devenu vice-président, puis président du Consistoire central, Crémieux poursuivit son combat et promit notamment son aide à tout rabbin qui refuserait de prêter son concours à la prestation de ce serment. Ce fut le cas du rabbin de Phalsbourg, futur grand rabbin de France, Lazard

Isidore. Il était soutenu par la majorité des Israélites et, en 1843, un procès entre Juifs ne put avoir lieu à Metz, la partie requérante retirant sa plainte plutôt que d'obliger l'autre partie à prêter le serment *more judaico*. Relatant l'événement, *Les Archives israélites* qualifiaient ce serment « d'incroyable dérogation aux formes judiciaires et au principe d'égalité devant la loi [1] ». Le 19 novembre 1844, les grands rabbins publièrent une nouvelle déclaration dogmatique, dans laquelle ils affirmaient que ce serment était contraire à la loi juive. Il fut définitivement aboli en 1846, mais cette mesure, qui supprimait la dernière trace d'inégalité devant la loi ne fut pas accueillie avec des transports d'allégresse, comme cela avait été le cas en 1830. Ainsi que le fait remarquer François Delpech, « ce n'était pas en effet une nouvelle conquête décisive, mais plutôt le signe de la consécration d'une évolution déjà accomplie, parfaitement illustrée par la carrière même de Crémieux [2] ».

Restait le problème du séjour des Juifs français dans des pays appliquant une législation antijuive, notamment l'Allemagne et la Suisse. En 1835, un négociant de Mulhouse, Walh, fut expulsé du canton de Bâle-Campagne en raison de ses origines juives. Après une démarche de Crémieux auprès de Louis-Philippe, les relations de la France avec ce canton furent interrompues en signe de protestation. En 1841, une affaire similaire éclata à Dresde. Un négociant français, Wurmser, fut expulsé de cette ville, celle-ci n'autorisant le séjour des Juifs que certains jours de l'année. Saisie de cette affaire, la Chambre reconnut que les agents diplomatiques français ne pouvaient tolérer de tels faits. En 1845 cependant, Guizot refusa d'intervenir en faveur d'Israélites français expulsés de Neuchâtel, prétextant que la France ne pouvait s'immiscer dans les affaires intérieures

---

1. *Les Archives israélites*, IV, 1843, pp. 353-354.
2. In BLUMENKRANZ, *op. cit.*, p. 307.

d'un pays étranger. Le second Empire se montra plus sévère en la matière et la Suisse fut menacée de la non-reconduction du traité commercial conclu avec la France, si elle ne garantissait pas la libre circulation sur son territoire de tous les citoyens français. L'égalité absolue des Juifs et des chrétiens devant la loi était ainsi garantie.

Dans ce chapitre comme dans le chapitre précédent, nous avons tenté d'esquisser le lent cheminement des Israélites français, de 1791 à 1846, vers l'égalité absolue. La période 1806-1815 fut la plus sombre, marquée par le retour à l'arbitraire et à la discrimination. La Restauration amena une amélioration considérable du sort des Juifs, auxquels la monarchie de Juillet accorda l'égalité absolue. Deux faits dominent cette période. Le premier est la permanence de l'attitude gouvernementale à l'égard des différents groupes juifs. Emancipés le 28 janvier 1790, les Sépharades n'eurent pas à souffrir du décret infâme et furent exemptés du serment *more judaico* dès 1827. Avec l'attribution d'un budget au culte israélite en 1830, ils devinrent à cette date les égaux de leurs concitoyens non juifs, cependant que les Ash-kénazes, émancipés le 27 septembre 1791, ne le devinrent que dans les années 1840. Un certain décalage entre les deux groupes subsista donc toujours. Le second fait, beaucoup plus important, réside dans l'évolution du monde juif vis-à-vis des droits civils. En 1791, les milieux orthodoxes s'opposèrent à l'émancipation ou en dénoncèrent les dangers pour la survie de l'identité juive. En 1839, ces mêmes milieux ne la remettaient plus en question, désirant tout au plus conserver un particularisme religieux et non pas étroitement national. C'est ce que reconnaissait à sa façon le leader des orthodoxes parisiens, Abraham Créhange, en écrivant :

Nous voulons l'union la plus forte et la plus parfaite avec nos concitoyens chrétiens pour toutes les charges civiles et militaires ;

mais séparation, séparation complète pour tout ce qui touche à la religion [1].

La Révolution avait conquis le monde juif et l'avait obligé à se transformer profondément, ce que montreront les deux chapitres suivants.

---

1. *La Sentinelle juive. Réponse à la dix-septième lettre de la correspondance d'un Israélite dit Tsarphati*, Paris, 1839, p. 10.

DEUXIÈME PARTIE

LES CONSÉQUENCES
DE L'ÉMANCIPATION

P ARIAS soumis à des interdits médiévaux, les Juifs de
France avaient été délivrés par la Révolution des nombreuses entraves qui pesaient sur leurs activités économiques
et leur mobilité géographique. A défaut de la réaliser, les
décrets émancipateurs avaient pour but d'amener l'assimilation, la fusion sociale entre Juifs et chrétiens, désormais
unis par l'amour d'une même patrie aux lois égales pour
tous. Cinquante ans après l'octroi des droits civils, un rapide
survol de la presse israélite, notamment *Les Archives israélites* et *L'Univers israélite,* révèle au lecteur que les « officiels » juifs de l'époque ne cessaient de vanter, non sans
quelque naïve exagération, les bienfaits évoqués ci-dessus
et les progrès accomplis par le groupe juif. Adolphe Crémieux affirmait même :

Il y a maintenant quelque orgueil à se dire juif en France.
Depuis quelques années, je vois avec bonheur un progrès immense parmi nos Israélites. Toutes les carrières s'ouvrent avec
honneur devant nous. C'est un spectacle digne d'éloges que cette
activité, ce zèle, cette ardeur généreuse qui entraîne nos contemporains et nos jeunes gens [1].

1. POSENER, *op. cit.,* tome I, p. 193.

4

Après l'élection, en 1842, de trois députés juifs, *Les Archives israélites,* sous la plume de leur directeur, Samuel Cahen, notaient qu'il n'y avait plus de dissensions possibles en France après un tel résultat : « Le fanatisme est en ruines, la persécution est morte, la superstition est évanouie [1]. »

Fusion sociale réalisée, professions « utiles » acquises, si tel était le tableau, émancipateurs et Juifs éclairés pouvaient légitimement se réjouir. L'émancipation avait porté ses fruits. Ces déclarations enthousiastes sont révélatrices de certaines mentalités, mais la réalité était infiniment plus complexe. En effet, en 1789, « les Juifs étaient dépourvus de tout et l'on attendait tout d'eux-mêmes [2] ». En 1845, certains persistaient à les croire identiques à « ce qu'ils étaient en 1789 [3] ». Les structures professionnelles et démographiques de la communauté juive se modifièrent très lentement et certains groupes juifs, notamment les cercles orthodoxes, se montrèrent fort réticents envers ces mutations. L'intégration à la vie sociale et politique de la nation des anciens parias fut également très lente et les différentes théories élaborées montrent bien que le groupe juif ne réagissait pas de façon homogène à l'émancipation. Difficultés et réticences ont été dissimulées par l'historiographie juive traditionnelle, aussi constitueront-elles le thème principal de cette seconde partie.

1. *Les Archives israélites,* III, 1842, p. 366.
2. P. WITTERSHEIM, *op. cit.,* p. 12.
3. T. HALLEZ, *Des Juifs en France, de leur état moral et politique, depuis les premiers temps de la monarchie jusqu'à nos jours,* Paris, 1845, p. 240.

CHAPITRE III

Démographie et structures socio-professionnelles

L'ÉMANCIPATION bouleversa profondément la démographie juive en abolissant les restrictions apportées aux mariages et à la mobilité géographique. L'amélioration considérable du statut juridique des Juifs et l'émergence d'un nouveau type de société facilitèrent également une croissance démographique, qu'il est difficile d'estimer avec précision. En effet, après 1791, l'appartenance au judaïsme relevait d'un choix personnel et pouvait se faire parfaitement en dehors d'un cadre communautaire rigide. Les critères utilisés pour définir les formes de rattachement au judaïsme sont souvent arbitraires et Abraham Moles note avec raison qu'en réalité « il n'y a " population juive " qu'en fonction de ce que l'on veut en faire [1] ». Aussi la plus grande prudence s'impose en ce qui concerne l'évaluation de la population juive de France, ce d'autant plus que les chiffres varient selon les sources utilisées.

Celles-ci sont de deux types : gouvernementales ou religieuses. Les consistoires avaient entre autres pour mission de procéder au recensement des Juifs tant pour lever la taxe culturelle que pour indiquer aux autorités le nombre des

---

1. A. MOLES, « Sur l'aspect théorique du décompte de populations mal définies » in *La Vie juive dans l'Europe contemporaine*, Bruxelles, 1965, pp. 81-87 ; p. 82.

conscrits israélites. Jusqu'en 1830, leurs estimations étaient relativement exactes, comme le reconnaissaient *Les Archives israélites* : « Sous la Restauration, on pouvait à peu près connaître le nombre des Israélites de Paris : les frais du culte étant à leur charge, tous étaient inscrits sur le rôle du Consistoire [1]. » Une fois le culte salarié, les consistoires eurent tendance à grossir le chiffre de la population juive pour obtenir une augmentation de leur budget. Signalons qu'ils ignoraient cependant le nombre exact de leurs administrés. 7,7 % de la population juive du Bas-Rhin, région à forte densité israélite, échappaient au contrôle du consistoire. Les recensements gouvernementaux sont une source précieuse, mais partielle. Ils comportaient en effet jusqu'en 1872 une question sur l'appartenance religieuse [2]. Cette question pouvait choquer un nombre appréciable d'individus, incroyants ou détachés de toute pratique religieuse, mais la majorité des Juifs français indiquaient leur confession lors des recensements. Les journaux israélites donnaient fréquemment des estimations de la population israélite, mais celles-ci étaient le plus souvent très fantaisistes. En 1836, Simon Bloch allait jusqu'à dénombrer 130 000 Juifs en France.

L'évolution générale de la population juive

On dispose de peu de documents sur la période 1791-1808 et le recensement consistorial de 1808 fournit les premières indications. Il portait sur la totalité de l'Empire, départements transalpins, allemands, italiens et hollandais compris. D'après ce recensement, il y avait, dans ce qui sera la France de 1815, 46 663 Juifs. Les Juifs représen-

1. *Les Archives israélites*, II, 1841, p. 504.
2. Il ne faut pas oublier que le gouvernement français reconnaissait et salariait les cultes catholique, protestant et israélite, d'où cette question pour déterminer le nombre de leurs fidèles et en conséquence leur budget.

taient donc 0,16 % de la population, chiffre qu'il faut cependant nuancer. En effet, quarante-deux départements, qui renfermaient 45,70 % de la population française, n'avaient aucun habitant juif. Dans trente-huit départements, les Juifs représentaient de 0,1 % à 0,9 % de la population et, dans trois départements, de 1,7 % à 3,2 % des habitants. Après 1831, les sources juives et les sources gouvernementales divergent profondément, ce que montrent les deux tableaux ci-dessous.

TABLEAU I

La population juive d'après les sources gouvernementales

Date	Population juive	Sources
1831	60 000	Ministère des cultes
1851	73 975	Recensement
1861	79 964	Recensement
1866	89 047	Recensement

TABLEAU II

La population juive d'après le Consistoire et la presse juive

Date	Population juive	Sources
1836	130 000	*La Régénération*, 1836, IV, p. 70.
1841	70 324	Consistoire central
1845	85 910	*L'Univers israélite*, V, 1849, p. 40
1853	88 331	Consistoire central
1861	92 321	Consistoire central

La plupart des historiens modernes contestent ces chiffres, sans pour autant accorder les leurs. Certains, tel Szajkowski, ont sensiblement surestimé la population juive pour étayer leur argumentation contre les consistoires, l'importance numérique des Juifs français étant censée démontrer leur résistance à l'assimilation. Cela n'est guère sérieux et confirmerait, si besoin en était, l'opinion de Moles sur les implications idéologiques de la démographie juive. P. Albert estime pour sa part qu'il y avait de 70 000 à 73 000 Juifs en 1831 et 95 881 en 1861 [1]. Fort prudent, F. Delpech se contente d'affirmer que « la population juive avait à peu près doublé entre 1808 et 1870 [2] ». En fait, l'on peut affirmer, sans risque d'erreur, que, de 1789 à 1860, le judaïsme français avait un peu plus que doublé, passant de 40 000 à 90 000 membres, soit 0,24 % de la population. Quelles furent les causes de cette croissance démographique ?

Contrairement aux affirmations d'auteurs malveillants [3], elle n'est pas due à une immigration étrangère massive après la promulgation des décrets émancipateurs. En 1809, seuls deux des cent trente et un Juifs de Dijon étaient étrangers ; pourcentage identique pour les 631 Juifs du Vaucluse et les 47 Juifs des Vosges. Selon S. Posener, 2 000 à 2 500 personnes vinrent s'installer en France sous la Révolution et l'Empire [4], chiffre relativement peu élevé. La Restauration et la monarchie de Juillet virent une augmentation de l'immigration étrangère. Parmi les nouveaux venus, se trouvaient des noms promis à la célébrité : Halévy, Munk, Offenbach, Cohn, Heine, Hess, Derenbourg et Rachel. Que cette immigration fût essentiellement allemande ne peut surprendre. Les Allemands étaient en 1830 17,4 % de la population étrangère de Paris et 34,1 % en 1848 [5]. *L'Univers israélite*

---

1. P. ALBERT, *The Jewish Consistory of France. A study on social history (1830-1870)*, 2 volumes, Ann Arbor, 1973, tome 2, p. 424.

2. In BLUMENKRANZ, *op. cit.*, p. 308.

3. Notamment Fauchille : « Les Juifs étaient accourus en foule du fond de la Pologne et de toutes les parties d'Allemagne », *op. cit.*, p. 5.

4. S. POSENER, « The immediate economic and social effects of the emancipation of the Jews in France », *Jewish Social Studies*, I, 1939, pp. 271-326 ; p. 293.

5. J. GRANDJONC, *Marx et les communistes allemands à Paris*, F. Maspero, 1973.

le soulignait dans un article consacré à la communauté juive parisienne : « Tous les pays, toutes les parties du monde ont fourni leur contingent à ce nombre, mais de manière que l'élément germanico-juif est devenu prépondérant [1]. » En 1872, sur 10 815 Juifs parisiens, 2 393 étaient nés hors de France. Des familles syriennes et italiennes s'étaient installées à Marseille, et Lyon attirait de nombreuses familles suisses et allemandes [2]. L'immigration étrangère de 1791 à 1860, qu'on peut estimer à 8 000 ou 10 000 personnes, n'explique donc pas l'accroissement de la population juive.

Cette croissance fut essentiellement une croissance naturelle, connue par tout le peuple juif à l'époque moderne. Un fait n'est pas assez souligné : la population juive du globe s'est multipliée par quinze de 1660 à 1915, passant de 850 000 à 12 500 000 âmes. La France ne fait pas exception à la règle. Le capitalisme moderne a stimulé la poussée démographique juive [3], mais le poids des traditions religieuses a joué un grand rôle. Les mariages précoces étaient nombreux en Alsace et le nombre d'enfants par famille élevé, tout au moins pendant la première moitié du siècle. Dès 1850 cependant, un certain tassement se produit. Largement intégrés à la société française, les Israélites ont eu tendance à modeler leurs comportements sur ceux de la bourgeoisie. Le nombre d'enfants déclina considérablement [4] à tel point qu'en 1890, Joseph Hirsch considérait la faible fécondité des mariages juifs comme une menace grave pour l'avenir du judaïsme.

Autre explication de la croissance démographique : la relative sédentarisation des Juifs après 1791, qui mit un

1. *L'Univers israélite*, VII, 1851, p. 436.
2. F. DELPECH, « La seconde communauté juive de Lyon (1775-1870) », in *Mélanges historiques André Fugier, Cahiers d'histoire*, XIII, 1968, p. 59.
3. S. W. BARON, *History and Jewish Historians*, Philadelphie, 1964, p. 50.
4. La moyenne d'enfants par famille comtadine était alors de 1,6.

terme aux échanges de populations juives entre la France
et l'Allemagne, dans le sens France-Allemagne. Certes, une
émigration juive hors de France subsistait [1], mais semble
avoir été relativement réduite. En 1853, le consistoire du
Bas-Rhin discuta de l'émigration vers les Etats-Unis des
indigents juifs. Elle était prônée par la « Société pour l'amélioration matérielle et morale de nos coreligionnaires », qui
fit partir vers le Nouveau Monde une centaine de familles [2].
Enfin, l'importance des conversions et des cas d'assimilation
totale a été très nettement exagérée, comme on le montrera
plus loin. La population juive demeura d'autre part réfrac-
taire à l'exogamie, soit par une méfiance séculaire envers
les non-Juifs, soit en raison de la pression du milieu juif
environnant. Alexandre Weill le soulignait avec malice :
« Partir avec une *Shikse,* c'eût été alors pour les Juifs
alsaciens déverser à pleines mains l'opprobre sur toute sa
famille [3]. » A Paris même, où le milieu juif était plus dilué,
les mariages mixtes pour la période 1808-1860 représentent
6 % des alliances matrimoniales contractées par des Juifs,
ce qui est un chiffre relativement bas [4]. Vers 1860, les Juifs
de France étaient donc une population stable, l'exogamie
ou l'assimilation totale étant le fait d'une minorité, mais
leur taux de natalité commençait à décroître dangereusement. Cette stabilité ne se retrouvait pas au niveau de la
répartition des Juifs sur le territoire français.

---

1. Ainsi, Alexandre WEILL écrivait que vers 1830 « il y avait
en Alsace une véritable rage d'émigration vers les Etats-Unis d'Amé-
rique », *Ma Jeunesse,* Paris, 1888, p. 299.
2. Cette émigration devint plus importante après la défaite de
1870. La famille des Marx brothers vint d'Alsace aux Etats-Unis
vers 1880.
3. A. WEILL, *op. cit.,* p. 307.
4. C. PIETTE-SAMSON, *Les Juifs de Paris, 1808-1840 : problèmes
d'acculturation,* thèse, Paris, 1973, p. 283.

Mobilité géographique et urbanisation

En ce domaine, l'évolution se fit en trois étapes : Révolution et premier Empire, monarchie de Juillet et second Empire. La première période est caractérisée par trois faits : désertion de certains centres traditionnels, création de nouvelles communautés et début d'urbanisation. Le premier de ces phénomènes affecta plus particulièrement le judaïsme comtadin. Dès 1789, nombre de Juifs désertèrent les anciennes Carrières. Alors que le Comtat Venaissin et Avignon comptaient 2 000 Juifs en 1789, ces derniers n'étaient plus que 631 en 1808. A cette date, Avignon avait 106 habitants juifs (— 244), Cavaillon 58 (— 142), L'Isle-sur-la-Sorgue 22 (— 178), Carpentras 359 (— 391). Le Sud-Ouest ne connut pas un mouvement d'émigration similaire. Bien intégrés à la société environnante, les Portugais avaient de solides intérêts économiques dans la région. Seules les petites agglomérations de Bidache, Peyrehorade et Labastide-Clairence se vidèrent peu à peu de leur population juive. En Alsace, dix-sept communautés disparurent de 1784 à 1808, mais il s'agissait de très petites communautés (dix membres ou moins) dont la situation matérielle était précaire.

L'émigration comtadine eut pour conséquence la création d'un centre juif relativement important dans les Bouches-du-Rhône. Ce département avait en 1809 942 habitants juifs, dont 169 à Aix-en-Provence et 109 à Marseille. Quelques Comtadins s'installèrent dans le Gard. Sur les 425 Juifs du département, 115 étaient venus après la Révolution et s'étaient installés à Nîmes (371 Juifs en 1809). A Lyon, la petite communauté s'était considérablement agrandie et comptait en 1809 195 membres, la plupart arrivés récemment [1]. La population juive de Paris augmenta sensiblement de 1789 à 1808. A cette date, la capitale avait 2 908 habi-

1. DELPECH, *op. cit.*, p. 55.

tants juifs, dont 569 étaient venus après la Révolution [1]. Quelques petites communautés se créèrent dans la région parisienne et aux alentours, notamment à Fontainebleau (132 Juifs en 1809) et Dijon (251 Juifs en 1809 [2]). Le nord et l'ouest de la France avaient une population juive réduite, en tout 330 personnes.

Les mouvements de population furent plus importants en Alsace, où les Juifs s'installèrent dans les villes, qui leur étaient autrefois interdites. Ce phénomène affecta surtout les communautés rurales. Alors qu'en 1889, aucune localité n'avait plus de 500 habitants juifs, en 1808, cinq étaient dans ce cas [3]. Dans la plupart des cas, les nouveaux arrivants constituaient un groupe distinct, ayant sa propre synagogue, telle celle des Neuelander à Haguenau. La population juive demeurait cependant concentrée dans un nombre restreint de localités, 145 pour le Bas-Rhin, 58 pour le Haut-Rhin [4], dont la majeure partie avait entre 50 et 300 Juifs. Les Alsaciens avaient donc tendance à se regrouper dans les villages et bourgs de moyenne importance. A Metz et en Lorraine, la population juive faisait preuve d'un certain immobilisme. De 1789 à 1806, seules vingt-neuf nouvelles familles vinrent s'installer à Metz, cependant que les petites communautés du plat pays messin demeuraient stables. En Lorraine, de nombreux Juifs s'installèrent à Nancy, mais l'immense majorité continuait à résider dans des communautés de très faible importance. A l'exception donc du Comtat Venaissin, il n'y eut pas de modification radicale dans la répartition géographique du judaïsme français. Les

1. L. KAHN, Histoire de la communauté israélite de Paris : les professions manuelles et les institutions de patronage. A. Durlacher, 1885, pp. 69-72.

2. CLÉMENT-JANIN, Notice sur la communauté israélite de Dijon, F. Carré, Dijon, 1879, p. 67.

3. M. GINSBURGER, Histoire de la communauté israélite de Soultz, Strasbourg, 1940, p. 40.

4. POSENER, loc. cit., p. 282.

mutations se firent à l'intérieur des régions traditionnelles et furent caractérisées par une concentration dans des communautés rurales de très moyenne importance.

En effet, le judaïsme français, à l'exception des Comtadins et des Sépharades, était peu urbanisé. 25 % de ses membres tout au plus étaient des citadins. A cette urbanisation peu poussée correspondaient des pratiques traditionnelles en milieu urbain, notamment le regroupement dans un quartier particulier et le refus d'abandonner les anciens ghettos. A Metz, les Juifs se refusaient à s'installer dans les quartiers chrétiens, désignés par le terme hébraïque de *mâquom* (lieu), ce qui implique une connotation de défiance ou de peur. A Paris, les immigrants juifs se regroupaient dans les 6e et 7e arrondissements de l'époque, là où se trouve encore de nos jours le quartier juif de la capitale. 82 % des Juifs parisiens y résidaient en 1808, car ils étaient assurés d'y trouver des synagogues, des boucheries cachères, voire un logement provisoire chez des personnes de leur famille installées dans la capitale depuis quelque temps. Il va sans dire que l'élite juive cultivée s'efforçait, mais en vain, de combattre ce regroupement dans un quartier spécifique, qui montrait la vivacité du particularisme juif [1].

Dans un article consacré aux Juifs sous le premier Empire, S. Posener écrit : « La concentration et la dissémination des Juifs se produisent en même temps ; il est impossible de préciser laquelle des deux prédomine [2]. » Sans contester sur le fond ce jugement, il faut cependant souligner

1. En 1846 encore, l'avocat Halphen désirait voir « s'effacer du souvenir de nos concitoyens des autres cultes l'agglomération des Israélites dans quelques rues qui constituaient ce que la malveillance d'alors appelait le quartier juif de la capitale », cité par PIETTE-SAMSON, *op. cit.*, p. 160.

2. S. POSENER, « Les Juifs sous le premier Empire. Les Statistiques générales », *Revue des études juives*, XCIII, 1932, pp. 192-214 ; 1933, pp. 157-166 ; p. 166.

l'extrême stabilité du monde juif sous l'Empire. Les mouvements de population affectent un groupe, les Comtadins, qui tendaient à quitter leur province d'origine dès avant 1789, ou se font à l'intérieur des régions traditionnelles. L'immense majorité des Juifs ne profita pas des possibilités que lui offrait, en théorie du moins, l'émancipation. La peur d'un environnement hostile, l'ignorance du français, les tensions politiques du moment ont largement contribué à un tel état de fait. La monarchie de Juillet et le second Empire virent de profondes mutations, dont les conséquences se firent sentir bien au-delà de la période étudiée.

Ces mutations furent le résultat de l'amélioration du statut juridique des Juifs et de la désintégration des communautés sous l'influence des mécanismes assimilateurs. Cette désintégration s'exprima par une plus grande dissémination des Juifs sur le territoire national, puisqu'en 1861, seuls six départements n'avaient aucun habitant juif contre quarante-quatre en 1808. Si l'aire de résidence de la population juive s'étendit donc considérablement, cela ne signifia pas pour autant une véritable dispersion ou l'abandon par la majorité des régions traditionnelles. La population juive demeurait concentrée dans un nombre réduit de départements : 99 % dans vingt-sept départements en 1841, dans trente-deux en 1851 et dans trente-trois en 1861. A cette date, 90,8 % des Juifs continuaient à vivre dans les zones de résidence de 1789. Seuls 11 000 Juifs s'étaient aventurés en dehors de celles-ci, dont 3 452 à Lyon et à Marseille.

Les mutations se firent donc à l'intérieur des régions traditionnelles, mais furent très importantes. Le déclin des communautés comtadines se poursuivit tout au long de la monarchie de Juillet et du second Empire. En 1841, le Vaucluse comptait 776 habitants juifs, 673 en 1851, 638 en 1861, ce malgré l'arrivée de quelques familles alsaciennes. La presse israélite notait non sans nostalgie ce déclin et soulignait la disparition quasi totale des communautés de

Cavaillon et de L'Isle-sur-la-Sorgue [1]. Le culte cessa d'ailleurs d'être célébré à Cavaillon dès 1844. Quelques dizaines d'années plus tard, dans un rapport consacré aux communautés de l'ancien Comtat, le grand rabbin Jonas Weyl écrivait cette phrase significative : « J'en ai rapporté la consolante persuasion que, si elles offrent un spectacle peu brillant, le mal présente moins de gravité qu'on s'est plu à le dépeindre [2]. » Cette désintégration du judaïsme comtadin se répercuta également au niveau national, puisqu'il perdit toute influence dans la gestion des affaires communautaires.

Les Bouches-du-Rhône bénéficièrent largement de ce déclin et, dès 1814, Marseille « commençait à prendre les proportions d'une agglomération relativement importante [3] ». Marseille passa de 1 042 habitants juifs en 1841 à 2 500 en 1864 [4], parmi lesquels prédominait l'élément comtadin. Si la communauté de Nîmes commençait à décliner, celle de Lyon connut un accroissement démographique constant, ce qui entraîna la fondation d'un consistoire à Lyon en 1857. Cette ville avait alors 1 200 habitants israélites, Besançon 375, Montbéliard 202, Saint-Etienne 116 [5]. Dans le Sud-Ouest, la population juive demeurait concentrée à Bordeaux (3 000 Juifs en 1861) et à Bayonne-Saint-Esprit (1 200 Juifs en 1861). L'accroissement de la population juive avait amené la création d'un consistoire à Saint-Esprit en 1844, dont dépendaient Toulouse, Pau, Dax, Tarbes et Mont-de-Marsan. 700 Juifs résidaient dans le Puy-de-Dôme, en Haute-Vienne et en Charente-Inférieure en 1861. A cette date,

1. Voir notamment Jacob LISBONNE, « De l'état des Juifs dans le Comtat Venaissin avant et après 1789 », *Les Archives israélites*, I, 1840, pp. 531-536 et 650-654.
2. J. WEYL, *Les communautés israélites du Comtat Venaissin et celles qui en sont issues*, Marseille, 1885, p. 1
3. *Compte rendu de la gestion du consistoire israélite de Marseille pendant les années 1863-1864-1865, Marseille*, 1866, p. 7.
4. G. WORMSER, *Français israélites. Une doctrine. Une tradition Une époque*, Ed. de Minuit, 1962, p. 51.
5. DELPECH, *op. cit.*, pp. 56 et 61.

les communautés du sud de la France se trouvaient dans une situation paradoxale. Comtadins et Portugais augmentèrent leurs effectifs de 46 % entre 1815 et 1861, mais leur pourcentage par rapport à la population juive totale passa de 12,95 % à 10 %. Alors que ces communautés étaient en 1789 l'élite sociale et intellectuelle du judaïsme français, elles n'étaient plus en 1861 qu'un groupe sans importance et peu assuré de son avenir. L'évolution des Alsaciens et des Lorrains avait été tout autre.

Le judaïsme ashkénaze connut de 1808 à 1861 de profondes mutations. La première réside dans le relatif déclin de la communauté messine, dont beaucoup de membres émigrèrent à Paris. Ceux qui étaient restés sur place commencèrent à déserter l'ancien ghetto, insalubre et surpeuplé. En 1840, le quartier de l'Arsenal ne comptait plus que 1 131 des 2 232 Juifs messins [1]. Vers 1870, Lipman remarquait qu'il « ne restait plus dans le quartier juif, à quelques exceptions près, que des familles pauvres ou peu aisées, groupées autour de la synagogue, de l'hospice, du chauffoir et des écoles [2] ». Le plat pays messin vit sa population juive diminuer de 6 242 individus en 1841 à 5 170 en 1861. En Lorraine, le nombre des Juifs passa de 4 517 en 1815 à 7 987 en 1841 et 8 998 en 1861. En dépit d'un mouvement d'urbanisation non négligeable, les communautés rurales restaient très importantes, certaines même se créant dans le Barrois [3]. L'importance du judaïsme messin et lorrain décrut cependant au niveau national : 23,77 % en 1815, 17,32 % en 1861. Une évolution similaire se fit jour en Alsace, véritable réservoir humain et spirituel du judaïsme

1. NETTER, *op. cit.*, p. 384.

2. A. LIPMAN, *Un grand rabbin français : Benjamin Lipman (1809-1886); biographie, sermons, allocutions, lettres pastorales, lettres, notes*, A. Durlacher, 1928, p. 6.

3. G. WEILL, « Les Juifs dans le Barrois et la Meuse du Moyen-Age à nos jours », *Memorial Liber, Revue des études juives*, CXXV, 1966, pp. 287-301.

français. La population juive passa de 16 075 âmes en 1815 à 40 680 en 1853, puis décrut après cette date (38 371 Juifs en 1861), ce qu'il faut attribuer à l'émigration vers Paris d'une partie de la population. En Alsace même, le fait majeur semble avoir été le relatif déclin des communautés rurales après 1841. Ce phénomène se laisse interpréter comme une conséquence de l'urbanisation en Alsace même et de l'émigration vers Paris. De 1841 à 1861, des villes comme Mulhouse et Colmar virent leur population juive doubler. Des centres traditionnels, tels Haguenau, Wintzenheim, Bischeim et Hegenheim perdirent une partie de leurs habitants israélites au profit de Strasbourg ou de Paris. Si la population juive alsacienne augmenta de 46 % entre 1815 et 1861, elle ne représentait plus que 40,30 % du judaïsme français en 1861 contre 55,74 % en 1815.

La communauté parisienne bénéficia largement de ce mouvement, ainsi que l'attestait *L'Univers israélite* : « Dans l'espace de cinquante ans, dix-sept à vingt mille Israélites (on ne saurait fixer exactement le chiffre en présence d'une complète liberté des cultes) se sont établis en cette ville [1]. » Les statistiques gouvernementales et les statistiques juives divergent profondément en ce qui concerne l'estimation de la population juive parisienne. Selon le Consistoire, la capitale avait 8 000 Juifs en 1840, 20 000 en 1853 et 25 000 en 1861, alors que les recensements donnaient 11 000 Juifs en 1851 et 21 000 en 1866. Toute évaluation était d'ailleurs sujette à querelles. En 1856, le futur archevêque de Paris, l'abbé Darboy, publia un opuscule, dans lequel il affirmait que Paris comptait 10 079 Juifs. Cela lui valut cette réplique des *Archives israélites* : « Nous n'admettrons pas ces indications comme parfaitement exactes ; il y a tout lieu de croire que certaines évaluations ont été enflées et certaines autres amoindries à dessein [2]. » La communauté juive

---

1. *L'Univers israélite*, VI, 1850, p. III.
2. *Les Archives israélites*, XVII, 1856, p. 569.

n'échappait pas cependant aux travers qu'elle dénonçait. Elle avait tendance à grossir certains chiffres, en raison de la fluidité du milieu juif parisien, dont *Les Archives israélites* affirmaient en 1841 qu'il « n'a jamais formé et ne formera probablement jamais une communauté proprement dite [1] ». L'image était un peu audacieuse et, quelques années plus tard, le même journal ne cessait de se répandre en louanges sur le judaïsme parisien et ses institutions communautaires.

Il est certes difficile de donner un chiffre exact, mais nous pensons qu'en 1853, Paris avait 18 000 Juifs et 23 000 en 1860, dans leur grande majorité originaires d'Alsace et de Lorraine. L'élément comtadin, dont le plus illustre représentant était Adolphe Crémieux, ne représentait plus qu'un quatorzième du judaïsme parisien en 1861 contre un quart en 1814. Trop réduits pour constituer une communauté religieuse autonome, les Comtadins se mêlèrent aux Portugais, qui constituaient un groupe numériquement plus important. Appartenant pour la plupart à la bourgeoisie, les Comtadins et les Portugais avaient quitté leur ancien quartier, sis rue Saint-André-des-Arts, et s'étaient établis dans les cinq premiers arrondissements de Paris. La majeure partie de la population israélite de Paris était composée de Lorrains, d'Allemands et d'Alsaciens [2]. Attirés par les possibilités économiques offertes par la capitale, ils connaissaient des débuts difficiles, vivant de petits métiers et de maigres secours distribués par le Comité de Bienfaisance [3]. La plu-

---

1. *Les Archives israélites*, II, 1841, p. 733.
2. Les Alsaciens formaient 90 % du judaïsme parisien en 1890 selon M. ROBLIN, *Les Juifs de Paris. Démographie. Economie. Culture*, éd. A. et J. Picard et Cie, 1952, p. 136.
3. A ce propos, on consultera L. LYON-CAEN, *Souvenirs de ma jeunesse*, Paris, 1912, notamment pp. 8-9 : « Mon père était marchand tailleur... On travaillait du matin jusqu'au soir, sans trêve ni repos. Mes parents prenaient tout juste le temps de déjeuner sur une petite table, dite à portefeuille. »

part demeuraient dans le quartier juif, notamment dans les rues du Temple, Neuve-Saint-Eustache, Notre-Dame-de-Nazareth, Saint-Denis, des Rosiers, du Roi-de-Sicile, des Blancs-Manteaux, boulevard Saint-Martin, etc. Quelques Juifs polonais s'installèrent en France après 1830 et fondèrent une Société d'assistance mutuelle, dite des « Israélites polonais de la loi rabbinique ». Si Paris représentait 11,36 % du judaïsme français en 1841, le pourcentage passa à 20,38 % en 1853 et à 26,07 % en 1861. Pendant cette période, quelques Juifs, peu nombreux, s'installèrent dans la région parisienne, notamment à Arcueil, Arpajon, Saint-Mandé, Versailles. Dijon, Orléans, Fontainebleau, Lille et Dunkerque comprenaient quelques habitants juifs, presque tous originaires d'Alsace et de Lorraine.

Deux conclusions ressortent de ces données numériques. S'il nous fallait définir ce qui constitue l'originalité de l'évolution démographique du judaïsme français, sans doute insisterions-nous plus particulièrement sur son urbanisation et sur la période-charnière représentée par les années 1841-1860. En effet, les dernières années de la monarchie de Juillet, l'éphémère seconde République et le second Empire virent les Juifs français faire preuve d'une étonnante mobilité géographique, pourtant possible dès 1791. Les chapitres suivants montreront d'ailleurs que cette période correspond également aux mutations socio-professionnelles et mentales, qui amenèrent l'intégration des Juifs à la société française. Si cette intégration fut dans l'ensemble réalisée, le groupe juif continuait à se distinguer de la population chrétienne par certains traits spécifiques. Dès cette époque, le taux d'urbanisation des Juifs est en effet très supérieur à celui des chrétiens. Paris regroupait en 1861 26,7 % du judaïsme français, mais seulement 4,54 % de la population française. Seize cités (Bordeaux, Colmar, Lyon, Marseille, Metz, Mulhouse, Nancy, Paris, Strasbourg, Bischeim, Haguenau, Hegenheim, Saint-Esprit, Soultz, Toul et Wintzenheim) renfermaient 45,1 % de la population juive contre 13,7 %

de la population chrétienne. En 1872, le pourcentage était
respectivement de 91,7 % et de 18,2 % [1]. Le fait est d'importance et illustre assez bien les conséquences de l'émancipation sur la démographie juive. En 1860, la moitié du
judaïsme français est urbanisée, contre un quart en 1815.
Le judaïsme alsacien perdait peu à peu son caractère rural
pour se diluer dans le milieu urbain, propice à l'acculturation. En ce sens, et au-delà des considérations d'ordre juridique, le passage de la « nation juive » à la « communauté
israélite » représente le passage, avec des étapes intermédiaires, de la campagne à la ville. Il s'explique aussi par
la modification des structures professionnelles de la communauté juive, étudiées dans les pages suivantes.

L'étude des structures professionnelles se heurte à de
nombreuses difficultés, parmi lesquelles on citera l'absence
d'une documentation solide [2] et les implications idéologiques
d'une telle étude. Le rôle des Juifs dans l'économie moderne
a en effet été surestimé par de nombreux auteurs, tel Werner Sombart [3], cependant que Marx, cédant à des préjugés
antisémites, croyait déceler un lien irrémédiable unissant
judaïsme et société bourgeoise [4]. Notre propos ici est moins
de prendre part à ce débat que de montrer les conséquences
de l'émancipation sur les activités économiques des Juifs.

1. Z. SZAJKOWSKI, « The Growth of the Jewish Population of
France : The Political Aspects of a Demographic Problem », in *Jews
and the French Revolutions...*, *op. cit.*, pp. 75-110 ; p. 102.
2. Certains cas ont cependant été étudiés : voir J. BOUVIER, *Les
Rothschild*, Fayard, 1960.
3. SOMBART affirmait : « Les Juifs ont joué dans l'édification de
l'économie moderne un rôle infiniment plus grand que celui qu'on
se plaît généralement à leur accorder », *op. cit.*, p. 9.
4. Voir notamment *La Question juive*, Union générale d'Editions,
1968.

Métiers traditionnels et « professions utiles »

On se souvient que l'acquisition de « métiers utiles » avait été l'un des thèmes principaux des débats sur l'émancipation. Sitôt celle-ci acquise, les Juifs prirent conscience des changements requis par leur nouveau statut juridique. Un certain nombre d'organisations communautaires, créées sous l'Empire, la Restauration et la monarchie de Juillet veillèrent d'ailleurs à le rappeler aux éventuels récalcitrants. Le Consistoire avait pour but d'encourager « par tous les moyens les Israélites à l'exercice de professions utiles et de faire connaître à l'autorité ceux qui n'ont pas de moyens d'existence avoués[1] ». L'un des membres du consistoire de Strasbourg allait même jusqu'à déclarer en 1831 : « En effet, messieurs, quel doit être le résultat de notre régénération, sinon de nous porter au niveau de la population des autres cultes, c'est-à-dire d'avoir les mêmes mœurs, les mêmes habitudes, les mêmes occupations qu'elle[2] ? » Des vœux similaires avaient déjà été émis par des individus et des groupements divers, notamment P. Wittersheim, la « Société des Amis du travail[3] », la « Société d'encouragement au travail pour les jeunes Israélites indigents du Bas-Rhin », etc. Néanmoins, entre les désirs de ces sociétés et la réalité existait un certain décalage, qui ne fut pas sans influer sur la politique antijuive de Napoléon. Quelles étaient les structures professionnelles du judaïsme français sous le premier Empire ?

Dans la circonscription consistoriale de Marseille, les

1. L. KAHN, *Histoire de la communauté israélite de Paris. Le comité de bienfaisance. L'hôpital. L'orphelinat. Les cimetières*, A. Durlacher, 1886, p. 6.
2. ALBERT, *op. cit.*, tome I, p. 275.
3. Pour les statuts de cette société, voir Société israélite des Amis du Travail, *Rapport sur le règlement d'institutions de la société israélite des amis du travail*, Paris, 1825.

métiers traditionnels étaient à l'honneur. Les Juifs étaient maquignons, négociants en soieries et tissus. A Nîmes, six Juifs étaient orfèvres, six autres faiseurs de bas, sept tafetassiers, trois dévideurs et trois étaient tailleurs. On note cependant la présence de cinq ouvriers et de quinze propriétaires, dont quatre seulement exploitaient leurs terres [1]. A Lyon, les trois quarts des Juifs étaient de petits colporteurs, parcourant les régions voisines à la recherche d'un maigre bénéfice. Douze familles vivaient de l'exploitation directe de leurs terres ou de petits commerces. A Bordeaux et à Saint-Esprit, les activités commerciales et industrielles étaient à l'honneur dès avant la Révolution. A Saint-Esprit, quelques Juifs embrassèrent des professions libérales ; huit étaient courtiers ou agents de change [2]. A Paris, la répartition par profession dénotait le maintien des métiers traditionnels, puisqu'en 1809, sur 840 chefs de famille, 420 étaient colporteurs, 235 artisans, 138 employés et 84 commerçants [3]. La situation n'était guère meilleure en Alsace et en Lorraine. Le nombre des Juifs sans emploi ou vivant d'emplois occasionnels était resté sensiblement le même. Maquignons, colporteurs, marchands constituaient l'immense majorité de la population israélite, dont une partie fut ruinée par le décret infâme. Les artisans étaient peu nombreux mais on note la présence de quelques industriels à Strasbourg (Lanzeberg pour le cuir, Oppenheim pour la chemiserie, Weill pour le savon) et à Nancy (Berr pour le tabac). En Moselle, le pourcentage d'artisans juifs était plus élevé : 170 artisans à Metz, 10 à Forbach, 9 à Thionville. Les inactifs étaient en grand nombre et, sur 509 familles juives de Metz, 257 n'avaient ni état, ni commerce.

Dans un rapport en date du 23 juin 1810, le Consistoire

1. S. KAHN, *Notice sur les Israélites de Nîmes (672-1808)*, Nîmes, 1901, p. 29.
2. H. LÉON, *Histoire des Juifs de Bayonne*, A. Durlacher, 1893, p. 256.
3. POSENER, *loc. cit.*, p. 234.

central s'efforçait cependant de souligner les progrès accomplis en dénombrant 250 industriels, 1 232 propriétaires juifs et 2 360 enfants promis à des carrières utiles. Certes, des progrès sensibles avaient été faits. On vit même l'apparition de nouveaux métiers, tel celui de militaire. Simon Mayer devint officier en 1796 et un converti, le baron Wolff, fut même général sous l'Empire. En 1808, l'armée française comptait 770 Juifs dans ses rangs. D'autres devinrent professeurs dans les établissements publics, tels Moïse Ensheim et Olry Terquem. Dans l'ensemble cependant, on ne peut parler de mutations profondes. La faute n'en revenait pas uniquement aux Juifs. Les préjugés à leur égard demeuraient très vifs et, en 1806, l'Eglise tenta d'empêcher Lippman Lippman d'acquérir une verrerie à Baccarat. Les dispositions rigoureuses du décret infâme n'incitaient guère les Juifs à acquérir ces professions « utiles », qui leur semblaient être plus un châtiment qu'une récompense. Enfin, la concentration du judaïsme dans des communautés rurales explique en dernier ressort le maintien des activités traditionnelles, liées au monde paysan et qui favorisaient, au contraire des métiers urbains, l'observance des pratiques religieuses. C'est en fonction de cet état de fait que doit être appréciée l'action des écoles consistoriales et des sociétés israélites.

Le rôle des écoles et des sociétés israélites

Celles-ci s'efforcèrent d'inculquer aux jeunes Israélites le goût des métiers utiles, tout en palliant les insuffisances des écoles publiques. En 1810, sur 2 360 enfants juifs scolarisés, 1 257 l'étaient dans des écoles publiques, bien que la proportion ait varié selon les villes. A Metz et à Paris, les parents juifs nourrissaient une certaine méfiance envers ces écoles, où leurs enfants étaient souvent obligés d'assister aux services religieux chrétiens. Lorsque Elie Halévy, venu d'Allemagne, envoya ses enfants au lycée Charlemagne, l'affaire fit un bruit considérable dans la petite communauté parisienne. Les écoles consistoriales n'inspiraient pas plus confiance à leurs débuts. Retraçant la fondation de l'école de Metz, Schwabe précisait : « Nous ne retracerons pas les luttes que nous avions à soutenir, les préjugés à affronter, les consciences à rassurer et les ménagements à garder [1]. » Les consistoires s'efforcèrent cependant de développer sous la Restauration un réseau d'écoles, usant au besoin de méthodes coercitives [2]. Dès cette époque, Paris, Metz, Nancy, Bordeaux, Thionville, Sarreguemines, Strasbourg, Haguenau, Ribeauvillé, Bergheim, Sierentz avaient des écoles israélites [3].

La situation de ces écoles s'améliora considérablement sous la monarchie de Juillet, après le vote de la loi Guizot du 23 juin 1833. Elles purent dès lors recevoir des subventions municipales, moyennant un contrôle de leurs programmes, et leur nombre augmenta considérablement. *Les Archives israélites* leur consacrèrent quelques articles, parfois fort critiques. Cet intérêt était sans doute dû au fait que Samuel Cahen avait été lui-même directeur de l'école parisienne, après la conversion au catholicisme de son prédécesseur, le rabbin Drach. En mai 1843, il publia un article très documenté sur les écoles israélites du Bas-Rhin et concluait de la façon suivante : « La différence entre l'état intellectuel des Israélites du Bas-Rhin, il y a dix ans encore, et

---

1. *Distribution des prix aux élèves de l'école israélite de Metz,* Metz, 1834, p. 12. Pour donner une idée de ces difficultés, citons un fait : lorsque le consistoire de Paris décida de remplacer la prononciation ashkénaze de l'hébreu par la prononciation sépharade, les élèves désertèrent en masse.
2. Le consistoire de Paris menaça de priver de tout secours les familles qui n'enverraient pas leurs enfants à l'école consistoriale.
3. Sur ce réseau d'écoles, on consultera L. KAHN, *Histoire des écoles communales et consistoriales israélites de Paris (1809-1884),* A. Durlacher, 1884.

celui d'aujourd'hui est immense [1]. » Parallèlement à cette scolarisation dans les écoles juives, on note une augmentation considérable du nombre d'élèves juifs dans les collèges et les lycées. Le collège royal de Metz avait onze élèves israélites en 1827 et dix-sept en 1835. Lyon fêta son premier bachelier dans les années quarante. Le nombre des étudiants juifs augmenta considérablement. Pendant les trente premières années d'existence de l'Ecole polytechnique, 100 des 4 000 élèves étaient Juifs, alors qu'il y avait un Juif pour 400 Français. Il serait vain de sous-estimer le rôle joué par cette scolarisation. Elle eut pour conséquence d'une part la francisation des jeunes générations et d'autre part leur accès aux sciences profanes, ce qui facilita leur insertion dans la vie sociale et économique du pays.

Les efforts du Consistoire étaient secondés par ceux de différentes sociétés, bien que la diffusion de l'instruction parmi les classes pauvres n'ait pas été le souhait le plus ardent de la bourgeoisie au XIXe siècle. Cependant, en raison de la structure particulière de la population juive, « l'instruction des classes laborieuses est une nécessité reconnue par tous [2] », ainsi que l'affirmait une société de Marseille. En 1825, trois sociétés furent fondées : la Société israélite des Amis du travail à Paris, la Société d'encouragement au travail parmi les jeunes Israélites indigents du Bas-Rhin à Strasbourg, la Société pour l'encouragement des arts et métiers parmi les Israélites de Metz. De 1825 à 1831, la société parisienne plaça 115 apprentis, celle de Metz 140 et celle de Strasbourg 140. Relatant les activités de la société strasbourgeoise, *Les Archives israélites* la félicitaient d'avoir formé deux menuisiers et quatre serruriers, « état encore peu commun parmi les Israélites de l'Alsace [3] ». Ces sociétés se heurtèrent à l'opposition des milieux orthodoxes, qui

1. *Les Archives israélites*, IV, 1843, p. 288.
2. *Société d'encouragement des arts et métiers parmi les Israélites à Marseille*, Marseille, 1859, p. 7.
3. *Les Archives israélites*, III, 1842, p. 144.

refusaient le placement des enfants chez des artisans chrétiens. Simon Bloch écrivait : « Quand le jeune Israélite doit vivre loin du foyer paternel dans une maison chrétienne... qui peut nous garantir qu'il restera fidèle à sa religion et conservera le culte et les mœurs de ses ancêtres [1] ? » Les milieux éclairés accordaient au contraire leur entier soutien à ces sociétés, qu'ils avaient contribué à fonder. Ils n'hésitaient pas, le cas échéant, à user de méthodes coercitives. Lors de la création d'une école du travail à Mulhouse, destinée à « faire sortir les Israélites de l'Alsace de l'apathie dans laquelle croupit la majeure partie d'entre eux [2] », L. Werth menaça de représailles les communautés qui n'apporteraient pas leur contribution financière [3].

A Paris, la Société des Amis du travail interrompit ses activités après 1831. Devant l'afflux d'immigrants alsaciens ou lorrains, quelques personnalités créèrent en 1849 des cours du soir pour les ouvriers et les artisans. Ils étaient secondés en cela par Albert Cohn, le délégué des Rothschild pour les œuvres de bienfaisance. Dès 1843, Albert Cohn avait fondé une « Société pour l'établissement des jeunes filles israélites », qui plaça 226 personnes de 1843 à 1850 [4], cependant que la « Société de patronage des ouvriers et des artisans juifs de Paris » aida 107 personnes de 1853 à 1860. Des caisses de prêt furent fondées à Paris et à Metz, mais durent interrompre rapidement leurs activités en raison de difficultés budgétaires. Toutes ces sociétés eurent un rôle important et permirent l'acquisition par les jeunes générations de professions « utiles ».

---

1. *La Régénération*, n° 1, 1836, p. 10.
2. *Les Archives israélites*, I, 1840, p. 664.
3. ALBERT, *op. cit.*, tome I, p. 301.
4. KAHN, *op. cit.*, p. 43.

Les mutations des structures professionnelles

L'acquisition de métiers utiles se heurta à de nombreux préjugés. Sous la Restauration, il n'était pas rare de voir des postes universitaires refusés à des Juifs, en raison de la particulière susceptibilité du clergé local. Le Consistoire central intervint à plusieurs reprises auprès du ministre de l'Instruction publique, mais rien n'y fit. En 1849, Isidore Cahen, fils du directeur des *Archives israélites,* fut nommé professeur de philosophie au lycée de Napoléon-Vendée. Il se heurta à l'opposition farouche de l'évêque de Luçon qui se déclara être surpris que « des hommes d'Etat sages et prudents eussent pu concevoir et exécuter le dessein d'envoyer dans l'une des contrées les plus religieuses et les plus croyantes de France un professeur juif [1] ». Cahen fut alors nommé à Tours, mais refusa son nouveau poste, d'où une violente polémique dans la presse. Il ne faudrait pas cependant réserver à la seule population chrétienne les préjugés en matière d'emploi. Les Juifs n'y échappaient pas, ainsi que le soulignait Simon Bloch : « Il n'est malheureusement que trop vrai qu'il existe un grand nombre de professions et de travaux qui répugnent tellement au caractère des Juifs, qu'ils aiment mieux mendier leur pain que de s'y livrer : tels sont les métiers de maçon, de charpentier, de couvreur [2]. » Il aurait pu ajouter l'agriculture, puisque en dépit de nombreuses tentatives [3] l'on comptait alors très peu d'agriculteurs juifs en Alsace. Il fallait donc lutter

---

1. Cité par A. CHOURAQUI, *L'Alliance israélite universelle et la renaissance juive contemporaine, 1860-1960,* Presses Universitaires de France, 1965, p. 31.
2. *La Régénération,* n° 5, 1836, p. 182.
3. WERTH publia notamment en 1868 une brochure intitulée *Quelques réflexions sur la nécessité d'établir une colonie agricole pour la jeunesse israélite d'Alsace.*

contre ces préjugés, mais aussi réduire l'importance des métiers traditionnels : colportage, mendicité, etc. Si la révolution industrielle joua un rôle important, il ne faut pas pour autant sous-estimer celui des institutions communautaires, qui firent preuve en ce domaine d'un autoritarisme considéré à juste titre comme un legs de l'époque napoléonienne.

Les consistoires s'efforcèrent tout d'abord de réduire la mendicité. On sait que le *schnorrer* (mendiant) est un personnage typique de la vie juive, tant il est vrai que « le Juif pauvre a toujours regardé le Juif riche comme son trésorier [1] ». L'ampleur de la mendicité juive peut être mesurée à diverses réactions de journaux et d'organisations israélites. En 1828, le consistoire de Paris décida de supprimer tout secours aux personnes qui vivaient uniquement d'aumônes, mais il n'obtint pas de résultat tangible, puisqu'il se plaignait en 1834 de voir « la mendicité s'étaler sur le parvis du temple [2] ». Quant à Simon Bloch, il fulminait en ces termes contre les *schnorrer* :

> On sait que par un sentiment de charité mal entendu, les Juifs entretiennent des hordes entières de mendiants qui encombrent les routes, comme les hordes de bohémiens dans les temps passés, et étalent leurs traits hideux à la face de tout le monde ; ils en font de véritables fléaux pour eux-mêmes et la société [3].

La mendicité bénéficiait en effet de la tolérance plus ou moins grande de certaines institutions, qui considéraient la charité comme un précepte religieux de première importance. L'hébreu ne connaît pas d'ailleurs le terme de « charité » et donner de l'argent à un pauvre est faire la *tsedaka*, c'est-à-dire la justice. En 1856 encore, le Comité de bienfaisance estimait que son rôle n'était point de se substituer

1. A. WEILL, *op. cit.*, p. 332.
2. KAHN, *op. cit.*, p. 23.
3. *La Régénération*, n° 5, 1836, p. 182.

à la charité privée, ce qui impliquait l'absence de toute politique répressive. *Les Archives israélites* critiquaient cette décision en soulignant le caractère intolérable de la mendicité à domicile qui « à Paris et dans les localités habitées par des Israélites s'exerce avec une méthode, une régularité dont on n'a pas idée chez nos concitoyens chrétiens [1] ». En 1857, le rabbin de Verdun, Isaac Lévy, consacra un article dans *Le Lien d'Israël* aux mendiants juifs d'Alsace et de Lorraine. Considérant que les secours distribués par les communautés grevaient lourdement leur budget, il proposait d'établir un foyer pour les sans-abri et les mendiants, dans lequel on leur inculquerait les rudiments d'un métier [2]. Son projet fut jugé chimérique et repoussé. De réels progrès furent cependant accomplis. Le nombre des mendiants professionnels diminua et, vers 1860, ceux-ci ne représentaient plus que 200 familles en Alsace.

Parce qu'elle avait été la cause du décret infâme, l'usure était sévèrement réprimée par les consistoires, bien que les Juifs du Sundgau aient continué à la pratiquer. De graves tensions sociales persistaient et chaque bouleversement politique était l'occasion d'émeutes antijuives, notamment en 1832 et 1848. A cette dernière date, des pogromes éclatèrent à Altkirch et Brumath. La passivité des autorités locales fut interprétée comme une tolérance et, en avril et mai 1848, les troubles prirent de l'ampleur. Le gouvernement, où siégeaient Crémieux et Goudchaux, prit alors des mesures sévères et l'ordre fut rétabli. Soixante communautés juives avaient été attaquées et le fait suscita une légitime indignation dans la presse israélite. *L'Univers israélite* d'octobre 1848 publia une lettre du rabbin Dreyfus au sous-préfet d'Altkirch. Dans ce texte, le rabbin tirait habilement parti de la situation créée par les émeutes ouvrières de juin 1848 en affirmant :

1. *Les Archives israélites,* XVII, 1856, p. 570.
2. I. LÉVY, *Les mendiants juifs en Alsace et en Lorraine,* s.l., 1857.

On a d'ailleurs vu les effrayants progrès de cette justice expé-
ditive des bas-fonds de la société. On est descendu vite sur
l'échelle des haines, et le 13 juin dernier ce n'étaient plus les
Israélites seuls qui étaient menacés [1].

Le rabbin Dreyfus exprimait par ailleurs une position
courageuse, mais isolée. Sachant qu'on ne manquerait pas
de reprocher aux Israélites de se livrer au commerce de
l'argent, il écrivait : « ... il ne m'est pas permis de reconnaître
le droit, à qui que ce soit, de nous *forcer* à nous adonner de
préférence à telle occupation plutôt qu'à une autre [2]. » La
création sous le second Empire d'un réseau de banques de
prêt et la progressive urbanisation du judaïsme alsacien
permirent de résoudre le problème de l'usure, à la grande
satisfaction de la communauté israélite.

Il en alla de même pour une autre occupation fort décriée,
le colportage. Les chrétiens alsaciens désignaient les colporteurs juifs par le sobriquet péjoratif de *Mauschalla* (petit
Moïse) et les bons bourgeois israélites voyaient dans ce
métier une occupation pour le moins déshonorante. Lors
de l'inauguration de l'hôpital israélite de Paris, le docteur
Cahen affirmait : « Il n'y a pas longtemps encore, le cœur
était serré à la vue de ces jeunes garçons juifs que le besoin
d'un gain facile engageait à de petits trafics honteux qui
ne sont souvent que le prélude d'actions honteuses [3]. » Le
colportage était cependant pour beaucoup de Juifs, récemment urbanisés et dépourvus de toute qualification, le seul
gagne-pain possible. A Paris, en 1843, il y avait encore
46 brocanteurs, 62 colporteurs, 16 marchands de lunettes,
51 forains et 13 merciers, cependant que les colporteurs
formaient la moitié de la population juive active de Lyon.
Ils n'étaient cependant plus que 13 % en 1870 et l'on peut
estimer que l'évolution fut similaire dans les autres commu-

---

1. *L'Univers israélite,* V, 1849, p. 70.
2. *Ibid.,* p. 71.
3. *Inauguration de l'hôpital israélite,* Paris, 1852, p. 8.

nautés. Au colporteur juif se substitua le commerçant, signe d'une ascension sociale incontestable.

Les cas de réussite économique avaient pourtant été rares sous l'Empire et la Restauration. Le plus connu est celui des Rothschild, dont la branche française avait été confiée à James de Rothschild par son père Mayer Amschel en 1811. Jusqu'en 1817, la branche parisienne demeura une filiale de celle de Francfort [1], puis elle devint indépendante. Sous la monarchie de Juillet, James de Rothschild étendit considérablement son champ d'activités, participant notamment à la création des chemins de fer français. Il fut aidé en ce domaine par deux de ses employés, les frères Emile et Isaac Pereire, qui fondèrent en 1852 le Crédit mobilier. Si l'ascension des Rothschild provoqua une telle sensation en France, il faut y voir la convergence de deux facteurs. D'une part, la France n'avait pas connu le système du Juif de Cour ; d'autre part, James de Rothschild sut adapter cette fonction aux réalités nouvelles. Il cessa d'être le banquier d'un potentat local pour devenir le bailleur de fonds des Etats européens, attitude fort rare à l'époque [2], mais qui lui donna un rôle déterminant dans la vie politique et économique du pays. Si les Rothschild demeurent le symbole le plus connu de la réussite, d'autres cas sont tout aussi significatifs. Salomon Halphen, issu d'une famille misérable, meurt millionnaire, cependant que B. L. Fould fut cireur de chaussures avant de devenir un banquier estimé. Olry Dupont fut un des bijoutiers les plus réputés de son époque.

---

1. BOUVIER, *op. cit.*, p. 48.
2. H. ARENDT le souligne avec raison : « Le développement indépendant de ce secteur [le secteur économique d'Etat] est dû à un conflit entre l'Etat et les puissances financières d'alors : la bourgeoisie choisit l'investissement privé, repoussant l'intervention de l'Etat et refusa de participer financièrement à ce qui semblait être une entreprise « improductive ». Les Juifs apparurent alors comme le seul groupe disposé à financer les débuts de l'Etat et à lier son sort à son développement », *op. cit.*, p. 52.

En province, quelques Juifs firent fortune dans la banque, notamment les Goudchaux à Metz et les Ratisbonne à Strasbourg. Mais ces succès étaient peu nombreux et limités dans le temps.

L'intégration des Juifs à l'économie française se fit sous la monarchie de Juillet et le second Empire. A cette époque, la Révolution industrielle accéléra la disparition des anciens métiers juifs, ce que notaient, à leur façon, *Les Archives israélites* : « ... cette tendance vers la vie industrielle amenait *l'assimilation, la fusion complète de la population juive au sein de la population du pays*[1]. » L'apparition du capitalisme industriel a été pour les Juifs français un « défi », le terme anglais de *challenge* nous paraissant d'ailleurs le plus approprié. On pourrait suggérer ici qu'un déracinement, tel que le fut, on le verra, l'assimilation, est une situation propice à la recherche de compensations dans le domaine économique et social. Ce fut sans doute le cas pour les Juifs alsaciens qui trouvèrent dans leur réussite la justification *a posteriori* de leur acculturation. Une étude des mentalités juives devant l'industrialisation serait à cet égard riche en conclusions.

Les mutations des structures socio-professionnelles se firent essentiellement en trois directions : le commerce, l'artisanat et les professions libérales. L'artisanat semble avoir connu un rapide essor à Paris, 29 % de la population juive active en 1840[2], et à Nantes, 23 % en 1843. La proportion n'était que de 5 % dans le Bas-Rhin et de 2 % à Strasbourg. Une évolution se faisait sentir cependant dans les provinces de l'Est et dans toute la France, puisque le total artisans-ouvriers représentait 43 % des Juifs de Nantes en 1843, 49 % de ceux de Marseille à la même date et 51 % à Metz en 1853. Dans son livre consacré aux sociétés mutuelles,

_____

1. *Les Archives israélites,* III, 1842, p. 261.
2. KAHN notait : « Sous la Restauration, les professions industrielles sont déjà plus à l'honneur », *op. cit.,* p. 20.

Léon Kahn indique société par société la profession de leurs membres. L'étude de cette liste permet de constater la présence vers 1860 de 141 fabricants, notamment dans l'industrie du vêtement, et de nombreux artisans à Paris. Le déclin du colportage fut compensé par le développement du petit et du moyen commerce. Les petits commerçants étaient 52,6 % de la population juive active de Paris en 1840 et, vers 1860, on dénombre 217 négociants et 309 marchands sur les listes des sociétés mutuelles. A Lyon, la proportion de marchands et d'artisans à cette date était de 75 %, ce à quoi il faut ajouter quelques capitalistes, c'est-à-dire des individus vivant de leurs revenus. La carrière militaire attirait quelques Juifs et, en 1869, sur 8 260 officiers d'active, 69 étaient Juifs. La police elle-même comprenait quelques Israélites : deux sergents de ville et un inspecteur à Paris.

C'est surtout dans le domaine des professions libérales que les réussites furent les plus significatives. Au barreau, il faut citer les noms de Crémieux et d'Halphen, cependant qu'Anspach et Bédarride poursuivirent une carrière brillante dans la magistrature. Franck devint professeur de philosophie à la Sorbonne et Salomon Munk fut le premier et le seul titulaire juif de la chaire d'hébreu au Collège de France [1]. Le rôle des Juifs dans la presse n'était pas négligeable. Moïse Millaud acquit en 1856 la majorité des actions de *La Presse*, qu'il revendit au Marseillais Mirès. Sous le second Empire, Solar possédait deux des trois principaux journaux favorables au régime, *Le Constitutionnel* et *Le Pays* ; Jules Carvallo était directeur de *L'Opinion nationale*. Quant à Polydore Millaud, il bouleversa totalement le monde de la presse en créant en 1863 *Le Petit Parisien,* premier quotidien à bon marché. Les carrières artistiques étaient aussi à l'honneur. Dans le domaine de la pantomime, la famille judéo-

---

1. M. SCHWAB, *Salomon Munk. Sa vie et ses œuvres,* éd. Larousse, 1900.

polonaise des Debureau joua un rôle important, cependant
que Rachel triomphait au théâtre.

L'ascension sociale des Israélites, leur intégration à la vie
économique du pays n'étaient pas sans étonner ni sans susciter quelques jalousies, tant elles semblaient contradictoires
avec l'état précédent des Israélites. En 1842, *Les Archives
israélites,* protestant contre l'emploi inconsidéré du terme
juif, affirmaient :

> Que signifie cette phrase vide de sens : *C'est un juif.* J'entends
> dire : M. Crémieux est un avocat très distingué, *c'est un juif.*
> M. Azévédo, le nouveau préfet des Pyrénées, est un administra-
> teur éminent, *c'est un juif.* De qui est l'admirable musique de
> la reine de Chypre ? De Halévy, *c'est un juif.* Quel est le direc-
> teur intelligent du chemin de fer de Saint-Germain ? M. Emile
> Péreire, *c'est un juif.* Comment nommez-vous cette actrice
> sublime qui joue Hermione avec tant de vérité ? C'est Mlle Ra-
> chel, *une juive.* Eh ! mon Dieu, je ne vous demande pas tout
> cela ! Quand vous me dites que M. Delessert est en France le
> père des caisses d'épargne, ajoutez-vous « c'est un protestant ? »
> Lorsque vous me parlez de M. Guizot, me dites-vous qu'il appar-
> tient au culte réformé ?... ...Car enfin si c'est à titre de louange
> qu'on s'exprime ainsi, on nous insulte en nous donnant à entendre
> que les mots *juif* et *éminent* sont étonnés de se confondre ; si
> c'est par suite d'une malveillance continue, pourquoi le souffri-
> rions-nous dans un pays où nous sommes tous égaux devant la
> loi, où la royauté est exempte de préjugés de croyance, où la
> magistrature n'a qu'une religion, celle de l'impartialité [1] ?

Le ton était juste, mais ne mit pas fin aux attaques. Vers
1860, la population juive présentait une structure profession-

---

1. *Les Archives israélites,* III, 1842, p. 148. L'auteur de l'article,
BEN-LÉVI s'en prenait particulièrement au *Dictionnaire de l'Académie,* qui donnait la définition suivante du terme Juif : « On appelle
juif un homme qui prête à usure, qui vend exorbitamment cher et
qui cherche à gagner de l'argent par des moyens injustes et sor-
dides. »

nelle très différente de celle de la population chrétienne : absence de paysans, prolétariat industriel faible. La plupart de ses membres étaient des artisans, de petits et moyens commerçants, cependant qu'une minorité jouait un rôle important dans la vie économique du pays. C'était précisément cette spécificité par rapport à la population chrétienne qui montrait l'ampleur des progrès réalisés depuis 1791 et qui garantissait l'avenir matériel du judaïsme français.

Les classes sociales

Si les structures professionnelles de la population juive différaient sensiblement de celles de la population chrétienne, les mêmes classes sociales étaient représentées dans les deux groupes : aristocratie, bourgeoisie, milieux non bourgeois [1]. Il existait en effet, dès avant la Révolution, une aristocratie juive. Liefman Calmer était baron de Picquigny et CerfBerr seigneur de Medelsheim. Dans la haute bourgeoisie juive, le goût de la particule s'introduisait sous le premier Empire et Berr Isaac Berr se vit refuser par Napoléon le droit de porter le nom de Berr de Turique. Sous la Restauration, l'ascension sociale des Rothschild fut confirmée en 1817 par l'obtention d'un titre de baron autrichien, fait fort mal accepté par la vieille aristocratie française. Vers 1860, on vit l'arrivée à Paris de quelques aristocrates juifs étrangers : les comtes Camondo, originaires de Constantinople, le baron génois Léonino. Avec les Rothschild, le comte Cahen d'Anvers et le baron Koenigswarter, ils formaient l'élite sociale du judaïsme français, une élite

---

1. Pour la définition des classes sociales, nous avons pris en considération les professions précédemment étudiées et les listes d'électeurs aux consistoires. Le scrutin étant censitaire jusqu'en 1848, il y avait alors 975 électeurs se répartissant ainsi : 136 à Bordeaux, 128 à Colmar, 143 à Marseille, 69 à Metz, 114 à Nancy, 233 à Paris, 144 à Strasbourg, soit 1,3 % de la population israélite.

plus respectée que critiquée, en raison de ses libéralités envers les institutions communautaires. Seul Alexandre Weill décochait des traits acerbes contre les Rothschild, qualifiant le baron James de « grand rabbin de la rive droite » ou de « grand prêtre du judaïsme en dernier ressort ».

A côté de cette aristocratie, existait une haute bourgeoisie se recrutant essentiellement dans les milieux d'affaires. Elle comprenait sous l'Empire et la Restauration les familles Worms de Romilly, Javal, Dalmbert, Lazard à Paris, Berr à Nancy, Halphen et Goudchaux à Metz, Ratisbonne à Strasbourg. Sous la monarchie de Juillet et le second Empire, ce groupe se renforça avec les Pereire, Millaud, Maas et Dupont. La petite et moyenne bourgeoisie augmenta elle aussi considérablement et, vers 1860, les différentes couches bourgeoises représentaient un quart du judaïsme français. La définition des milieux non bourgeois est plus malaisée, car ils ne constituaient pas un groupe homogène, mais trois catégories bien différentes. La couche supérieure était composée de rentiers et de petits commerçants, la deuxième d'artisans, d'employés et de colporteurs, la troisième des pauvres et des indigents. Son importance a été très nettement exagérée par les historiens américains. Certes, la couche pauvre formait, selon Wittersheim, les 9/10 de la population juive alsacienne en 1825 [1]. Elle n'en formait plus que 13 % en 1857, chiffre cependant supérieur à celui des pauvres chez les catholiques (9 %) et les protestants (5 %) [2]. A Paris, le nombre des personnes secourues par le Comité de bienfaisance augmenta constamment : 1 636 en 1840, 1 863 en 1843, 2 296 en 1847, 2 320 en 1848 [3]. Sans doute faut-il prendre en considération pour les années 1845-1848 les retombées de la crise économique. Mais, après 1848, la population juive secourue augmenta,

---

1. P. WITTERSHEIM, op. cit., p. 10.
2. REBOUL-DEYNEROL, Paupérisme et bienfaisance dans le Bas-Rhin, Paris, 1858, pp. 465-486.
3. KAHN, op. cit., p. 33.

atteignant même 20 % du judaïsme parisien en 1856. Il faut cependant se souvenir que, de 1838 à 1856, la population juive de la capitale tripla, ce qui se répercute fort peu sur le nombre d'indigents secourus. Cela nous permet de conclure à une diminution de la couche inférieure des milieux non bourgeois. Cette diminution se fit au profit des couches moyennes et supérieures, qui formaient en 1840 63,7 % des Juifs du VIIe arrondissement. Vers 1860, ces milieux représentaient 70 % de la population juive. En dépit de l'existence d'une classe pauvre, le judaïsme français avait pris l'aspect d'une population qui, sans être riche, jouissait d'une modeste aisance et voyait dans celle-ci le signe de sa régénération.

Ces différenciations n'empêchaient pas la communauté israélite de se sentir profondément unie. Les autorités religieuses étaient conscientes de l'existence d'une classe pauvre et s'efforçaient de répondre à ses besoins. En 1847 notamment, en raison de la cherté des subsistances, le grand rabbin de France décida d'autoriser la consommation de légumes secs, à bon marché, pendant la Pâque juive. Le Consistoire s'efforçait cependant de présenter l'existence de classes sociales très différenciées comme la conséquence d'un décret divin et non comme une injustice. Le rabbin Lazare Wogue se faisait l'interprète de cette idée en écrivant cette prière : « Tu as voulu qu'il y eût des riches et des pauvres, des heureux et des malheureux sur terre, pour que les uns eussent le moyen de pratiquer le saint devoir de la charité, pour que les autres eussent le mérite de se résigner à ta volonté [1]. » Selon Wogue, le pauvre devait comprendre qu'il avait peut-être mérité son sort et le bon ouvrier ne devait jamais rougir de son état [2]. Certes, l'ouvrier avait droit à certains égards, ainsi que le soulignait Abraham Créhange : « Aujourd'hui, dans notre république, nous n'avons plus

---

1. L. Wogue, *Guide du croyant israélite,* Paris, 1898, p. 39.
2. *Idem,* p. 414.

d'esclaves, mais des ouvriers, des domestiques. Traitons-les
avec douceur, humanité, si nous voulons nous conformer
aux lois de Dieu [1]. » Cependant, des tensions graves existaient entre riches et pauvres au sein de la communauté.
Comme on le verra, le conflit entre orthodoxes et libéraux
était en grande partie un conflit entre pauvres et riches,
d'autant plus que le système censitaire en vigueur dans les
consistoires avait donné de ceux-ci l'image d'une « vaste
fédération commerciale à propos d'une religion [2] ». Terquem,
pourtant hostile aux milieux orthodoxes, n'hésitait pas à
dire des consistoires : « Ayez de l'argent, vous deviendrez
notables ; de l'or, vous arrivez aux consistoires, des diamants,
vous atteignez le central [3]. » Quant à Simon Bloch, il critiquait très vigoureusement les Juifs riches : « Ils se sont
fait de leur position une estrade élevée d'où ils pouvaient
être mieux vus... Qu'on nous fasse connaître les améliorations morales, intellectuelles et physiques qu'ils ont opérées
parmi les classes pauvres [4] ! » Cette réflexion n'était en fait
que la conséquence des discussions, au sein du judaïsme
français, sur la doctrine de l'assimilation, dont le chapitre
suivant traitera.

1. BEN-BARUCH (pseudonyme de Créhange), *Des droits et des
devoirs du citoyen. Instruction tirée de l'Ecriture Sainte ou entretiens
d'un maître d'école avec ses élèves (25 février 1848)*, Paris, 1848,
p. 14.
2. *Huitième Lettre d'un Israélite français à ses coreligionnaires
sur la religion des riches au XIXᵉ siècle sous la forme d'un dialogue
entre un riche et un autre Israélite*, Paris, 1836, p. 10.
3. Cette phrase de Terquem aurait pu inspirer Marx.
4. *L'Univers israélite*, XIV, 1848, p. 207.

CHAPITRE IV

L'assimilation : doctrines et réalité

L A Révolution avait fait des Juifs français des citoyens, à la seule condition qu'ils cessent de constituer un corps politique autonome. L'émancipation avait donc pour fondement et pour conséquence l'assimilation, laquelle sera appréhendée à travers la façon dont les émancipés envisageaient leurs rapports avec la nation et les devoirs particuliers que leur imposait leur nouveau statut juridique. Phénomène international et largement étalé dans le temps, l'assimilation doit être définie en fonction de l'époque et du lieu. On ne s'assimile pas de la même façon en France ou en Russie, en 1820 ou en 1920. En ce qui concerne le cas français, certaines définitions ont déjà été avancées. Pour Marrus, l'assimilation est « le mécanisme par lequel des individus d'origine juive assumaient une identité essentiellement française [1] », cependant que Mme Piette-Samson la définit comme une « adaptation sociale qui admet la conservation de certaines valeurs particulières [2] ». Notre définition

1. MARRUS, *op. cit.*, p. 14.
2. PIETTE-SAMSON, *op. cit.*, p. 308. Quant à Simon Doubnov, il entend par assimilation « soit l'absorption irrésistible des Juifs par le milieu national dans lequel ils vivent, avec perte de leur propre type national et culturel, soit la renonciation formelle du Juif à la nationalité et sa fusion volontaire (sauf en ce qui concerne le point de vue confessionnel) avec la nation dominante du pays

de l'assimilation s'inspire de quelques *a priori*. L'on ne peut parler d'une doctrine, mais de plusieurs doctrines de l'assimilation, émanant de groupes très différents. Elle ne fut pas un acquis immédiat, mais un processus dynamique, source de tensions et de conflits à l'intérieur de la communauté israélite. Sans prétendre donner ici une réponse définitive, nous pensons que l'assimilation est le mécanisme par lequel des individus, issus d'une communauté au mode de vie particulariste, ont tenté de formuler une doctrine combinant un héritage religieux fort ancien et les valeurs de la société environnante, ces dernières servant à justifier le maintien d'une spécificité réduite à son aspect confessionnel. Si tel était le cas en 1860, ce fut le résultat d'un cheminement fort long, dont nous décrirons ici les principales étapes.

L'union d'un peuple à un autre fait généralement l'objet d'un traité en fixant les modalités et les conditions de part et d'autre. En ce qui concerne les Juifs français, il ne serait pas erroné d'affirmer que l'Assemblée des notables et le Grand Sanhédrin furent l'occasion de définir, sous forme d'un pacte, les rapports judéo-chrétiens et les obligations particulières des Juifs en tant que citoyens. Les deux assemblées confirmèrent la disparition de l'autonomie juive traditionnelle, puisque le Code civil était reconnu comme la seule loi valable, tout au moins celle en fonction de laquelle les commandements bibliques ou talmudiques devaient être réinterprétés. L'Assemblée des notables et le Grand Sanhédrin confirmèrent l'interdiction de la polygamie, prononcée par le synode de Worms au XIe siècle, et décrétèrent que les mariages et les divorces devaient d'abord être contractés civilement avant de l'être religieusement. Quant aux tribunaux rabbiniques, leur existence relevait désormais de l'usage et non de la loi. Il s'agit là d'une distinction talmudique entre le *din* (loi) valable pour l'ensemble de la maison

qu'il habite », *Histoire moderne du peuple juif*, Payot, 1933, 2 volumes, tome I, p. 79.

d'Israël et le *minhag* (usage), obligatoire pour telle ou telle communauté. La distinction est d'importance, car l'une des caractéristiques du judaïsme émancipé fut d'élever au rang de *minhag* tout *din* contraire à la loi du pays [1].

Le principe de la fraternité entre chrétiens et Juifs fut l'objet d'une déclaration spéciale, qui allait bien dans le sens des vues gouvernementales. Le Grand Sanhédrin décréta « qu'en vertu de la loi donnée par Moïse aux enfants d'Israël, ceux-ci sont obligés de regarder comme leurs frères les individus des nations qui reconnaissent Dieu, créateur du Ciel et de la Terre, et parmi lesquelles ils jouissent des avantages de la société civile ou seulement d'une bienveillante hospitalité ». Il ne s'agissait pas de la transcription en milieu juif de la maxime républicaine de fraternité, mais de la reprise logique des principes talmudiques. Les chrétiens ne sont pas considérés comme des idolâtres, car ils adorent un Dieu Un et Démiurge, ce qui permet d'avoir des rapports sociaux avec eux. Ce principe se heurtait à quelques difficultés, notamment en ce qui concernait l'épineuse question des mariages mixtes. Napoléon y voyait un moyen radical pour hâter la fusion des Israélites avec leurs concitoyens et il fit demander, en termes fort habiles, si la loi juive proscrivait les mariages mixtes. Refuser le principe eût été s'exposer aux foudres de l'Empereur, l'accepter eût été détruire l'un des fondements les plus évidents de la préservation du judaïsme : l'endogamie. La réponse des rabbins fut adroite. A leurs yeux, le partenaire juif d'un mariage mixte restait juif, mais « ils ne seraient pas plus disposés à bénir le mariage d'une chrétienne avec un Juif ou d'une Juive avec un chrétien que les prêtres catholiques ne seraient disposés à bénir de telles unions ».

1. Ainsi BEN-LÉVI affirmait : « ... Dans tous les cas où l'on croirait trouver dans une fausse interprétation de nos livres sacrés une opposition aux justes exigences morales et civiques des temps où nous vivons, il sera convenable de s'en remettre au jugement sage et éclairé de nos rabbins et docteurs de la Loi », *op. cit.*, p. 5.

Bien que certains le considèrent comme le responsable de l'assimilation des Juifs français, le Grand Sanhédrin ne prit en fait aucune décision contraire au judaïsme orthodoxe. Sur l'ensemble des sujets traités, les réponses s'inspiraient davantage des valeurs du judaïsme traditionnel que de celles de la société environnante. Ses décisions ne furent d'ailleurs jamais remises en question par aucune des tendances du judaïsme français au XIXᵉ siècle. Tout en demeurant attachés au principe d'une nationalité juive, les milieux orthodoxes pensaient que « les lois civiles se concilient avec nos lois religieuses et ne nous séparent point de la communauté israélite [1] ». La masse juive resta indifférente aux décisions du Grand Sanhédrin, soit par méfiance envers l'Etat, soit parce que les idées proclamées n'étaient pas si neuves ou parce que les décrets de mars 1808 ne la prédisposaient pas à considérer d'un œil bienveillant la fusion souhaitée. Il fallut attendre la Restauration pour que certains commencent à élaborer différentes doctrines de l'assimilation, en s'inspirant des valeurs françaises et non plus de celles qui étaient spécifiquement juives.

A cette époque en effet, les valeurs juives traditionnelles perdirent de leur vigueur ou se combinèrent avec d'autres, dont la nouveauté avait un caractère fascinant, ne serait-ce qu'en raison de leurs implications politiques. Toute production littéraire juive à l'époque n'était pas un simple exercice de style, mais une arme politique. L'énoncé d'une doctrine de l'assimilation était partie intégrante de la lutte pour l'abolition des dernières inégalités juridiques. Les polémiques du temps étaient nombreuses et ardentes, comme le prouve la liste des brochures publiées par Michel Berr. Certes, l'instabilité d'opinion de l'auteur [2] et ses ambitions personnelles étaient pour beaucoup dans cette abondante production, dont

1. *L'Univers israélite,* I, 1844, p. 1.
2. Sur Michel BERR, *cf.* Z. SZAJKOWSKI, « Michel Berr : The Failure of an Intellectual among the first generation of emancipated Jews in France », *Journal of Jewish Studies,* XIV, 1963, pp. 53-66.

Terquem disait ironiquement que c'était « de l'agitation et non de l'activité ». Le plus important cependant était que ces doctrines opposées n'étaient plus considérées comme des hérésies, mais comme engageant tout ou partie de la communauté israélite. On ne s'excommuniait plus. L'idée de tolérance entre groupes juifs rivaux et de pluralisme idéologique faisait son chemin.

Les doctrines de l'assimilation

Celles-ci émanaient de quatre courants : libéraux, orthodoxes, intégrés et cercles consistoriaux [1]. Chacun de ces groupes avait un langage et une vision particulière de l'émancipation et de ses conséquences. Les libéraux et les intégrés utilisaient par exemple le terme de fusion [2], d'assimilation, mais non celui d'intégration censé représenter un compromis inacceptable. Les orthodoxes niaient quant à eux l'existence d'un problème et se refusaient à modifier le schéma des relations judéo-chrétiennes, les considérant comme impossibles ou conflictuelles. Les milieux consistoriaux se refusèrent pendant très longtemps à employer les termes de fusion et d'assimilation. Ils préféraient parler de régénération ou d'association civile et politique entre Juifs et chrétiens. Quels que fussent les termes employés, l'on distingue à travers ces courants des convergences, portant généralement sur le patriotisme, et des divergences profondes quant à la meilleure façon de manifester son attachement à la France.

1. Par intégrés, nous entendons des personnes ne faisant référence qu'aux seules valeurs françaises.
2. Ainsi, Léon HALÉVY souhaitait la « fusion complète et définitive des sectateurs de Moïse et des autres Français », *Résumé de l'histoire des Juifs modernes*, Paris, 1828, pp. 325-326.

Patrie et religion

La reconnaissance envers la Révolution française n'allait pas sans exagération ni sans quelque déformation de la réalité historique, puisque l'existence de courants hostiles à l'émancipation était passée sous silence. Le fait était bien compréhensible ; plus les années passaient, plus forte était la tentation de comparer l'état présent du judaïsme avec « celui de la juiverie repoussante [1] » et de considérer que les décrets émancipateurs avaient donné aux Juifs une véritable patrie [2]. Cela pouvait laisser supposer que les Juifs étaient les fils adoptifs et non naturels de la France et on prit soin d'apporter trois compléments à cette idée. La France avait eu à remplir une mission privilégiée envers les anciens parias, les valeurs juives et les valeurs françaises étaient identiques, l'antique idée messianique avait été réalisée « le 28 février 1790 avec la Déclaration des droits de l'homme [3] ». Si la tradition juive réservait au fils de David le devoir de réaliser la justice sur terre, le judaïsme émancipé proclama qu'en dépit de leurs changements, les différents régimes politiques instaurés en France depuis 1789 représentaient le meilleur système politique et la transcription moderne de l'antique idéal des prophètes d'Israël [4]. En ce sens, l'attachement des Juifs à la Révolution ou à la France n'était nullement artificiel, mais était au contraire un devoir religieux, parfaitement compatible avec le judaïsme puisque se fondant sur lui.

1. Selon l'audacieuse expression de L. KAHN, *op. cit.*, p. 135.
2. L. WOGUE affirmait : « La patrie d'emprunt est devenue leur véritable patrie », *op. cit.*, p. 517.
3. *Les Archives israélites*, VIII, 1847, p. 801.
4. Salvador fournit l'explication la plus conséquente de ce lien entre valeurs françaises et juives. Pour ses idées, on lira J. SALVADOR, *Loi de Moïse ou système religieux et politique des Hébreux*, Paris, 1822 ; *Paris, Rome, Jérusalem, ou la question religieuse au XIXᵉ siècle*, Michel Lévy, 1860, 2 volumes.

Le rôle messianique de la France, l'intime connection entre ses valeurs et celles d'Israël ne suffisaient cependant pas à expliquer l'émancipation des Juifs, laquelle tenait moins à leur état en 1789 qu'à un décret de la providence divine. Gerson-Lévy écrivait en 1859 :

Ce serait méconnaître les vues de la providence que de s'aveugler sur ce miracle, véritable doigt de Dieu, qui nous a fait passer dans notre heureuse France de l'esclavage à la liberté, de la tristesse à la joie, du deuil à la fête, des ténèbres à la lumière [1].

En attribuant à la providence un rôle déterminant dans l'octroi de l'émancipation, les Israélites en faisaient un acte leur imposant des devoirs particuliers. Ils ne considéraient pas cette situation comme aliénante mais plutôt comme l'occasion pour eux d'afficher « amour et reconnaissance à la France, mère si tendre et si généreuse, qui, la première nous a rendu nos droits [2] ».

Bien que ce soit « comme Français que la patrie peut leur tenir compte de leurs efforts [3] », les Israélites se devaient d'être, parce qu'israélites, les premiers *inter pares* par leur dévouement à la chose publique, par leur rôle dans la vie sociale et économique du pays. Ces efforts étaient soigneusement recensés et mis en valeur par la communauté israélite ; *Les Archives israélites* tenaient même une rubrique régulière des succès universitaires, des distinctions et postes honorifiques obtenus par des Juifs. Au fur et à mesure de la normalisation des structures socio-professionnelles de la communauté juive, l'acquisition de métiers utiles fut réinterprétée non plus comme étant la condition de l'émancipation, mais plutôt comme le remboursement de la dette

---

1. *Orgue et Pioutim*, Paris, 1859, p. 108.
2. ISIDOR, *Programme et discours à l'occasion de l'initiation religieuse de neuf jeunes filles israélites de Sarrebourg*, Strasbourg, 1842, p. 22.
3. BÉDARRIDE, *op. cit.*, p. 433.

contractée par les Israélites à l'égard de la Révolution [1].
Si les individus avaient des devoirs particuliers envers la
France, il en allait de même des institutions communautaires,
dont le maintien sous des formes nouvelles devait servir de
modèle à la société française. Les évoquant, L. Kahn ne
craignait pas d'affirmer : « Avec quel orgueil nous consta-
tons que, là encore, les Juifs ont devancé le progrès ! Qu'il
s'agisse d'enseignement de patronage, de bienfaisance ou
de mutualité, l'union leur a permis de servir de modèle et
d'exemple à leurs concitoyens [2] ».

Ces devoirs particuliers et la façon remarquable dont les
Israélites s'en acquittaient contribuaient à faire de la période
précédant l'émancipation une époque dont les aspects péni-
bles devaient être progressivement oubliés. Parmi ceux-ci,
se trouvait la connotation péjorative prise dans la langue
française par le terme juif. Dès 1806, Berr Isaac Berr proposa de supprimer entièrement le mot « Juif » de la langue
française et d'adopter l'appellation soit d'Israélite, soit d'Hébreu [3]. Cette dernière dénomination ne fut pas retenue en
raison de sa liaison avec la Palestine antique. Seul le grand
rabbin Lambert, de Metz, tenta de l'appliquer à l'époque
moderne en écrivant un *Précis de l'histoire des Hébreux
depuis le patriarche Abraham jusqu'en 1840*. Chargé d'en
faire le compte rendu critique pour *Les Archives israélites*,
Munk écrivit :

1. Voir notamment S. Bloch, *La foi d'Israël, ses dogmes, son
culte, ses cérémonies et pratiques religieuses, sa loi morale et sociale, sa mission et son avenir*, Paris, 1859, p. 357 : « Mais en
France, dans notre chère et magnanime patrie, nous sommes fiers de
le dire, on voit tous les jours comment nos coreligionnaires savent
se rendre dignes de leur glorieuse émancipation, payer en amour
et sacrifices à leurs frères d'autres cultes et à leur gouvernement
ce brillant et divin soleil de liberté et de justice qui, éclairant de si
vives et de si splendides clartés la France, son peuple et son
avenir, brille aussi de ses rayons dans le temple de notre Dieu. »
2. Kahn, *op. cit.*, p. 35.
3. Berr Isaac Berr, *op. cit.*, p. 12.

Nous ne blâmons pas M. Lambert d'avoir raconté aux jeunes Israélites l'histoire de la Synagogue à la suite de celle des Hébreux ; l'une et l'autre doivent servir d'enseignement à notre jeunesse ; mais nous aurions désiré que l'auteur fît bien ressortir le caractère distinctif des deux histoires et qu'il ne se servît pas d'un nom qui pût faire mal interpréter sa pensée [1].

L'année suivante, Ben-Lévi publia dans le même journal un article intitulé « Les complices d'un adjectif », dans lequel il s'en prenait plus particulièrement au romantisme et à la passion de celui-ci pour le Moyen Age :

Il n'y a pas un romancier, pas un apprenti nouvelliste, pas le plus piètre fabricant de feuilletons qui n'ait dans son sac la peinture fantastique du juif d'autrefois, le récit de nos malheurs passés, la représentation de nos naïves légendes. On dirait que depuis notre grand naufrage historique le moindre rapin a sur nous droit d'épave.

Aimez-vous le juif ? On en a mis partout.

Au théâtre, depuis Shakespeare (*sic*) jusqu'à Scribe ; dans les romans, depuis Ivanhoé jusqu'à Paul de Kock ; dans les journaux, depuis qu'il y a des écrivains qui commettent des feuilletons et un public qui consent à en avaler quotidiennement une tartine, partout enfin dans ce monde de papier imprimé et de décorations de carton, on nous donne des juifs de convention, grimaçant, usurant, feignant, jargonnant et plus ou moins fabriqués à la vapeur [2].

Ben Lévi affirmait non sans audace qu'en France, en 1842, « ... *juif* est un adjectif vide de sens ; ... c'est que le juif dont l'âme est à Jérusalem tandis que son corps est en France n'existe plus guère de nos jours ; c'est que la *nation juive* ne se trouve plus sur le sol français [3] ». Parce que

1. *Les Archives israélites*, II, 1841, p. 385.
3. *Id.*, III, 1842, p. 151.
3. *Id., ibid.*, p. 150.

ce terme était lié à un passé d'oppression et au regroupement des Israélites dans des communautés jouissant d'une
existence politique autonome, il devint d'usage, sous la
monarchie de Juillet, de lui préférer celui d'Israélite, modification acceptée par toutes les tendances du judaïsme français [1].

Si l'on rejetait le terme « juif », le judaïsme, en tant que
religion, demeurait cependant le centre de l'attachement des
Israélites à la France. Il était communément admis que la
meilleure façon d'être citoyen pour un Israélite était soit
d'être pratiquant, soit d'être sincèrement attaché à la foi de
ses pères [2]. Les conversions étaient interprétées comme la
marque d'une lâcheté peu compatible avec les vertus exigées
d'un Français. Lambert poussait plus loin cette idée en affirmant : « Quant à la fusion sociale, c'est une erreur de penser
que les Juifs peuvent l'obtenir ou l'étendre par l'altération de
leurs croyances religieuses, qui ne ferait qu'engendrer le
doute, l'indifférence et la démoralisation [3]. » La devise du
Consistoire était « Patrie et Religion » et les rabbins ne
manquaient pas de broder sur ce thème dans leurs sermons.
Sur l'ensemble des points précédemment cités (France,
patrie, religion), les différents courants du judaïsme français manifestaient un accord unanime. L'assimilation doit
donc être appréhendée moins à travers le discours du Juif
sur la société environnante qu'à travers la vision qu'il avait
de son rôle en tant que Juif et de la nature de ses rapports
avec ses coreligionnaires.

1. Le journal des orthodoxes ne s'appelait-il pas *L'Univers israélite* ?
2. CRÉHANGE affirmait : « Tu seras sincèrement religieux, c'est le
premier et le plus sacré devoir du citoyen ; car, sans religion, il
n'y a que désordre, anarchie, guerre civile et despotisme », *op.
cit.*, p. 32.
3. *Les Archives israélites*, I, 1840, p. 74.

Le judaïsme : religion ou nationalité ?

Le premier clivage entre les différentes tendances de la communauté israélite portait sur la nature même du judaïsme. Est-il une religion ou une nationalité, dont l'existence serait compatible avec la condition de citoyen français ? Les milieux orthodoxes avaient choisi la seconde définition. Pour eux, l'égalité civile et politique ne signifiait nullement la disparition de l'autonomie communautaire ou du particularisme le plus intransigeant. Elle les facilitait au contraire en éliminant l'insécurité. Bien que socialement homogènes, les milieux orthodoxes étaient divisés en deux camps, dont les doctrines divergeaient sensiblement. *L'Univers israélite* était le représentant de l'orthodoxie la plus classique, dans la mesure où il se fondait uniquement sur la tradition juive, sans faire référence aux événements et au langage de l'époque. De ses coreligionnaires et partisans, S. Bloch affirmait :

Leur drapeau politique et social porte cette inscription : voilà la loi que Moïse a présentée aux enfants d'Israël ; mots qui expriment mille fois mieux pour l'Israélite l'émancipation que notre vive la liberté, l'égalité, la fraternité [1].

En conséquence, loin de détruire « tout ce qu'il y a de national et d'individuel dans nos mœurs, nos opinions, notre civilisation, sans en excepter nos institutions religieuses [2] », la société devait respecter la nationalité juive et en permettre le libre épanouissement. D'autres cercles orthodoxes refusaient cependant de justifier leurs revendications par la simple référence aux doctrines talmudiques, mais faisaient très largement appel aux valeurs de la société environnante, affirmant une étroite parenté entre le génie de la France et

1. *Le judaïsme et le socialisme*, Paris, 1850, p. 9.
2. *La Régénération*, n° 1, 1835, p. 2.

celui d'Israël. C'était le cas d'Abraham Créhange qui, tout en demeurant fortement attaché à l'idée d'une nationalité juive, n'y voyait nulle contradiction avec les principes régissant la société politique française. Pour lui, « nous sommes séparatistes, mais selon la Charte et les lois de notre pays [1] ». Sans remettre en cause l'égalité des droits et des devoirs entre Juifs et chrétiens, Créhange prônait l'existence d'une société juive séparée, sorte de ghetto volontaire, qui entretiendrait avec la société chrétienne uniquement des rapports commerciaux. Ceux-ci se traduiraient sur le plan politique par une coexistence pacifique entre les deux groupes, refusant l'un et l'autre la fusion.

Cette revendication d'un droit à la différence, un siècle à l'avance, n'était pas partagée par les milieux religieux sur lesquels s'appuyaient les orthodoxes. En effet, le rabbinat et les milieux consistoriaux réduisaient le judaïsme à une simple religion, supposée correspondre à l'idéal de la Révolution française. En ce sens, la nationalité juive n'avait pas de raison d'être et certains n'hésitaient pas à faire remonter très loin sa disparition, tel S. Ulmann : « Depuis cette époque (70 après J.-C., N.D.R.), les Israélites, dispersés dans différents pays, ont cessé de former une société civile et politique à part ; ils ne forment plus qu'une société religieuse [2]. » Pour le rabbin de Marseille, « le cercle de notre unité nationale est ailleurs qu'entre quatre murs ; il est dans la fraternité universelle à laquelle nous convions l'humanité [3] ». Si le judaïsme n'était qu'une religion, il fallait cependant justifier son maintien en tant que culte distinct, ce que faisait Halévy en écrivant : « Unis désormais par le cœur et par les doux liens de la société, nous ne sommes

---

1. CRÉHANGE, op. cit., p. 9.
2. Recueil d'instructions morales et religieuses à l'usage des jeunes israélites français, Strasbourg, 1843, p. 92.
3. Inauguration du temple consistorial israélite de Marseille, Marseille, 1865, p. 26.

divisés que par les moyens d'adorer notre Père commun [1]. »
De telles idées n'étaient pas neuves, mais elles contribuèrent
à ôter tout fondement réel à l'idée d'une spécificité juive,
car « la véritable mission de l'Israélite n'est plus de former
un peuple en dehors des nations de la terre, mais de former
des hommes sains et purs, en harmonie avec tous les membres de la société humaine [2] ».

Cette réduction du judaïsme à ses aspects strictement
religieux suscitait quelques réserves tant auprès des rabbins [3]
que des laïcs. Ainsi, Crémieux avait suggéré qu'à l'occasion
des fêtes religieuses, des sermons soient prononcés pour
éclairer les fidèles sur « le but religieux et patriotique de
nos fêtes ». Mal lui en prit et *Les Archives israélites*
fidèles à leur ligne selon laquelle « les Juifs ne sont plus et
ne doivent plus être en France que des Français, ayant une
même histoire, une même littérature, et les mêmes mœurs
que les autres Français [4] » lui rétorquèrent sous la plume de
Cahen :

> Il me semble qu'il règne ici une certaine confusion entre deux
> ordres d'idée de nature différente. Un *but patriotique* est celui
> qui se rapporte à la patrie. Quelle est notre patrie ? La France.
> Or, je demande quelle relation existe-t-il entre notre Pâque et la
> France ? Aucune, que je sache, pas plus qu'entre la France et la
> Pâque chrétienne [5].

Au fil des ans, un accord sur ce point s'établit entre
milieux libéraux et consistoriaux. Si, comme le notait avec

---

1. HALÉVY, *op. cit.*, pp. 12-13.
2. Rabbin Charleville in RODRIGUÈS, *La justice de Dieu. Introduction à l'histoire des judéo-chrétiens*, Michel Lévy, 1869, p. 338.
3. ISIDOR affirmait : « S'il est vrai de dire que nous ne formons
plus une nation, il est aussi vrai de dire, mes frères, qu'il est beau de
voir des hommes de cette nation exister encore avec cette antique
loi », *Sermon prononcé dans le temple consistorial de Paris*, Paris,
1844, p. 3.
4. *Les Archives israélites*, I, 1840, p. 52.
5. *Id.*, p. 463.

malice un chroniqueur, le sabbat avait été la victime de la
révolution de Juillet, la nationalité juive fut celle de la
révolution de 1848. Sous le second Empire, le passage de la
nationalité à la religion juive fut définitivement accompli.

Il s'agissait donc d'une réduction à la religion, mais à
une religion considérablement épurée. Venu de l'Asie, le
judaïsme semblait à certains « trop asiatique pour les nations
européennes [1] ». Il fallait dès lors en rejeter tout ce qui
laisserait supposer le maintien des liens entre les Israélites
et la Palestine, à l'exception de l'aide charitable aux Juifs
de Jérusalem. Les rabbins se faisaient l'écho de telles idées :
pour Isidor, « si la Palestine n'est plus notre patrie, la
France, mère si tendre et généreuse, est devenue pour nous
une seconde patrie [2] ». Seul, Joseph Salvador faisait exception à la règle. Né à Montpellier d'un père descendant d'une
illustre famille marrane et d'une mère catholique [3], Salvador
avait opté pour le judaïsme, dans lequel il voyait la religion
de la tolérance et de la raison par opposition au christianisme. En 1860, il publia son œuvre majeure : *Paris, Rome,
Jérusalem ou la question religieuse au XIXe siècle*, dans
laquelle il faisait de la Palestine le centre futur de la régénération de l'univers. La même année, Laharanne publia une
brochure intitulée *La nouvelle question d'Orient ; empires
d'Egypte et d'Arabie ; reconstitution de la nationalité juive,*
qui reprenait nombre d'idées émises par Salvador.

Il serait faux cependant de voir dans ce dernier un sio-
niste avant l'heure ou un critique de l'émancipation et de
l'assimilation. Il ne les remettait nullement en question et
son idéal était de voir l'humanité tout entière être régie
par les principes de la Révolution française. Si Jérusalem
lui semblait être le lieu propice à l'édification d'une société

1. Léon HALÉVY, *Résumé de l'histoire des Juifs modernes,* Paris,
1828, p. 326.
2. ISIDOR, *op. cit.,* p. 2.
3. Sur Salvador, voir G. SALVADOR, *J. Salvador, sa vie, ses œuvres,
ses critiques,* Paris, 1881.

d'ordre et de justice, c'est parce qu'il entrevoyait l'importance qu'allait prendre sur la scène internationale la question d'Orient[1]. Mais le judaïsme de Salvador n'était pas le judaïsme historique ni même celui que vivaient les Israélites de son temps et auquel il demeura étranger toute sa vie. C'était en fait l'idéal prophétique d'Israël, dans la seule mesure où celui-ci préfigurait les valeurs révolutionnaires, rien de plus. Il faut donc admettre une distinction entre l'idée juive, c'est-à-dire l'idéal de Salvador, et le judaïsme, ce que lui-même reconnaissait en ces termes : « L'existence de la branche judaïque et sa distinction de la religion juive n'a rien d'arbitraire et d'hypothétique[2]. » La régénération du monde viendrait de la première et non de la seconde. En ce sens, Salvador était l'un des plus éminents représentants de l'assimilation, si l'on entend par là la réinterprétation d'un héritage historique et culturel en fonction des valeurs de la société environnante. Son projet choqua cependant et les Israélites français prirent soin de ne pas le reprendre à leur compte.

S'ils se méprirent ainsi sur les idées de Salvador, c'est parce que leur propre vision du monde et du judaïsme leur interdisait de conserver tout lien avec la Palestine[3], ce qui les amena à réviser profondément la nature du messianisme juif. Ce dernier en effet était intimement lié à la libération d'Israël du joug des nations et à la restauration de l'indépendance nationale. De telles idées étaient bien peu compatibles avec le patriotisme français et l'on prit l'habitude de

1. SALVADOR reconnaissait en effet avoir été avant tout attiré « par le nouveau mouvement de l'Europe vers l'Asie qui fut alors proclamé sous le titre d'affaires d'Orient », op. cit., tome I, p. 35.

2. Idem, tome II, p. 413.

3. TERQUEM affirmait : « La part du Juif de Palestine étant faite, il faut faire celle de l'Israélite de France », Projet de Règlement concernant la circoncision, suivi d'observations sur une lettre pastorale du grand rabbin de Metz et sur un écrit de M. Lazare (aîné), Paris, 1821, p. 19.

voir dans la vision codifiée par l'orthodoxie « la naturelle
influence des époques oppressives et ténébreuses » pendant
lesquelles elle « reçut chez les Juifs un caractère antisocial,
intolérant, fanatique, tenant à des idées de restauration
nationale [1] ». Cahen, quant à lui, identifiait époque messianique et Déclaration des droits de l'homme et du citoyen.
Or, précisément, l'attente du Messie constituait la différence
majeure entre le christianisme et le judaïsme et justifiait le
maintien de ce dernier, ce que semblait omettre Cahen. Il
fallait pallier cet inconvénient, ce qui fut fait rapidement.
Tout en reconnaissant que la France était le symbole même
de la justice, le judaïsme français continuait encore à attendre l'instauration de l'époque messianique, c'est-à-dire d'une
ère « où tous les empires répandront comme la France des
lumières vivifiantes et... auront à leur tête des princes illustres comme notre Auguste Souverain, dont le vaste génie
fait pâlir les autres grandeurs [2] ».

Patriotisme et solidarité juive

La France avait beau fournir aux Israélites un inépuisable
réservoir de justifications de leur croyance, l'existence de
communautés juives en d'autres pays et les liens entretenus
avec elles n'en posaient pas moins un problème. Les orthodoxes l'avaient résolu à leur manière, Bloch se contentant
d'affirmer : « Il n'y a pas de judaïsme géographique, mais
un judaïsme planant au-dessus du temps, de l'espace, du
sol et des races [3]. » Les milieux consistoriaux et libéraux
étaient plus prudents et s'efforçaient d'atténuer la force des
liens entre les Juifs. Selon Salomon Munk, « en Europe, le

---

1. M. BERR, *Du rabbinisme et des traditions juives*, Paris, 1832,
p. 10.
2. Déclaration du rabbin de Marseille in *Inauguration...*, *op. cit.*,
p. 12.
3. BLOCH, *op. cit.*, p. 28.

juif est Français à Paris, Anglais à Londres ; la croyance seule unit les Juifs des différentes parties du monde [1] ». Si le lien religieux continua à jouer un rôle important, il fut cependant supplanté par la communauté de souffrances passées, notamment après l'affaire de Damas. En février 1840, peu avant la Pâque juive, un capucin français, le père Thomas, disparut et son cadavre ne fut jamais retrouvé. Les agents consulaires français, Ratti-Menton et Cochelet, accusèrent les Juifs de Damas de l'avoir tué, le sang d'un chrétien étant supposé nécessaire à la fabrication du pain azyme. L'accusation de meurtre rituel aboutit à l'arrestation de notables juifs, dont certains moururent sous la torture.

L'affaire déclencha dans les capitales européennes une vaste polémique sur le meurtre rituel [2] et un important mouvement de solidarité juive. Le judaïsme français se mobilisa d'autant plus aisément que certains journaux l'accusaient de se livrer à des pratiques similaires. *Les Archives israélites* le rappelaient amèrement en 1842 :

> Pendant le triste épisode de Damas, aucun de vos amis ne vous a-t-il dit en riant de ce rire qui froisse l'âme : « Je ne veux pas déjeuner avec vous, de crainte que vous ne me fassiez servir une *côtelette du père Thomas !* » — On badine, nous dira-t-on, on plaisante, mais au fond on ne vous en veut pas — Soit ; mais il n'y a pas de frontières dans le champ de la plaisanterie, et qui nous dira où cesse le badinage, où commence la réalité [3] ?

Une délégation, composée de Crémieux, Montefiore et Munk, fut envoyée en Egypte et obtint la libération des

---

1. *Les Archives israélites*, II, 1841, p. 385.
2. Thiers notamment pensait que les Juifs pratiquaient le meurtre rituel. HEINE ironisait à ce propos : « A l'entendre parler, on aurait pu croire à la fin effectivement que le mets favori des Juifs est la chair des capucins », *Lutèce*, Paris, 1855, p. 78.
3. *Les Archives israélites*, III, 1842, p. 150.

accusés survivants ainsi qu'une condamnation de la calom-
nie de meurtre rituel. L'affaire de Damas, heureusement
terminée, fut à l'origine de la fondation de l'Alliance israélite universelle en 1860, mais, dans l'immédiat, elle fit
prendre conscience aux Juifs français de leur responsabilité
vis-à-vis des Juifs étrangers. C'est dans ce contexte que fut
élaborée une doctrine visant à expliquer le maintien de la
solidarité juive.

Celle-ci était tout d'abord liée à une communauté de
souffrances passées, comme l'affirmait Isidore Cahen : « Il est
naturel que nous nous intéressions à nos coreligionnaires partout, par cela même que nous avons eu de commun : nos
souffrances depuis dix-huit cents ans, grâce à la religion de
la croix qui se dit la religion de l'amour [1]. » Il fallait donc
conserver une certaine unité, en dépit des différences de
statut juridique ou de langue, ne serait-ce que pour faire
accéder les Juifs du monde entier au même statut que leurs
coreligionnaires français. Ceux-ci étaient « comptables de
[leurs] droits publics aux Israélites répandus sur la surface
de l'univers, et [n'avaient] pas le droit de les déserter [2] ».
La mission civilisatrice dévolue à la France incitait d'ailleurs
ses citoyens juifs à lutter pour l'émancipation politique et
morale de leurs coreligionnaires. La solidarité juive, loin
d'être un cosmopolitisme comme le suggérait Bloch, apparaissait alors comme la démonstration du patriotisme des
Israélites français. Le saint-simonien Carvallo affirmait en
ce sens :

Si l'on s'efforce d'émanciper les classes souffrantes de la
société, on doit songer en premier lieu aux Juifs. Dans cette
lutte, la solidarité est indispensable. Le mouvement doit partir de
la France où les Juifs jouissent d'une position privilégiée qui
doit, dans l'avenir, devenir l'état normal des communautés israé-

1. *Les Archives israélites*, XV, 1854, p. 371.
2. G., « Les Israélites en Suisse », *Les Archives israélites*, VI,
1845, p. 557 ; *op. cit.*, p. 22.

lites parmi tous les peuples. Puisque la France montre l'exemple au monde, les Israélites français doivent être fidèles au rôle d'avant-garde dont l'histoire leur fait un devoir [1].

La réduction des liens entre les Juifs à une communauté de souffrances n'allait pas sans dangers, puisque leur émancipation aurait signifié la fin logique de ces liens. Munk le prédisait dès 1841 : « Cette communauté de souffrances ressort de la communauté des principes religieux ; elle ne constitue nullement une nationalité distincte, et elle disparaîtra à mesure que les éléments païens disparaîtront des croyances adoptées par les nations modernes [2]. »

En attendant l'avènement de cette ère de tolérance, qui supprimerait toute raison d'être au judaïsme, les Israélites français avaient élaboré vers 1860 l'essentiel de la doctrine de l'assimilation, voyant dans cette dernière la solution de l'épineux problème juif. Celle-ci ne signifiait nullement la disparition du groupe juif, mais la transformation de ce dernier en une secte religieuse, se différenciant de la majorité par des valeurs empruntées à la société environnante et donc parfaitement compatibles avec elle. Une telle situation impliquait le refus de théories extrémistes prônant une fusion totale dans la nation. Dès 1828, Léon Halévy exigeait que « le nom de Juif devienne l'accessoire et celui de Français le principal [3] ». Cette théorie pouvait séduire certains, mais ils se souciaient peu de faire œuvre de propagande en ce sens, ayant rompu tout lien avec la communauté israélite. Seul Michel Lévy, médecin des hôpitaux, tenta de codifier cette doctrine. Dans un opuscule publié en 1866, il affirmait de la « race » juive : « Elle tendra aux alliances mixtes, à la diffusion de ses éléments et par suite à leur absorption dans la société générale du

1. CHOURAQUI, *p. cit.*, p. 24.
2. *Les Archives israélites*, II, 1841, p. 385.
3. L. HALÉVY, *op. cit.*, p. 260.

pays [1]. » Le groupe juif pourtant refusa de se saborder et continua à se définir par rapport à et non à l'intérieur de la majorité.

Il perdit son caractère national, mais l'émancipé n'en demeura pas moins un Israélite français et non un Français israélite ou de confession mosaïque. La disposition des termes est à cet égard significative. Si Michel Berr se disait plus Français que Juif, la majorité de ses coreligionnaires étaient Français parce qu'Israélites. Cela n'impliquait pas que la qualité de Français fût due à un simple accident de naissance mais plutôt que le patriotisme authentique obligeait l'Israélite à n'être Français que dans la mesure où il restait fidèle à la foi de ses pères. Une telle hiérarchie dans les termes laisse supposer le maintien d'une spécificité ou plutôt de valeurs spécifiques. Ces dernières se résumaient à tout ce qui avait été conservé ou réinterprété en fonction des valeurs françaises. Les Israélites n'y voyaient pas une trahison du judaïsme, mais plutôt le moyen d'assurer sa survie à l'époque moderne. Terquem l'expliquait à sa façon : « Lorsqu'un vaisseau est battu d'une violente tempête, les amis de l'équipage ne sont pas ceux qui veulent tout conserver au risque de tout faire périr [2]. » La survie du judaïsme français était le signe d'une vitalité d'autant plus remarquable que son intégration à la vie de la nation fut particulièrement poussée.

L'intégration sociale

Celle-ci se manifesta tout d'abord à travers la progressive francisation du groupe juif, en dépit de nombreuses résistances. Dès 1840, le judéo-espagnol (ladino) et le judéo-provençal (chuadit) avaient disparu de la vie quotidienne [3].

1. *De la vitalité de la race juive en Europe*, Paris, 1866, p. 14.
2. TERQUEM, *op. cit.*, p. 20.
3. Sur les langues juives, on consultera Z. SZAJKOWSKI, « Notes on the languages of the marranos and sefardim in France »,

Le yiddish se maintint plus longtemps, bien que les milieux consistoriaux se soient efforcés de faire disparaître une langue qualifiée de « tudesque ». Dès 1819, les élèves de l'école israélite de Paris, pris en flagrant délit d'usage du yiddish étaient punis d'une amende symbolique, système qui fut étendu à l'ensemble des écoles juives [1]. Les milieux rabbiniques eux-mêmes se francisèrent progressivement. Si l'éloge funèbre de Deutz fut prononcé en yiddish dans les synagogues de l'Est en 1845, celui de son successeur, Ennery, le fut en français en 1852. Les progrès du français peuvent être mesurés au fait que les deux principaux journaux des années quarante, *Les Archives israélites* et *L'Univers israélite* [2] étaient publiés dans cette langue, devenue donc d'usage courant. Le yiddish se maintint dans la vie privée, soit comme langage usuel, soit comme manière d'exprimer de façon savoureuse telle ou telle idée.

Cette francisation permit l'établissement de relations sociales entre les Juifs et les chrétiens, relations dont l'intensité variait selon les régions et les préjugés locaux. A la suite des travaux de Jacob Katz, l'on peut distinguer trois types de contacts : exclusion, fusion totale et fréquentation plus ou moins occasionnelle. Le premier type concernait un nombre appréciable d'individus qui, en raison de leurs fonctions (bouchers et abatteurs rituels, scribes, etc.) n'avaient aucune relation avec les non-Juifs et vivaient uniquement dans un milieu israélite, en se référant à ses valeurs et à sa langue. Le deuxième mode de relations concernait des individus habitant dans des départements à très faible population israélite, ainsi que des personnes ayant rompu tout lien avec le judaïsme, fréquentant uniquement des milieux non juifs

Mélanges Weinreich, Londres-La Haye, 1964 ; A. LUNEL, « Quelques aspects du parler judéo-comtadin », *L'Arche*, novembre 1964 ; N. PORGES, « Remarques sur le yiddish alsacien-lorrain », *Revue des études juives*, LXXII, 1921, pp. 192-200.
1. KAHN, *op. cit.*, p. 12.
2. *L'Univers israélite* prétendait avoir 20 000 abonnés.

où ils pouvaient incidemment rencontrer des « coreligionnaires » partisans ·de la même doctrine. Son importance
peut être évaluée à quelques centaines de personnes vers
1860. La troisième catégorie, largement majoritaire, était
composée de personnes entretenant avec la société chrétienne des rapports économiques, mais trouvant au sein du
groupe juif, fût-il déjudaïsé, l'essentiel de leur vie sociale
ou de leur réseau de relations.

A Paris, Bordeaux, Bayonne et Marseille, l'aristocratie
et la haute bourgeoisie juive étaient bien intégrées à la
société locale, dont elles partageaient le mode de vie et les
distractions. La petite-bourgeoisie et les couches supérieures
des milieux non bourgeois, tout en s'assimilant intellectuelle-
ment, continuaient à privilégier, soit par goût, soit par
impossibilité de vaincre certains préjugés, les relations
sociales à l'intérieur du groupe juif. Il en allait de même
en Alsace et en Lorraine. Les métiers traditionnels impliquaient certes des relations, souvent conflictuelles, avec les
paysans, mais la société juive vivait repliée sur elle-même.
Au dire de certains témoins, la situation n'était pas meilleure dans l'ancien Comtat. En 1840, Lisbonne écrivait à
propos de Carpentras :

> Là, pour les Israélites, c'est encore le Comtat Venaissin, non
> pas sous le rapport des lois, qui sont égales pour tous, ni sous
> le rapport des persécutions, parce que les persécutions ne sont
> plus possibles en France ; mais sous le rapport social, les catho-
> liques conservent encore en général dans ce pays, envers les
> juifs, cette haine des papes, cette haine implacable des temps
> passés. Là, chacun est isolé chez soi, point de réunion dans les
> cafés, lieux publics ou estaminets, etc. Il n'y a point entre eux et
> nous de société possible [1].

Même s'il avait adopté les valeurs de la société environnante, le groupe juif s'en différenciait au niveau social en

---

1. *Les Archives israélites*, I, 1840, p. 653.

refusant l'endogamie et la perte de signes caractéristiques, tel le nom de famille. En 1808, Napoléon avait publié un décret imposant aux Israélites qui n'avaient pas de patronyme d'en prendre un, à l'exception de ceux tirés de la Bible ou de noms de villes. Les autorités municipales de l'Est en profitèrent pour affubler certains Juifs de noms ridicules [1], mais la plupart des Juifs conservèrent leurs anciens patronymes. Sur 2 000 postulants au changement de nom entre 1803 et 1870, seuls 33, soit 1,7 %, étaient juifs. Cela fait un changement de nom tous les deux ans, ce qui est une infime proportion [2]. Quant aux mariages mixtes, ils demeurèrent peu nombreux. Rares furent ceux qui élevèrent cette pratique au rang de théorie, comme l'avait souhaité Napoléon [3]. Les journaux israélites, quant à eux, soulignaient les cas de mariage mixte ne s'accompagnant pas d'une disparition de l'identité juive. En 1843, *Les Archives israélites* consacrèrent deux articles à un Juif nantais d'origine messine, Raphaël Dennery. Il avait épousé après la Révolution une chrétienne, Emilie Diot, mais finit ses jours comme Juif orthodoxe et d'une orthodoxie dont seules les personnes ayant suivi son itinéraire étaient capables [4].

Pratiquant l'endogamie et conservant des liens privilégiés avec les membres de leur groupe, les Juifs français ne voyaient dans cela nulle contradiction avec la doctrine de l'assimilation. Ce caractère éminemment intellectuel de leur attachement à la France en faisait toute la valeur, puisque les Juifs « se définissaient socialement en tant que Juifs et

---

1. P. LÉVY, *Les noms des Israélites en France*, Presses Universitaires de France, 1962, p. 72.
2. *Idem*, p. 75.
3. A l'exception de TERQUEM qui affirmait : « La loi peut bien nous appeler « français » sur le papier ; mais en réalité, n'étant unis à nos concitoyens par aucun lien de famille, nous formons une caste, une nation distincte et l'on n'aime pas passer pour étranger dans son propre pays et pour étranger mal famé », *op. cit.*, p. 15.
4. *Les Archives israélites*, III, 1842, pp. 117 et 637-639.

non par leurs relations avec une autre classe [1] ». Là réside
le problème majeur de ce chapitre. Tenter de définir les
modalités de l'intégration sociale des Israélites revient en
fait à connaître la conception que se faisaient les Israélites
de leur religion et non de leurs concitoyens des autres cultes.
Les modifications apportées au judaïsme, pour audacieuses
qu'elles étaient, étaient le meilleur garant de leur désir
d'intégration et de sa réalisation. Le judaïsme comme religion ou comme collectivité d'individus apparaissait sinon
comme une chose normale, tout au moins comme un phénomène compatible avec la société française et ses valeurs.

Cette perspective explique aisément le fait que la communauté israélite se soit vigoureusement opposée aux menées
prosélytes de l'Eglise, notamment de l'ordre de Notre-Dame
de Sion, fondé en 1843 [2] par deux illustres convertis, les
frères Ratisbonne. Certains émancipateurs, tel l'abbé Grégoire, avaient soutenu l'émancipation en se référant au
schéma paulinien de réintégration des Juifs dans la communauté chrétienne. Mais, en raison même de l'octroi des
droits civils, les conversions de Juifs en France ne prirent
jamais le caractère épidémique qu'elles eurent en Allemagne
de 1820 à 1848. Le passage au christianisme n'était pas,
comme chez Heine, « le billet d'accès à la culture européenne », mais plutôt le désir de se ménager quelques avantages matériels ou sociaux non négligeables. Le rabbin Drach
se convertit en 1823 dans l'espoir d'obtenir une chaire de
langues orientales. Si certaines conversions étaient sincères,
les moyens utilisés pour en provoquer d'autres étaient pour
le moins suspects. En 1819, les filles de Moïse Carcassonne
furent baptisées en secret et enlevées à leurs parents, qui
ne purent attaquer le clergé en justice. En 1843 encore,
Mme Rodriguès, ex-présidente des dames protectrices des

1. ARENDT, op. cit., p. 43.
2. Depuis, l'ordre a considérablement modifié son attitude et a
joué un rôle déterminant dans la réforme de la catéchèse sur les
Juifs.

écoles israélites de Paris, fut enterrée en terre chrétienne, ses enfants, convertis de longue date, ayant affirmé qu'elle avait abjuré sur son lit de mort. Peu après, la petite-fille du président du Consistoire central, Worms de Romilly, se convertissait avec l'accord tacite de son grand-père, ce qui fit dire aux *Archives israélites* : « ... N'est-il pas à craindre qu'on ne lise quelque jour sur un cénotaphe orné d'une croix et surmonté d'un verset de l'Evangile, ces mots : Ci-gît un ancien président du Consistoire central des Israélites de France [1] ! » De tels incidents se reproduisirent en février 1845 lors de la conversion du docteur Terquem sur son lit de mort. Il était le frère du leader du courant libéral, qui protesta vigoureusement [2], à la différence de Crémieux, lors de la conversion de ses enfants. Ces menées prosélytes atteignirent leur apogée lors de la conversion clandestine des jumeaux Lémann à Lyon, en 1854, qui devinrent par la suite prêtres.

Ces activités missionnaires étaient sévèrement condamnées par la communauté israélite. Le Juif moyen, habitué à voir dans le christianisme la source de ses malheurs, comprenait mal qu'on pût s'y convertir, car un Juif « en effet ne peut changer de religion par conviction à moins de sombrer dans l'idiotisme [3] ». Telle était la pensée d'Alexandre Weill, mais la communauté se gardait bien de critiquer trop sévèrement le christianisme, ce au nom de la doctrine de la fraternité [4]. Le Consistoire insistait plutôt sur le fait que l'idée de conversion était étrangère au judaïsme, ce que soulignait le rabbin de Marseille :

Nous n'acceptons même que difficilement les conversions qui se présentent avec l'apparence de conviction — parce que les

---

1. *Les Archives israélites*, IV, 1843, p. 375.
2. *L'Univers israélite*, I, 1845, pp. 51-53 et 126-128.
3. A. WEILL, *Mes années de bohème*, Paris, 1889, p. 405.
4. L'auteur d'une brochure antichrétienne, Fabius, fut même démis de ses fonctions au sein de la commission administrative du temple lyonnais, voir *Les Archives israélites*, IV, 1843, pp. 266-269.

conversions sont d'ordinaire le prétexte et le couvre-misère des passions, comme elles sont ailleurs l'écho de la séduction des convertisseurs [1].

Il est vrai que, pour la période étudiée, nous n'avons trouvé trace que de deux conversions au judaïsme [2], ce qui pouvait autoriser le judaïsme français à espérer une attitude similaire de la part de l'Eglise. Faute de l'obtenir, les attaques contre les convertis redoublèrent et il devint d'usage de considérer les conversions comme le fruit d'une insigne lâcheté ou de l'appât du gain. Evoquant l'abjuration d'une famille de mendiants à Amiens, Les Archives israélites écrivaient :

Quand on étudie les rares abjurations juives qui se produisent en France, on est frappé de cette remarque : elles se produisent toujours au sein de l'extrême luxe qui enfouit l'âme humaine dans les jouissances matérielles, ou au sein de l'extrême misère, qui émousse le sens moral par la privation absolue du bien-être le plus élémentaire [3].

Quelle fut en réalité l'ampleur du mouvement ? Nous disposons de peu de renseignements et l'ampleur des conversions a été très nettement exagérée par les missionnaires [4], cependant que le silence de la communauté israélite pouvait appa-

1. Inauguration..., op. cit., pp. 10-11.
2. Le premier cas était celui d'Abraham Cagnard, bedeau de la synagogue portugaise de Paris, le second celui d'un curé italien, demi-juif, en 1854. Cf. Le Lien d'Israël, 1855, n° 1, p. 7. On s'empressait de préciser qu'il ne voulait « ni être marié, ni être placé », ce qui laisse supposer l'existence de tentatives plus ou moins intéressées.
3. Les Archives israélites, XVII, 1856, p. 695.
4. Voir à ce propos CERFBERR de MEDELSHEIM, Ce que sont les Juifs de France, Paris, 1844, p. XXI : « Le judaïsme s'affaiblit tous les jours et ses rangs s'éclaircissent de plus en plus. Le nombre des Israélites qui, depuis vingt ans, ont reçu le baptême, est très grand et plus grand encore est le nombre de ceux qui le désirent et qui ne sont arrêtés que par de vains scrupules. »

raître comme suspect. En fait, vers 1860, les convertis ne devaient pas excéder cinq cents personnes et Ratisbonne n'avait pas tort d'affirmer : « Les Juifs ne sont plus Juifs, ils ne sont pas encore chrétiens [1]. »

L'intégration des Juifs se heurtait au maintien des préjugés, déjà évoqués en ce qui concerne l'Alsace et le Comtat. Les préjugés surent d'ailleurs s'adapter aux exigences du temps. Si l'usure était jusqu'en 1848 génératrice de tensions sociales, la brillante réussite économique des Juifs après cette date fut utilisée contre eux par le mouvement socialiste naissant. La question de l'antisémitisme a été remarquablement étudiée par Léon Poliakov [2] et nous renvoyons à ses travaux, car notre propos dans ce livre est tout autre. Il ne semble pas que les milieux juifs officiels aient accordé une grande importance au développement des théories racistes, qui paraissaient être le legs d'une époque à jamais révolue. « Société internationale bénévole pour la préservation du judaïsme [3] », l'antisémitisme était décrit comme incompatible avec les valeurs de la société française, l'attachement des Juifs à celle-ci étant censée démontrer la vanité des accusations portées contre eux ou contre ce qu'ils étaient censés représenter. Ainsi, le socialiste chrétien Pierre Leroux affirmait : « C'est à l'esprit juif que nous en voulons, ce n'est assurément ni aux Juifs comme collection d'individus, ni à aucun Juif particulier [4]. » La remarque est significative des mentalités de la première moitié du XIXᵉ siècle et du caractère souterrain de son antisémitisme. Ce dernier se nourrissait d'une réussite que les Israélites avaient tendance à proclamer ouvertement, tant elle montrait l'ampleur de leur régénération. Leur silence vis-à-vis de l'antisémitisme

---

1. T. M. RATISBONNE, *La question juive,* Paris, 1858, p. 8.
2. Voir son troisième tome de l'*Histoire de l'antisémitisme : de Voltaire à Wagner,* Calmann-Lévy, 1968.
3. BARON, *op. cit.,* p. 38.
4. P. LEROUX, « Les Juifs, rois de l'époque », *La Revue sociale,* janvier 1846, cité par POLIAKOV, *op. cit.,* p. 385.

était sans doute dû au fait que les Juifs bénéficiaient de la protection de l'Etat et de la possibilité d'influer sur ses décisions par leur participation à la vie politique du pays.

Les options politiques des Juifs français

L'étude des comportements politiques des Juifs doit être comprise en fonction de deux remarques préalables. D'une part, après l'émancipation il est impossible de parler de politique « juive » ou d'envisager l'insertion des Juifs dans la vie politique comme la réaction d'un groupe homogène défendant des intérêts spécifiques. D'autre part, il ne faut pas oublier que le monde juif resta longtemps hésitant à l'égard de l'Etat, qui avait été la source de persécutions multiséculaires, ce que rappelait Michel Berr en 1801 : « Devenu plus Français que Juif, j'ose à peine découvrir ces abîmes d'horreurs, puisque je ne saurais les divulguer sans rappeler la honte de ma patrie, qui a fourni également quelques-uns de nos persécuteurs [1]. »

Sitôt l'émancipation acquise, quelques Juifs se lancèrent dans la vie politique aussi bien du côté girondin que du côté jacobin [2]. A l'exception des frères Frey et de Jacob Peyrera, membres de la fraction hébertiste, tous se tinrent à l'écart des crimes de la Terreur, évitant de « se faire remarquer parmi ceux que n'arrêtent ni la vue, ni l'odeur du sang [3] ». Les Juifs de France n'eurent donc pas à souffrir de la réaction thermidorienne, à laquelle certains Bordelais participèrent comme membres des commissions d'épuration. A

1. *Appel à la justice des rois et des nations ou adresse d'un Citoyen français au Congrès qui devait avoir lieu à Lunéville, au nom de tous les habitants de l'Europe qui professent la religion juive,* Strasbourg, An X, p. 18.

2. Sur les Jacobins juifs, voir Z. SZAJKOWSKI, « Gli Ebrei nei club del Giacobini durante la revoluzione francese del 1789 », *Rassegna Mensile di Israel,* XXIV, 1958, pp. 296-304.

3. KAHN, *op. cit.,* p. 355.

cette époque, un certain nombre de Juifs accédèrent même à des charges municipales à Bordeaux, Avignon et dans les départements de l'Est. Sous l'Empire, la convocation de l'Assemblée des notables et du Grand Sanhédrin s'accompagna de manifestations de loyalisme envers Napoléon, que Cologna décrivait comme « le génie créateur, qui, parmi les hommes, est le mieux formé à l'image de Dieu, en suit les traces sublimes [1] ». Il s'agissait cependant des compliments d'usage et la publication du décret infâme ne renforça pas les sentiments mitigés des Juifs envers l'Empereur. Son abdication fut accueillie sans tristesse par la communauté israélite. Les membres les plus éminents de cette dernière, rabbins ou laïcs, se montrèrent favorablement disposés envers le nouveau régime et tentèrent même d'accréditer l'idée selon laquelle l'émancipation avait été l'œuvre de Louis XVI et non celle de la Révolution [2]. De telles précautions s'avéraient indispensables en raison de l'importance du camp ultra. Le curé de Bayonne interdit aux Juifs d'assister à la messe célébrée le 21 janvier 1816 à la mémoire de Louis XVI. Cependant, l'accentuation du caractère autoritaire du régime sous Charles X détourna de lui les jeunes générations au profit du camp libéral.

Crémieux, Goudchaux, Anspach, Bédarride et Alcan jouèrent même un certain rôle lors des journées de Juillet. L'octroi d'un budget au culte israélite gagna au nouveau régime les sympathies de la majorité des Israélites, tout au moins dans un premier temps. Bien qu'ayant unanimement condamné la participation de Simon Deutz, fils du grand rabbin de France, à l'arrestation de la duchesse de Berry [3], et exigé

1. Tama, *op. cit.*, p. 5.
2. Voir notamment l'article de Cologna dans *Le Journal des Débats* du 17 février 1824.
3. Sur l'affaire Deutz, voir Z. Szajkowski, « Simon Deutz, Traitor or French Patriot ? The Jewish aspect of the arrest of the Duchesse de Berry », p. 161, *Journal of Jewish Studies*, XVI, 1965, pp. 53-67.

du père qu'il en fît de même publiquement, la communauté
israélite accentua ses clivages politiques au fil des années.
Certains de ses membres étaient légitimistes, tels James de
Rothschild et Simon Mayer Dalmbert, d'autres soutenaient
la monarchie de Juillet, notamment le Consistoire. Le rôle
de ce dernier était à vrai dire ambigu, puisqu'il dépendait
étroitement du gouvernement et ne pouvait se montrer que
favorable à un régime bien disposé à l'égard des Israélites.
Terquem ironisait à ce propos en disant des administrations
consistoriales :

> Elles font au nom d'Israël des compliments de félicitations
> ou de condoléances, rient ou pleurent officiellement suivant les
> circonstances... Lundi, ils broient de l'éloquence pour noircir
> l'action d'un Deutz ; mardi, ils broient de l'éloquence pour blan-
> chir cette action ; je ne sais, ils ne savent pas encore ce que sera
> la couleur du mercredi [1].

La neutralité du Consistoire était pourtant compréhensible. Son président de 1843 à 1845 était un député républicain, Crémieux, et son successeur, CerfBerr, était un
député conservateur. Les journaux israélites eux-mêmes
observaient une grande discrétion, se bornant à relever les
succès politiques obtenus par des Juifs. Cahen était plutôt
républicain, mais son collaborateur, Gerson-Lévy, était
directeur du très progouvernemental *Indépendant de la
Moselle*. *L'Univers israélite* était, quant à lui, républicain
et Bloch écrivait en 1846 : « La religion israélite est républicaine par nature, les droits y sont égaux pour tous [2]. »
Quelques Juifs participèrent au mouvement saint-simonien,
tels les frères Pereire, Léon Halévy, d'Eichtal, mais ils étaient
sévèrement critiqués par les porte-parole de la communauté.
La Révolution de 1848, qui mit fin au système censitaire

1. Terquem, *op. cit.*, pp. 9-10.
2. *L'Univers israélite*, III, 1846, **p. 18.**

alors en vigueur, permit l'intégration des Juifs à la vie politique, intégration symbolisée par l'accession de Crémieux
et de Goudchaux à des charges ministérielles [1]. Comme
toujours, le Consistoire se rallia rapidement au nouveau
régime. A Paris, le grand rabbin de France défila avec des
ecclésiastiques chrétiens lors d'une manifestation progou-
vernementale et les rabbins prêtèrent leur concours à différentes cérémonies patriotiques. Ils le firent tout en s'absten-
nant de critiquer le régime précédent, qu'eux-mêmes avaient
encensé, et ses partisans. Une telle idée était remarquablement exprimée par le rabbin de Phalsbourg, Lipman :

La Nation ne peut avoir d'ennemis parmi les citoyens qui la
composent. Cette désastreuse différence d'opinions qui nous divisait a dû disparaître avec le pouvoir qui en était la source. Je
veux parler de cette distinction qu'on affecte d'établir entre les
républicains de la veille et ceux du lendemain. Qu'est-ce à dire ?
Songerait-on à faire un crime à quelques-uns d'entre nous du
sacrifice qu'ils font de leurs opinions en faveur de la patrie ?
Hier, tels d'entre nous ont cru tel parti plus favorable à leur
bonheur et ils ont dû le suivre ; aujourd'hui, il s'en présente un
autre que tout le monde s'accorde à estimer le meilleur ; aussitôt
leur devoir, leur devoir le plus sacré leur demande d'adopter
celui-ci [2].

Les milieux orthodoxes, conservateurs en religion et pro-
gressistes en matière politique selon l'expression de Créhange,

---

1. Ce qui contrastait avec le déclenchement d'émeutes antijuives en
Alsace. Le contraste était expliqué de la manière suivante par Bloch :
« A Paris, le principe de la fraternité et de l'égalité n'a été appliqué
qu'à des citoyens qui, par hasard, sont nés dans le culte juif, tandis
qu'en Alsace, on a eu affaire au judaïsme des synagogues, à des
communautés, et là on a vu reparaître la vieille intolérance et le vieux
fanatisme, qui, malgré tous nos progrès et toutes nos folles tentatives
de réforme, ne s'éteindront jamais », *L'Univers israélite,* V, 1850,
p. 299.
2. LIPMAN, *op. cit.,* pp. 98-99.

loin de partager la prudence du Consistoire, se lancèrent avec fougue dans la bataille politique. Créhange, pour lequel « le gouvernement républicain [était] le seul bon, le seul juste, le seul de droit divin [1] », fonda même un Club démocratique des fidèles. Celui-ci, tout en soutenant le gouvernement, se préoccupa essentiellement d'obtenir l'abolition des consistoires et l'introduction de la démocratie dans la vie communautaire, non sans succès, comme on le verra. L'existence de ce club était ambiguë. Défendant des intérêts spécifiquement juifs, il ne pouvait avoir une très large audience. Son progressisme n'allait pas jusqu'à soutenir les revendications ouvrières, jugées dangereuses. Les émeutes de juin 1848 furent sévèrement condamnées par la communauté israélite et les milieux consistoriaux en profitèrent pour mettre au pas, sous couvert d'ordre moral, tous les éléments qui menaçaient directement leur pouvoir. Ils furent aidés en cela par les cercles orthodoxes proches de *L'Univers israélite*. Ceux-ci, au contraire de Créhange, redoutaient « l'invasion politique sur l'inviolable terrain du culte [2] » et allèrent même jusqu'à demander, pour éviter une telle situation, la séparation de l'Etat et de la synagogue.

Age d'or du judaïsme français, le second Empire vit les comportements politiques des Israélites français prendre leur forme définitive. Le coup d'Etat du 2 décembre 1851 suscita une certaine inquiétude chez ceux qui se rappelaient les conséquences funestes du premier Empire sur le statut juridique des Juifs. Le rôle joué par les Pereire et par Fould dans l'entourage de l'Empereur gagna au nouveau régime un grand nombre d'Israélites, à tel point que le préfet du Haut-Rhin considérait comme normal de demander au consistoire local de soutenir les candidats gouvernementaux aux élections de 1857. Si Javal, Koenigswarter, E. Pereire, Solar et Mirès soutinrent Napoléon III tant au Corps législatif que

1. CRÉHANGE, *op. cit.*, pp. 6-7.
2. *L'Univers israélite*, V, 1849, p. 111.

dans la presse, d'autres, tels Crémieux et Goudchaux, demeuraient républicains. Leurs salons étaient d'actifs cercles d'opposition, surveillés par la police. Vidal-Naquet fut d'ailleurs victime de la loi de sûreté générale en 1858, avec d'autres militants républicains d'origine juive. L'attitude de la majorité des Israélites était sans doute celle des fondateurs de l'Alliance israélite universelle (Leven, Manuel, Créhange, etc.), qui étaient des républicains sincères, mais qui se cantonnaient dans une sorte de retraite politique [1]. Si le régime républicain, modéré et social, leur apparaissait être le meilleur [2], ils étaient prêts à supporter avec résignation tout gouvernement ne remettant pas en question les acquis de la Révolution. Dès cette époque, le pluralisme d'opinions au sein de la communauté israélite amena cette dernière à une attitude de neutralité, souvent synonyme de passivité. Un seul camp politique était l'objet d'une condamnation sans appel, le socialisme, bien que quelques Juifs aient milité en sa faveur [3]. Le directeur de *L'Univers israélite*, Simon Bloch, dans une brochure pourtant pondérée, n'hésitait pas à qualifier le socialisme de « chimères et utopies... qui ne peuvent être que les rêves insensés de quelques cerveaux en démence [4] ».

Avant de terminer ce chapitre, il convient de s'interroger

1. Ainsi, MANUEL affirmait : « Je suis toujours bon républicain et, quelque tristes soient les choses, quelque stupides soient les hommes, ma confiance en l'avenir de la République demeure inébranlable », CHOURAQUI, *op. cit.*, p. 33.

2. Pour une attitude de ce genre, voir FABIUS, *La France Sauvée*, Paris-Lyon, 1851.

3. Parmi les Communards se trouvaient quelques Juifs : Gaston Crémieux, Maxime Lisbonne, Simon Mayer, Léo Fraenkel, ce que déplorait Zadoc KAHN en ces termes : « Mais ce qui a surtout fait le désespoir des esprits réfléchis, c'était de penser que ces détestables excès avaient eu pour témoins et quelquefois pour échos complaisants notre enfance et notre jeunesse », *Souvenirs et allocutions*, Paris, 1875, tome I, p. 14.

4. BLOCH, *op. cit.*, p. 6.

sur les liens unissant l'homme politique juif à sa communauté d'origine. Tous, à l'exception de Fould et des Pereire,
entretenaient des rapports constants avec le Consistoire,
dont ils étaient membres et parfois présidents (Crémieux,
CerfBerr). L'origine juive de certains pouvait influer sur
leur carrière politique et CerfBerr ne fut pas élu député de
Wissembourg en 1848, car on lui reprocha son appartenance
au judaïsme [1]. La discussion du budget du culte israélite,
l'affaire de Damas et l'affaire Mortara étaient des occasions
pour eux de prendre part aux débats et leurs interventions
étaient soigneusement notées par la presse israélite [2]. Le fai-
saient-ils en tant que Juifs ? La réponse est délicate, car leur
appartenance à la communauté israélite les rendait plus sensibles à ces problèmes, bien que le judaïsme se réduisît souvent au souvenir d'une solidarité entre les anciens persécutés.
L'idéal révolutionnaire était mis sur un pied d'égalité avec
cette solidarité ou lui servait de fondement idéologique. En
fait, ces hommes politiques étaient la forme moderne des
anciens *shtadlanim* (intercesseurs), c'est-à-dire des individus
qui, en raison de leur fortune ou de leurs relations, avaient
la fonction spécifique d'intervenir auprès des autorités pour
obtenir la révocation d'un édit d'expulsion ou une amélioration du statut juridique des Juifs. Autrefois, c'était l'attachement profond à la foi d'Israël et une commune situation
d'oppression qui faisaient d'un individu un *shtadlan*. Désormais, c'était le rôle joué par l'individu dans la société non
juive qui en faisait le porte-parole de la communauté israélite. A la fin du second Empire, cependant, il semble que

1. BÉDARRIDE, *op. cit.*, p. 433.
2. Ainsi, lors de la défaite électorale de Fould en 1842, *Les Archives israélites* firent remarquer : « Cet échec électoral sera supporté
avec une grande résignation par les Israélites, qui, dans l'affaire de
Damas et dans la fixation du budget du culte hébraïque, auraient
désiré trouver en M. Fould quelque peu de la chaleur qu'il mettait à
défendre les intérêts des chemins de fer de la rive gauche », *Les
Archives israélites*, III, 1842, p. 362.

Napoléon III ait envisagé « de nommer sénateur le grand rabbin de France [1] ». Le projet n'aurait eu rien de choquant pour les contemporains. Il apparaissait moins comme la reconnaissance d'une nationalité juive que comme celle de l'égalité absolue des cultes devant la loi. Le projet n'eut pas de suite en raison de la défaite de 1870, mais la façon dont la communauté israélite l'avait accueilli montrait assez bien les mutations intervenues dans les structures communautaires et les mentalités juives après 1791. Ces mutations constitueront le thème principal de la troisième partie.

---

1. J. WEILL, *Zadoc Kahn, (1839-1905)*, F. Alcan, 1912, p. 262.

TROISIÈME PARTIE

LA COMMUNAUTÉ ISRAÉLITE :
LES INSTITUTIONS
ET LES DÉBATS INTERNES

L ES décrets émancipateurs s'accompagnèrent de la dissolution des anciennes communautés, qui perdirent tout
pouvoir de juridiction civile sur leurs membres. Elles ne
cessèrent pourtant pas d'exister et, en 1808, Napoléon dota
le culte israélite d'un statut légal en créant les consistoires.
Forme moderne de l'antique *kehilah,* les consistoires tentèrent d'éliminer toutes les traces d'un passé d'oppression,
y compris dans les structures communautaires. Lors de la
discussion d'un projet de réforme du culte en 1836, il fut
proposé de désigner les dirigeants des communautés par le
terme de syndic, utilisé avant l'émancipation. Dalmbert s'y
opposa vigoureusement en affirmant :

Certes, messieurs, pour ceux qui feraient la part de l'époque,
ce titre n'aurait rien de repoussant... Mais il est des hommes qui
se souviennent encore d'un temps qui depuis longtemps n'existe
plus, ils croiront voir ressusciter les institutions et l'administration des anciens syndics, ils croiront nous voir rétrograder [1].

A l'intérieur de cette communauté en pleine restructuration, les querelles et débats idéologiques furent particulièrement intenses. Aux nostalgiques d'une vie juive tradition-

_____

1. SZAJKOWSKI, *op. cit.,* p. 763.

nelle s'opposaient ceux qui voulaient, par d'audacieuses réformes, adapter le judaïsme au monde moderne. L'enjeu de tels débats était loin d'être négligeable, puisqu'il en allait de la survie du judaïsme français, gravement affaibli par l'indifférence des jeunes générations. En 1840, Ben Lévi décrivait ainsi une famille juive :

> Le grand-père croit, le père doute, et le fils nie. Le grand-père prie en hébreu, le père *lit* la prière en français, et le fils ne prie pas du tout. Le grand-père observe toutes les fêtes, le père n'observe que le kipour, le fils n'en observe aucune. Le grand-père est resté juif, le père est devenu Israélite, le fils est tout simplement déiste... à moins qu'il ne soit athée, fouriériste ou saint-simonien [1]...

Ce portrait était pour le moins exagéré. Vers 1860, la communauté israélite française s'était à ce point réorganisée qu'elle constituait un modèle pour les autres communautés juives du monde. C'est dire l'ampleur du chemin parcouru depuis 1791, dont nous donnerons, dans cette troisième partie, un trop rapide aperçu.

---

1. *Les Archives israélites*, I, 1840, p. 530.

CHAPITRE V

Les institutions

L ES décrets émancipateurs mirent fin à l'autonomie, mais non à l'existence des communautés juives. A Bordeaux par exemple, l'ancienne Nation portugaise se transforma dès le 29 janvier 1790 en association de bienfaisance [1], cependant que différentes commissions continuèrent à gérer les biens communautaires et à assurer la célébration du culte. Ce dernier ne fut pas interrompu sous la Terreur, même s'il prit parfois un caractère clandestin [2]. Il est vrai que le judaïsme avait sur le christianisme l'immense avantage de n'avoir point de clergé à proprement parler et d'échapper ainsi aux aléas de la Constitution civile du clergé. Sous le Directoire, le décret du 21 février 1795 sur la liberté des cultes permit aux Juifs non seulement de pouvoir pratiquer le leur ouvertement, mais aussi de récupérer une partie des immeubles cultuels confisqués sous la Terreur, notamment les synagogues de Carpentras, Avignon, Haguenau et Metz. La prestation du serment civique fut exigée des rabbins et des ministres-officiants, dont les autorités se plaisaient à souligner la neutralité politique [3].

1. I. UHRY, *Monographie du culte israélite à Bordeaux*, Bordeaux, 1892, p. 10.
2. La légende veut que les Juifs de Paris aient célébré clandestinement les fêtes pendant la Terreur ; voir R. NEHER-BERNHEIM, « Etre Juif à Paris sous la Terreur », *L'Arche*, octobre 1970.
3. Ainsi, un rapport de police affirmait en 1798 qu'il « serait à

L'émancipation avait cependant porté un coup sévère aux communautés au sein desquelles régnait une incroyable anarchie, dont les anciens syndics et les préfets se plaignaient. La première cause de la désorganisation des communautés tenait à de graves difficultés financières, car « une fausse idée des principes de liberté et d'égalité a fait croire à beaucoup de Juifs qu'ils pouvaient faire et agir à leur guise et étaient dispensés de payer les charges communes [1] ». A cela s'ajoutait le fait que, dans de nombreuses localités, telle Lischeim, des groupes dissidents avaient fondé des synagogues rivales des anciennes et menaçaient ainsi le fragile équilibre budgétaire des communautés. La seconde cause du désordre naissait du fait qu'on ne pouvait remédier à cette situation en l'absence d'un statut légal du culte juif et faute de savoir ce qui pouvait être ou non conservé dans les anciens règlements. En ce domaine, comme en ce qui concernait les pouvoirs des rabbins, l'imprécision la plus grande régnait et le préfet de la Meurthe écrivait des Juifs de son département :

Les uns cherchent à maintenir les règlements de discipline tant religieuse que civile qui existaient entre eux et que l'ancien gouvernement avait même consacrés. Les autres, ne voyant dans ces mêmes règlements qu'un joug appesanti arbitrairement sur eux par quelques familles ou quelques individus ont fait constamment leurs efforts pour s'y soustraire [2].

Bien que le judaïsme ait été exempté de la réorganisation des cultes accomplie sous le Consulat, Portalis entreprit de le doter d'un statut légal, car, notait-il, « plusieurs préfets

souhaiter que les ministres du culte catholique fussent aussi tranquilles que ceux du culte israélite. La Révolution aurait eu bien des ennemis en moins », J. SYLVÈRE, « Les Juifs de Versailles », *Presse nouvelle hebdomadaire*, 27 juillet 1973.
    1. ANCHEL, *op. cit.*, p. 55.
    2. AN F 19 II 094, lettre du 4 septembre 1802.

m'ont fait sentir la nécessité de faire des règlements sages pour les contenir et ramener l'ordre parmi eux [1]. »

La réorganisation du culte sous l'Empire

A cet effet, il convoqua en février 1805 une commission composée de treize Juifs parisiens, lesquels proposèrent d'en revenir au système censitaire en vigueur avant la Révolution. Leur projet n'eut pas de suite immédiate, mais inspira considérablement l'Assemblée des notables qui adopta, après de nombreuses discussions, un règlement du culte israélite. A l'exception d'une seule, les dispositions de ce projet furent reprises dans deux des trois décrets du 17 mars 1808, que nous prenons ici comme référence [2]. De même que le culte protestant, le culte israélite avait pour organes administratifs des consistoires : le Consistoire central et les consistoires départementaux dont chacun représentait au moins 2 000 Juifs. Alors que le Consistoire central, composé de trois rabbins et deux laïcs, était désigné par le gouvernement, les consistoires départementaux, composés de deux rabbins et de deux laïcs, l'étaient par des notables élus au suffrage censitaire. Selon Lucien-Brun, les buts des consistoires étaient les suivants :

1. Surveiller les instructions des rabbins et les explications données par eux, pour qu'elles soient toujours conformes aux décisions doctrinales du Grand Sanhédrin ;
2. Surveiller les synagogues, y maintenir l'ordre, en contrôler l'administration et vérifier l'emploi des sommes destinées aux frais du culte ;
3. Surveiller l'administration des synagogues particulières ; et empêcher qu'aucune assemblée de prières se forme sans autorisation expresse ;
4. Veiller à ce que chaque Israélite venant à s'établir dans

1. AN F 19 II 004.
2. Pour le texte des décrets, voir l'annexe III, p. 274.

la circonscription lui donne connaissance, dans les trois mois, du lieu où il entend fixer son domicile ;

5. Donner, chaque année, à l'autorité connaissance du nombre des conscrits israélites de la circonscription ;

6. Encourager, par tous les moyens possibles, les Israélites de la région à exercer des professions utiles, et faire connaître à l'autorité ceux qui n'auraient pas de moyens d'existence avoués [1].

Les dispositions contenues dans les points 1, 2 et 3 ne tranchaient guère avec les attributions des anciennes communautés, mais les autres instituaient un véritable régime policier, faisant des consistoires les gendarmes des Juifs, chargés tout spécialement de les rappeler au respect des lois civiles. Bien que le rapporteur du projet ait pris soin de préciser que celui-ci « conserve... dans toute leur plénitude nos droits civils et politiques [2] », ses collègues de l'Assemblée des notables n'étaient point du même avis et tentèrent en vain de faire repousser le projet.

Ce dernier fut cependant adopté et confirmé par les décrets du 17 mars 1808, à l'exception de la clause concernant la rétribution des rabbins par l'Etat, qui s'accordait mal avec la politique antijuive de Napoléon. En conséquence, les Israélites furent obligés de payer une taxe spéciale chaque année pour faire face aux frais du culte. Le Consistoire central, composé de trois grands rabbins (Segré, Sintzheim et Cologna) et de deux laïcs (J. Lazard et B. Cerf-Berr), fut installé le 10 novembre 1808. La création de sept consistoires départementaux (Strasbourg, Wintzenheim, Nancy, Metz, Bordeaux, Marseille, Paris) se heurta à de nombreuses difficultés, car le découpage administratif des circonscriptions fut lent et laborieux. Pour obtenir le chiffre de 2 000 Israélites, il fallait réunir dans une même circonscription des départements fort éloignés les uns des autres,

1. Lucien-Brun, *op. cit.*, pp. 176-177.
2. Halphen, *op. cit.*, p. 275.

cependant que de nombreuses communautés briguèrent l'honneur d'être le siège du consistoire départemental [1]. Après la désignation des notables par les préfets, des élections eurent lieu pour désigner le grand rabbin [2] et les membres laïcs de chaque consistoire, dont certains étaient loin d'être à la hauteur de leur tâche. Ainsi, à Paris, le grand rabbin Michel Seligmann, bien que séjournant dans la capitale depuis plus de vingt ans, ne savait pas un mot de français et, « les discussions ayant lieu dans la langue nationale, l'ancien ou président (le rabbin), par le fait de son ignorance de cette langue, se trouvait dispensé d'y participer [3] ». En dépit de toutes ces difficultés, les consistoires départementaux furent l'ossature du judaïsme français pendant la période étudiée dans ce livre, bien que le Consistoire central ait envisagé d'en réduire le nombre en 1814 pour des raisons financières. Seuls deux nouveaux consistoires furent créés entre 1808 et 1860, l'un à Saint-Esprit en 1844, l'autre à Lyon en 1857. A côté des consistoires, l'unité administrative de base demeura la communauté locale et la synagogue, où le culte pouvait être célébré soit par un rabbin, soit par un ministre-officiant. Le consistoire y était représenté par un commissaire-surveillant, chargé de faire régner l'ordre, de dresser le rôle des taxes et de les percevoir, de surveiller les élections à la commission administrative, etc. Le poste était peu recherché, car fort impopulaire et suscitant de nombreuses plaintes. En 1839, le chantre de Brest, Lecerq, écrivait que nul ne voulait de ce poste dans sa communauté [4]. Bien qu'Anchel leur ait attribué un rôle

1. Ainsi, Moïse Milhaud demanda que pour le Sud-Est le siège de la circonscription soit à Carpentras, cependant que Nîmes briguait le même honneur. Cf. AN F 19 II 034.
2. Le deuxième grand rabbin ne fut jamais désigné.
3. D. SINGER, *Des consistoires israélites en France,* Paris, 1820, p. 42.
4. Archives du consistoire de Paris, AA3, 14 août 1839.

important, les commissaires-surveillants furent parfois des individus totalement incompétents, tel Isaac Serf de 1825 à 1838 à Lyon, ou trop autoritaires, tel Samuel Heymann de Ricqulès, dans la même ville, de 1838 à 1842.

Les structures du culte israélite, telles qu'elles furent définies sous l'Empire, amènent deux réflexions, portant sur leur nouveauté et la nature du pouvoir des consistoires. La nouvelle organisation du culte juif ne contrastait pas sensiblement avec l'ancienne. En effet, l'association des rabbins et des laïcs au sein des communautés était antérieure à la Révolution française et y voir une innovation serait gravement se méprendre en faisant du rabbinat un clergé, ce qu'il n'était pas encore. Les rabbins conservèrent une partie appréciable de leurs pouvoirs, détenant notamment la présidence des consistoires jusqu'en 1824. Quant aux laïcs élus par les notables, ils étaient souvent d'anciens syndics ou des personnalités ayant joué un rôle dans la vie communautaire avant l'émancipation. On retrouve en effet les familles Lopès-Dubec, Rodriguès, CerfBerr, mais non les Berr et les Furtado qui manifestèrent ainsi leur opposition à la politique impériale. Cette continuité dans le personnel dirigeant permit d'ailleurs aux consistoires de s'imposer et de ne pas apparaître comme une greffe artificielle sur un corps résolument hostile. Le seul élément nouveau était la création d'un organisme central, commun à tous les Juifs de France, en dépit de leurs différences et de leurs différends. Sans doute faut-il y voir la transcription, en milieu juif, du jacobinisme centralisateur.

La nature des pouvoirs des consistoires était ambiguë. Leurs attributions étaient essentiellement religieuses, mais d'autres étaient d'ordre civil : conscription, métiers utiles, dénonciation à l'autorité, etc. Dans leur correspondance avec les ministères, les consistoires prenaient soin de préciser qu'ils s'adressaient à l'autorité supérieure, « terme dont l'emploi dénote qu'ils se considéraient comme placés à un échelon inférieur dans une même hiérarchie gouvernementale [1] ». Certes, la religion n'était pas séparée de l'Etat en France, mais cela ne signifiait pas que les Juifs eussent une existence politique. Les consistoires étaient une organisation religieuse dépendant de l'Etat et en recevant ses statuts. Ils étaient chargés d'assurer la vie religieuse d'un groupe humain ayant perdu toutes ses caractéristiques nationales. Les quelques attributions civiles qui leur furent dévolues en 1808 le furent pour associer les Juifs à la politique impériale, notamment en ce qui concernait la répression de l'usure. Il semblait plus habile à Napoléon de faire considérer par les Juifs leurs devoirs civiques comme des préceptes religieux et de disposer à cet effet d'une organisation. Celle-ci avait un but unique : assurer la disparition de la nationalité juive en substituant au Talmud et à la loi mosaïque le Code civil. L'évolution des consistoires sous la Restauration et la monarchie de Juillet le montra clairement.

Les réformes du statut des consistoires

Le statut juridique des consistoires connut de nombreux changements de 1815 à 1860. Certains tendaient à introduire dans la communauté israélite les principes régissant la société civile, d'autres à améliorer le fonctionnement d'une machine administrative aux tâches multiples ou à accroître le pouvoir des notables. Bien que timides, les réformes accomplies sous la Restauration furent déterminantes pour l'avenir de l'organisation consistoriale, dont le problème majeur était d'ordre financier. En effet, le budget du culte juif provenait d'une taxe levée sur tout Juif français ou étranger résidant en France. Depuis leur fondation, les consistoires se heurtaient à un sourde mais tenace opposition de leurs administrés en ce qui concernait le paiement

---

1. P. ALBERT, « Le rôle des consistoires israélites vers le milieu du XIXᵉ siècle », *Revue des études juives*, CXXX, 1971, pp. 231-254 ; p. 251.

de cet impôt considéré comme injuste. Dès 1809, un Juif parisien sur cinq était en défaut à ce sujet [1] et, à défaut d'obtenir que le culte fût salarié par l'Etat, il parut indispensable d'accorder aux consistoires les pouvoirs nécessaires pour lever la taxe et mettre au pas les récalcitrants. Grâce aux efforts déployés par Dalmbert, une ordonnance les autorisa en 1819 à faire appel aux agents du fisc, moyennant une retenue de 3 %, pour lever la taxe cultuelle. L'ordonnance de 1819 fixait également le nombre des membres des consistoires départementaux à cinq, recommandant que le cinquième membre fût choisi parmi les rabbins. Seul le consistoire de Strasbourg obtempéra à ce vœu. Une seconde ordonnance, en 1823, fixa la procédure à suivre pour le renouvellement du corps des notables. Elle conférait au Consistoire central, désormais élu par les administrations départementales, le pouvoir de transmettre au gouvernement une liste des postes vacants et des candidats à la notabilité. Cette même ordonnance plaçait sous l'autorité directe des consistoires les abatteurs rituels, les ministres-officiants et les *mohalim* (circonciseurs), ce qui leur permit de mieux asseoir leur autorité. En 1824, deux autres réformes furent réalisées. Le siège du consistoire du Haut-Rhin fut transféré de Wintzenheim à Colmar, localité jugée plus éclairée, et la présidence des consistoires passa des rabbins aux laïcs. sans que cela apparût comme choquant [2].

L'octroi d'un budget au culte israélite en 1830 comportait de graves dangers pour l'avenir de l'organisation consistoriale. La subvention octroyée était en effet insuffisante et seules les contributions financières volontaires pouvaient empêcher un déficit certain. Dès lors, les consistoires dépendaient de groupes de pression, orthodoxes ou libéraux, dont la générosité était fonction de l'accueil fait à leurs idées.

1. Piette-Samson, *op. cit.*, p. 66.
2. Les présidents laïques du Consistoire central pour la période étudiée furent Worms de Romilly de 1824 à 1843, Crémieux de 1843 à 1845 et CerfBerr de 1845 à 1871.

D'autre part, leurs pouvoirs déclinèrent considérablement après 1830 et Crémieux constatait non sans sévérité :

Nos consistoires étaient à peu près sans pouvoir ; choisis par des notables qu'ils créaient eux-mêmes, n'ayant surtout depuis la loi de 1831, aucune attribution importante, ils perdaient chaque jour l'influence qu'il faut leur donner aussi étendue, aussi bienfaisante que possible. Le Consistoire central n'était plus en quelque sorte que l'intermédiaire entre les consistoires et le ministère pour solliciter des allocations indispensables aux besoins des localités. Nous étions amoindris au point que notre existence était devenue un problème ; nous n'avons en ce moment qu'un fantôme d'organisation administrative [1].

Une réforme s'avérait donc indispensable, d'autant plus que le rôle policier dévolu aux consistoires ne correspondait plus à la situation matérielle et intellectuelle du judaïsme français. Après l'échec d'une première commission convoquée en 1834, le Consistoire central nomma en décembre 1837 une seconde commission composée de Juifs parisiens, tous partisans d'une réforme du culte. Le débat autour du projet rédigé par cette commission, projet dans lequel on reconnaissait surtout l'influence de Crémieux, dépassa très largement le niveau juridique pour devenir l'occasion d'un violent affrontement entre orthodoxes et libéraux. Il est vrai que la discussion du projet fut largement facilitée par la fondation, en 1840, des *Archives israélites* et par celle, en 1844, de *L'Univers israélite*. Les deux journaux prirent fait et cause pour l'un des deux camps en présence, souvent sans grande objectivité.

La violence du débat paraît d'autant plus exagérée que le projet Crémieux [2] n'avait rien de révolutionnaire. Il main-

1. Posener, *op. cit.*, t. I, p. 181.
2. Le projet fut publié dans *Les Archives israélites,* I, 1840, pp. 5-16.

tenait dans son intégralité le centralisme du système consistorial. Les pouvoirs du Consistoire central étaient même renforcés, puisque ce dernier recevait le droit de révoquer ou de mettre à la retraite d'office les rabbins. Une telle mesure constituait une arme redoutable destinée à affaiblir le camp orthodoxe en ôtant aux rabbins toute possibilité de s'opposer à l'idéal consistorial. Pour contrecarrer l'influence des rabbins orthodoxes, le projet instituait des prédicateurs ambulants. Ceux-ci étaient chargés de faire un sermon, lors des grandes fêtes, sermon sans nul doute destiné à éclairer les communautés de province sur les vertus de l'assimilation et les défauts d'une orthodoxie dans laquelle elles se reconnaissaient. Le Consistoire central recevait en outre le droit de censure sur tous les ouvrages d'instruction religieuse. De telles dispositions pouvaient déjà irriter les milieux orthodoxes, mais celles qui concernaient la composition des consistoires soulevèrent un véritable tollé. Le Consistoire central devait être composé de sept laïcs et d'un grand rabbin, contre quatre laïcs et un grand rabbin pour les consistoires départementaux. De plus, il était habilité, après consultation des autorités départementales, à édicter « les règlements qu'il juge utiles pour la police générale du culte dans les temples, pour la durée des prières publiques, pour les changements que peut nécessiter le rituel ». Nulle disposition ne prévoyait un droit de veto des rabbins sur les questions religieuses, domaine qui était pourtant très légitimement le leur. En raison de la prépondérance des laïcs et de l'appartenance de ceux-ci au camp libéral, tout pouvait laisser croire que le Consistoire central ne manquerait pas d'imposer arbitrairement des réformes profondes du culte contre le gré des rabbins.

Cette réduction considérable du pouvoir des rabbins et l'ensemble du projet furent diversement appréciés par le monde juif. L'élite intellectuelle, regroupée autour des *Archives israélites,* déclara le projet « excellent », soulignant l'influence bénéfique qu'aurait le renouvellement régulier des notables [1]. Le Bordelais Noé, profondément déçu par le système consistorial [2], espérait cependant beaucoup de la nouvelle réforme. Les milieux orthodoxes n'étaient pas de cet avis, loin de là, et le grand rabbin de Nancy envoya au Consistoire central une pétition signée par l'ensemble des rabbins de sa circonscription. Celui de Marseille, David Cahen, fit imprimer un violent libelle, dans lequel il déclarait notamment :

> Comment oserait-on nous ravir aujourd'hui ce que Bonaparte lui-même a respecté et que la Restauration a maintenu : comment oserait-on, à la face de la Charte constitutionnelle, nous forcer à mettre en délibération nos dogmes sacrés [3] ?

Avec l'appui de deux professeurs du séminaire rabbinique, le grand rabbin de Metz, Lambert, mena une campagne active contre le projet, adressant même une protestation au gouvernement sans passer par le Consistoire central. Pour s'opposer à sa démarche et à l'inaction du Consistoire en matière de réforme religieuse, le consistoire de Metz démissionna en 1841 [4]. Le mouvement de protestation n'émanait pas seulement de rabbins, mais aussi de laïcs, tels Gradis, Créhange, etc. Il était soutenu par la majorité des Juifs français, ceux précisément que le système censitaire tenait à l'écart des affaires communautaires.

Les griefs des orthodoxes étaient nombreux. Le premier concernait la réduction du pouvoir des rabbins et leur soumission à des laïcs, accusés d'impiété ou de méconnaissance profonde du judaïsme. David Cahen soulignait que « le but évident de cette nouvelle organisation est d'enlever aux

---

1. CAHEN écrivait : « Le nouveau projet constitue une véritable notabilité, une notabilité réelle, fondée sur des capacités probables », *Les Archives israélites*, I, 1840, p. 17.
2. *Les Archives israélites*, IV, 1843, p. 212.
3. POSENER, *op. cit.*, t. I, p. 186.
4. *Les Archives israélites*, II, 1841, pp. 409-410.

rabbins le seul pouvoir qui leur reste encore dans le temple et dans l'instruction religieuse, pour en investir les laïques [1] ». Arnaud Aron, quant à lui, y voyait « un empiétement flagrant du temporel sur le spirituel [2] ». Ces attaques n'étaient pas dénuées de tout fondement et les orthodoxes avaient beau jeu de montrer que les notables étaient choisis plus en fonction de leur fortune que de leur foi religieuse [3]. Ils obtinrent même des modifications du projet initial, notamment en ce qui concernait les prédicateurs ambulants. Le grand rabbin Arnaud Aron avait violemment protesté contre cette tentative d'introduire dans le judaïsme des missionnaires et soulignait l'imprécision du projet sur ce point : « Et où prendrez-vous ces prédicateurs ? Les choisirez-vous parmi les avocats, ou bien seront-ils docteurs en médecine [4] ? » Le Consistoire central renonça donc à cette idée et accepta que toute modification du rituel ne puisse être décidée qu'avec l'accord de la majorité des grands rabbins, la voix du grand rabbin de France étant prépondérante en cas d'égalité des suffrages. Ces deux modifications apportées, le projet Crémieux fut soumis pour examen au bureau des cultes et, le 25 mai 1844, une ordonnance royale fut promulguée, dotant le culte israélite d'un nouveau statut.

La réaction des milieux orthodoxes fut dans l'ensemble modérée. Un avocat, Laurent, écrivait prudemment dans L'Univers israélite : « Dans la terre nouvellement remuée, il y a du bon grain et de l'ivraie, mais il est bien à craindre que l'ivraie n'étouffe le bon grain trop clairsemé [5]. » Le même journal affirmait que la nouvelle loi permettrait de faire sortir le judaïsme français « de cet état de négligence et d'abandon où une législation vicieuse et la domination

1. Ibid., I, 1840, p. 115.
2. POSENER, op. cit., t. I, p. 187.
3. Voir notamment L'Univers israélite, I, 1844, p. 230.
4. Pour la protestation, cf. NETTER, op. cit., p. 380.
5. L'Univers israélite, I, 1844, p. 223.

exclusive de l'argent l'ont laissé végéter[1] ». Par des réactions de ce genre, les cercles orthodoxes faisaient preuve d'une inconstance grave. Prêts à voir dans toute réforme éventuelle une menace mortelle pour le judaïsme, ils abandonnaient la lutte sitôt la réforme adoptée avec quelques amendements en leur faveur. Parfois même, les laïcs si violemment décriés par eux devenaient des « hommes doués d'une haute impartialité, de lumières élevées[2] ». Là se trouvait la faiblesse essentielle de l'orthodoxie, ce à quoi il faut ajouter sa résignation après l'échec de ses candidats aux élections consistoriales de 1845. Le vote censitaire donna largement l'avantage aux libéraux et, à cette date, le système consistorial semblait définitivement consolidé par l'ordonnance de 1844.

La révolution de 1848 allait tout remettre en question, puisque les milieux orthodoxes en profitèrent pour tenter une ultime révolte contre les consistoires. Le gouvernement provisoire avait rétabli le suffrage universel, mesure que Créhange estimait être en accord avec la tradition démocratique du judaïsme[3]. Le Club démocratique des fidèles, composé de trois cents membres, se proposait notamment d'obtenir la dissolution des consistoires et leur réélection au suffrage universel. Créhange affirmait : « Un trône a été réduit en cendres, mais nos notables s'accrochent encore à leur vieux système. Pour eux, rien n'a changé[4]. » Trèves demanda au gouvernement de créer une commission pour « restaurer les droits dont nous avons été privés ». Le 16 avril 1848, le club adressa au gouvernement une pétition demandant la dissolution du Consistoire parisien et l'abolition de la notabilité. Les consistoires ne demeuraient

---

1. *Ibid.*, p. 175.
2. *Ibid.*, pp. 173-174.
3. *La Vérité*, 27 avril 1848.
4. Z. SZAJKOWSKI, « Internal Conflicts in French Jewry at the Time of the Revolution of 1848 », in *Jews and the French revolutions...*, *op. cit.*, pp. 1058-1075 ; p. 1067.

pas inactifs devant l'agitation orthodoxe et prirent même l'initiative de retarder les élections, tant que les modalités du vote n'auraient pas été précisées. Par une simple lettre en date du 7 juin 1848, le gouvernement fit savoir au Consistoire central que les élections devaient se dérouler au suffrage universel. Ce dernier ne modifia pas sensiblement l'équilibre des forces au sein de la communauté israélite et la participation électorale fut même inférieure en proportion à celle de 1845.

Il est vrai que les orthodoxes étaient loin d'être tous favorables au suffrage universel. Ainsi, le Bordelais Gradis affirmait :

Le suffrage universel qui peut être avantageux en politique, dans certaines conditions, a, en matières religieuses, des inconvénients immenses qui doivent le faire repousser. Il est opposé au maintien de toute hiérarchie et des antiques traditions ; il transforme en clubs tumultueux toutes les assemblées. Le peuple, en religion, ne saurait être *souverain* : il doit être sujet et gouverné ; autrement, l'ordre, la morale, l'autorité, la dignité dans les choix seraient livrés aux hasards des caprices de la multitude, qui quelquefois porterait ses préférences sur les moins recommandables, les plus turbulents et les moins pieux [1].

Quant aux orthodoxes partisans du suffrage universel, ils élevaient autour de ce dernier de nombreuses barrières. Ils demandaient notamment que tout électeur dût prouver qu'il était non seulement israélite, mais qu'il « avait un domicile religieux, qu'il était attaché par un lien quelconque à la communauté de ses frères, et qu'il se trouvait intéressé à l'existence et à la stabilité de la Synagogue [2] ». C'était réduire considérablement le corps des électeurs dans le but non déguisé d'éliminer les libéraux. Les orthodoxes tentèrent même de redonner aux rabbins la place qui leur avait

---

1. *L'Univers israélite*, V, 1850, pp. 505-506.
2. *Id.*, VI, 1850, p. 8.

été enlevée par l'ordonnance de 1844. Bloch fit même la suggestion suivante : « Composer le Consistoire de quatre rabbins et d'un seul membre laïque. » Le gouvernement ne l'entendait pas ainsi et un décret du 15 juin 1850 fixait à cinq, dont quatre laïcs, le nombre des membres des consistoires départementaux. Quant aux libéraux, qui craignaient à tort un raz de marée orthodoxe aux élections consistoriales, ils s'efforcèrent d'obtenir l'abolition du suffrage universel. En 1862, un décret instituait un nouveau système d'élections au suffrage direct, mais restreint. L'électeur devait être un Juif de nationalité française, âgé de plus de vingt-six ans, exerçant une profession stable et cotisant aux œuvres de la communauté ; autant de conditions qui éliminaient *de facto* la majorité des orthodoxes, trop pauvres et sans emploi stable. Nulle campagne de protestation ne fut alors menée par les orthodoxes, car la prépondérance des notables au sein de la communauté israélite semblait définitivement acquise. Il faut y voir la conséquence de l'évolution du personnel des consistoires de 1815 à 1860.

Le personnel des consistoires

Celui-ci était composé de rabbins et de laïcs, dont les relations étaient loin d'être harmonieuses. Depuis 1791, il est d'usage de décrire les communautés juives comme des organismes dirigés par une oligarchie financière, les « notables », terme qui peut soit correspondre à une dénomination officielle, soit signifier une critique de l'inamovibilité des dirigeants et de l'absence de démocratie. Qu'étaient en fait ces notables consistoriaux si décriés ? Le réponse semble *a priori* aisée : les membres d'une classe sociale concentrée dans les occupations de type capitaliste et payant un cens suffisant. Sur les 910 notables appelés à voter aux élections consistoriales de 1845, 577 étaient commerçants ou hommes d'affaires, 66 membres des professions libérales,

49 rabbins, 41 militaires et 100 fonctionnaires, etc [1]. Si le statut du culte impliquait comme critère de définition de la notabilité la fortune, d'autres facteurs intervenaient, tel le fait de descendre d'une famille illustre. Dès le premier Empire, les charges communautaires les plus importantes échurent à ceux qui avaient fait fortune depuis la Révolution ou aux anciens syndics. Des dynasties se recréèrent, notamment les Halphen, Javal, Furtado, Ratisbonne, le nom important plus que les mérites personnels. Lors de sa nomination comme président du consistoire de Strasbourg après la mort de son oncle Louis, A. Ratisbonne ne vit « dans cet honneur qu'un hommage rendu à la mémoire de mon digne et regretté oncle [2] ». Le prestige acquis dans la société non juive jouait aussi un grand rôle. Worms de Romilly et Crémieux furent désignés comme présidents du Consistoire central tout autant pour leur attachement au judaïsme que pour la place qu'ils occupaient dans la vie économique et politique du pays. Prestige tiré du nom et de la position sociale : « la « rothschildisation » du judaïsme français avait commencé bien avant que les Rothschild ne devinssent les dirigeants de la communauté.

Par leur lieu d'habitation, leur vie sociale, leurs occupations professionnelles, nombre de notables étaient totalement étrangers à la communauté israélite et, dans bien des cas, la notabilité leur apparaissait comme une charge imposée par le statut du culte israélite et non comme un impérieux devoir. Leur pratique religieuse se limitait à l'observance des grandes fêtes et Terquem, dans une polémique avec Munk, mettait ce dernier au défi de visiter une synagogue le samedi matin : « Il sera loisible à M. Munk de prendre paisible possession de toutes les stalles consistoriales et notables depuis la première jusqu'à la dernière exclusivement et il trouvera qu'on joue l'office devant des banquettes

---

1. ALBERT, *op. cit.*, t. I, p. 252.
2. *Ibid.*, p. 224.

ou à peu près[1]. » En 1847, lors de la destruction de l'ancienne synagogue de Metz, le consistoire local dut envoyer à ses membres une circulaire leur demandant d'assister au moins au dernier office célébré dans le temple, ce qui parle de soi[2]. Les milieux orthodoxes dénonçaient vigoureusement un tel état de fait, soutenant que l'administration du culte ne pouvait être confiée à des individus non religieux. Sur ce point, Créhange était particulièrement intransigeant :

> Un consistoire, qui a la police des temples et qui ne fréquente pas le temple, qui accorde des diplômes et veut faire la loi aux rabbins, qui nomme le *mohel* et ne fait pas circoncire ses enfants, qui nomme le *shohet* et qui ne mange pas de la viande kasser..., un tel consistoire nous rendrait la risée de tous les peuples civilisés[3].

Le souvenir de ces diatribes orthodoxes est à l'origine du mythe des notables déjudaïsés et uniquement préoccupés de la disparition de leur communauté d'origine. En fait, « les notables juifs voulaient dominer le peuple juif et n'avaient par conséquent aucune intention de s'en séparer, tandis que les intellectuels juifs cherchaient à quitter leur peuple et à être admis dans la société[4] ».

Cela explique que, si la participation aux élections était faible, sauf dans l'est de la France, les membres élus des administrations départementales accomplirent cependant une œuvre immense en propageant la doctrine de l'assimilation et en introduisant dans le culte quelques réformes. La fréquence de leurs réunions est à cet égard très significative. Faible à Paris au début (six réunions par an), elle passa à

1. TERQUEM, *op. cit.*, pp. 12-13.
2. Pour le texte de la circulaire du 16 avril 1847, voir Archives départementales de la Moselle, 17 J 40.
3. *Discours de M. Créhange prononcé dans la réunion préparatoire des Israélites de Paris, le 1er décembre 1844*, Paris, 1845, p. 3.
4. ARENDT, *op. cit.*, p. 145.

20 ou 30 réunions annuelles en moyenne après 1820 [1]. En province, les chiffres varient selon les consistoires et les années, mais indiquent une fréquence pour le moins élevée : 17 réunions annuelles à Strasbourg entre 1839 et 1845, 47 en 1848 à Metz, 31 réunions en moyenne à Bordeaux entre 1848 et 1851. Seul, le Consistoire central se réunissait moins souvent : 10 fois en 1839, 9 en 1840, 10 en 1848, 8 en 1857, 6 en 1860 [2]. Les préoccupations de certains de ces notables étaient fort limitées. Rodriguès, membre du Consistoire central, se contentait de surveiller tout ce qui pouvait avoir trait aux intérêts des Portugais, sans plus [3]. D'autres, tel Michel Lévy, n'étaient intéressés qu'à écarter « les obstacles, les bornés qui ne raisonnent point, les gens dont la place est en Syrie ou en Palestine, et non en France [4] ». Cela explique sans doute leurs démêlés avec les rabbins et leurs administrés, dont ils se souciaient fort peu, puisqu'ils avaient réussi à s'assurer le contrôle de la communauté vers 1860. Ils réalisèrent ainsi le vieux rêve des syndics d'avant 1791, lesquels, par le biais de leurs successeurs, furent le seul groupe juif à conserver après l'émancipation, certes sous une autre forme, ses pouvoirs et ses privilèges.

Il n'en allait pas de même des rabbins, que les cercles juifs éclairés critiquaient sans pitié dès l'Empire. Ainsi, Michel Berr disait d'eux :

Bornés à l'étude du Talmud, servilement attachés à des pratiques superstitieuses et ne parlant qu'un allemand corrompu par la prononciation hébraïque, que pouvait-on attendre d'eux, si ce n'est une incapacité presque totale pour les fonctions les plus essentielles de leurs ministères [5] ?

1. Piette-Samson, *op. cit.*, p. 51.
2. Albert, *op. cit.*, t. I, pp. 205-206-207.
3. M. Berr, *op. cit.*, p. 10.
4. *L'Univers israélite*, I, 1845, p. 2.
5. AN F 19 II 022, Rapport sur le culte.

Les grands rabbins consistoriaux n'étaient pas toujours reconnus par leurs fidèles et, selon A. Cahen, Wittersheim de Metz « était un rabbin de parade qui faisait figure dans les cérémonies et les réceptions officielles, et l'on n'avait pas grande confiance dans ses décisions talmudiques [1] ». Dans ces circonstances, l'idée de Berr Isaac Berr, pour lequel « il est indispensable que notre régénération soit dirigée par des rabbins modernes [2] », aboutit, après maintes tentatives infructueuses, à la création d'une école rabbinique à Metz en 1829 [3]. La durée des études était fixée à six ans et elles étaient sanctionnées par l'obtention d'un diplôme de rabbin communal ou de grand rabbin. Le choix de Metz n'était pas très heureux, puisque la ville était l'un des plus solides bastions de l'orthodoxie. Pendant des années, les milieux libéraux ne cessèrent de réclamer le transfert à Paris du « séminaire israélite de France, risible espoir de l'avenir, livré à la candeur proverbiale des Juifs de Metz, relégué dans un ignoble ghetto..., champ d'asile de la sauvagerie judaïque et de la crapulerie chrétienne [4] ». Sous leur pression et en dépit de l'avis défavorable donné par Faye, recteur de l'université de Nancy [5], le séminaire fut transféré à Paris en 1859. Le bilan de trente années d'exis-

1. A. CAHEN, « Le rabbinat de Metz pendant la période française (1567-1871) », *Revue des études juives*, VII, 1883, pp. 103-116 et 204-226 ; VIII, 1884, pp. 255-274 ; XII, 1886, pp. 283-297 ; XIII, 1886, pp. 105-126 ; XIII, p. 124.
2. BERR ISAAC BERR, *op. cit.*, p. 9.
3. Sur cette école, voir J. BAUER, *L'école rabbinique de France (1830-1930)*, avec une préface d'I. Lévi, Presses Universitaires de France, 1930.
4. TERQUEM, *op. cit.*, p. 14.
5. Celui-ci estimait qu'à Paris, on formera « ce qu'on y voudra, des érudits, des hébraïsants, mais non des rabbins ». Ses craintes étaient justifiées si on s'en rapporte au jugement de WOGUE sur les rabbins issus du séminaire parisien : « Au demeurant, talmudistes incomplets et hébraïsants médiocres », *La prédication israélite*, Paris, 1889, p. 7.

tence n'était pas entièrement négatif, quoi qu'aient affirmé les libéraux.

Certes, à leurs yeux, le recrutement n'avait pas été des plus satisfaisants. 106 des 109 élèves du séminaire entre 1829 et 1859 étaient originaires des communautés orthodoxes de l'Est. Formés auprès de *lamden* (érudits) d'une grande piété, mais peu ouverts aux exigences du monde moderne, ils étaient peu enclins à se faire les avocats d'une réforme profonde du culte. Des progrès réels furent pourtant accomplis, notamment en ce qui concernait la francisation et le renouvellement du rabbinat. Après 1820, la connaissance de la langue française devint obligatoire pour l'acquisition d'un titre rabbinique. Le programme des études comprenait même un enseignement profane qui permit d'accélérer le processus timide de modernisation du rabbinat. L'exemple le plus significatif en était l'accession de Marchand Ennery au poste de grand rabbin de Paris. Alors que son prédécesseur, Michel Seligmann, était appelé par les fidèles « Reb Seligmann », le nouveau titulaire de la chaire parisienne fut toujours désigné comme « Monsieur le grand rabbin Marchand Ennery », signe d'une mutation profonde des mentalités. Peu à peu, les élèves issus du séminaire prirent la place des rabbins formés à l'ancienne mode. En 1859, 59 des 64 postes rabbiniques en France et en Algérie étaient occupés par d'anciens séminaristes messins. Le seul point noir résidait dans la concentration excessive du personnel rabbinique dans l'est de la France, alors que la population juive avait tendance à y diminuer. En 1861, 44 des 61 rabbins salariés par l'Etat exerçaient en Alsace et en Lorraine, alors que Paris, qui représentait un tiers du judaïsme français, n'avait qu'un grand rabbin et trois rabbins adjoints. Il est vrai que la tiédeur religieuse des Juifs parisiens n'était pas étrangère à cette situation. Tout en étant hostiles à des réformes radicales du culte, ainsi qu'on le verra, les rabbins messins étaient prêts à accepter des modifications de détail, voire à utiliser le langage du temps.

Ainsi, le port de la soutane, mal accueilli au début[1], fut par la suite bien accepté. Dans les années quarante, les rabbins firent preuve d'une grande souplesse en ce qui concernait l'institution de l'initiation religieuse des deux sexes.

Cette relative souplesse des rabbins ne les empêcha pas d'entrer en conflit avec les notables laïcs. Mal payés[2] et ne bénéficiant pas d'une retraite jusqu'en 1856[3], les rabbins ne jouissaient pas d'une grande considération auprès de leurs fidèles. Dès 1843, Lazare Wogue notait que « le rabbin a lui-même conscience du peu de valeur qu'on lui attribue[4] », cependant que S. Ulmann affirmait avec résignation : « Nous devons du respect à nos rabbins[5]. » La presse israélite les critiquait vivement et *Les Archives israélites* écrivaient : « Le rabbinat est, en France, nous ne dirons pas un soporifique fauteuil académique ; là on n'y arrive du moins que par le travail ; il ne faut pas tant pour devenir grand-rabbin[6]. » *L'Univers israélite* lui-même, tout en demandant la restauration du pouvoir des rabbins, affirmait ne pas vouloir « un grand rabbin du budget, un grand rabbin de l'émargement, un grand rabbin des modes et des manières élégantes, mais un docteur de la loi, qui sache faire rayonner sur Israël une vive et sainte lumière[7] ». Ce manque de considération sociale était sans doute la conséquence des modalités de désignation des rabbins. A leur sortie du séminaire, les élèves n'étaient pas tous assurés de trouver un poste correspondant à leur qualification. Conformément à

1. Léon, *op. cit.*, p. 272.
2. Ce qui faisait dire à Wogue : « C'est un rude noviciat, mes frères, que la carrière du jeune théologien », *Le rabbinat français au XIXᵉ siècle*, Paris, 1843, p. 7.
3. La femme de Deutz dut mendier son pain à la mort de son mari.
4. Wogue, *op. cit.*, p. 17.
5. Ulmann, *op. cit.*, p. 98.
6. *Les Archives israélites*, I, 1840, p. 49.
7. *L'Univers israélite*, VIII, 1853, p. 294.

7

l'ordonnance de 1823, la nomination à un poste vacant incombait à une commission locale, présidée par le commissaire-surveillant. Pour départager les candidats en présence, on leur demandait de prononcer un sermon sur un thème patriotique ou religieux, le vainqueur étant celui dont les idées correspondaient le mieux à celles de sa future communauté. Selon Wogue, ce concours dépréciait profondément le rabbin auprès de ses fidèles et il ne manquait pas d'ajouter : « Et comment voulez-vous qu'il en soit autrement quand l'élection au poste le plus sublime ici-bas se trouve réduite par une organisation vicieuse aux conditions d'une course au clocher, d'un scandaleux steeple-chase [1]. » Une telle compétition laissait le champ libre aux intrigues et aux compromis. Le rabbin n'était plus un ministre du culte, mais plutôt le défenseur d'intérêts spécifiques au groupe duquel il tenait son pouvoir. Limitée au niveau local, cette situation était surtout ressentie au niveau national. Le choix d'Ennery en 1846, puis d'Ulmann en 1853 et d'Isidor en 1866 comme grands rabbins de France était dû tout autant à leur érudition personnelle qu'à leur réputation d'esprits conciliants et de partisans de réformes raisonnables [2].

La dépendance étroite des rabbins vis-à-vis des laïcs [3] les amena à modifier considérablement la conception qu'ils avaient de leur mission. C'est ce qui ressort d'un sermon prononcé par Lazare Wogue en 1843 et intitulé *Le rabbinat français au XIXᵉ siècle*. Selon Wogue, le rabbin était « celui qui apporte au vulgaire ignorant l'aumône de la science,

1. WOGUE, *op. cit.*, p. 16.
2. Pour une opinion similaire, *cf.* DELPECH in BLUMENKRANZ, *op. cit.*, p. 319.
3. BEN-LÉVI ironisait à ce propos en affirmant que le rabbin « est borné par un consistoire, un grand rabbin ou un commissaire surveillant, le tout calculé au méridien qui va de la place Vendôme, siège du ministère des Cultes, à la rue Charlot, siège de l'administration centrale des Israélites de France », *Les Archives israélites*, II, 1841, p. 21.

qui vient enseigner la vertu à un monde matérialiste, à une société sceptique et railleuse [1] ». Alors qu'auparavant l'ensemble de la communauté d'Israël, rabbins et laïcs confondus, était revêtu de cette auréole de science et de foi, ce rôle incombait désormais au seul rabbin, devenu le guide spirituel d'un troupeau volontiers soupçonné d'impiété. Le rabbin devenait ainsi un curé pour Juifs, ce que Wogue reconnaissait implicitement :

Dans la succession si diverse de ses fonctions, le rabbin est essentiellement un intermédiaire. Remarquez bien le mot, je vous prie, il définit le rabbin d'un trait et le résume tout entier. Intermédiaire entre la misère et l'opulence, intermédiaire entre Dieu et votre conscience, intermédiaire entre le gouvernement du pays et le troupeau confié à sa garde [2].

Les rabbins de l'ancien temps n'avaient jamais prétendu être des intermédiaires entre Dieu et leurs fidèles. Le judaïsme se définissait comme une religion dans laquelle la relation du croyant à son Dieu était purement individuelle, sans recours à une tierce personne désignée en fonction de sa sagesse ou de son érudition. Ce mimétisme par rapport au christianisme n'était pas propre au seul judaïsme émancipé, mais se retrouve également dans la conception hassidique du *tsaddik,* du Juste. Dans le cas du judaïsme français, l'émergence d'une telle théorie était en fait un moyen de compenser la perte du pouvoir des rabbins, en leur conférant une autorité morale et religieuse décisive [3]. Que le rabbinat ait su s'adapter à ces exigences nouvelles répondait certes au désir d'assurer la pérennité de la communauté israélite française, mais était surtout une preuve éclatante de la réussite du système consistorial et de son aptitude à briser les mentalités traditionnelles.

1. Wogue, *op. cit.,* p. 9.
2. *Id.,* p. 13.
3. Pour une opinion de ce genre, voir Wogue, *op. cit.,* p. 12.

Si les rabbins et les notables constituaient le personnel dirigeant des consistoires, ceux-ci employaient différents fonctionnaires subalternes : ministres-officiants *(hazanim)*, instituteurs, employés de bureau, bouchers et abatteurs rituels, etc. Les archives gardent peu de traces de leurs activités quotidiennes, indispensables pourtant au maintien d'une vie communautaire. Instituteurs et fonctionnaires consistoriaux, bien que recrutés le plus souvent dans des milieux traditionnalistes, étaient obligés de s'en tenir à une prudente réserve et de soutenir l'œuvre des consistoires. Le directeur de *L'Univers israélite,* Simon Bloch, l'apprit à ses dépens en 1857. Ses attaques répétées contre les décisions de la conférence rabbinique tenue en 1856 lui valurent d'être congédié de son poste au Consistoire central ou plutôt, selon ses propres termes, d'être « destitué... pour crime de journalisme conservateur et orthodoxe [1] ». Les *hazanim* ou ministres-officiants, élus par une commission locale, assuraient la célébration du culte dans les communautés de faible importance. Ils étaient sévèrement jugés par les milieux libéraux [2], mais eurent un rôle non négligeable en préservant d'une totale disparition les rites locaux, notamment le rite portugais et le rite comtadin. Dépendants également des consistoires, les *mohalim,* ou circonciseurs, et les bouchers juifs étaient en conflit latent avec ceux-ci. Les *mohalim* furent obligés d'avoir un minimum de connaissances médicales et de renoncer à la *meziza,* ou succion après l'opération. Cette mesure souleva un tollé de protestations parmi les milieux orthodoxes et Itamar Cohen fit circuler une pétition, dans laquelle il affirmait, non sans exagération : « Les observa-

---

1. *L'Univers israélite,* XIII, 1856, p. 204.
2. GERSON-LÉVY écrivait : « Le principal officiant était ordinairement un nasillard dont les trilles imitaient le hennissement du cheval, avec un accompagnement d'une basse-taille, dont tout le mérite consistait à contrefaire le grognement d'un animal en horreur aux Israélites et d'un fausset discordant ressemblant à la voix aiguë et perçante d'une jeune fille », *op. cit.,* p. 4.

teurs de notre sainte religion se sont effrayés d'une innovation qui porte atteinte aux règles prescrites par la loi [1]. » Le conflit entre les bouchers juifs et les consistoires était d'ordre financier. Sous peine de se voir retirer leur licence de *cashrout*, les bouchers étaient obligés d'employer un inspecteur nommé par le consistoire et de verser à ce dernier une taxe sur la viande cachère. Les milieux orthodoxes, relativement pauvres, soutenaient vigoureusement les revendications des bouchers et exigeaient la suppression de l'inspecteur, inutile à leurs yeux. Bloch affirmait même : « Si un boucher israélite vend à un autre individu de la viande *trefa* (impure), il faut l'interdire et non lui donner un agent, souvent complice de ses désordres, toujours dupe de son impiété [2]. » Sur ce point, ils n'obtinrent pas satisfaction, car la taxe sur la viande était une source de revenus non négligeable pour les consistoires. Des instituteurs et institutrices consistoriaux, tels Drach, Cahen, Trèves, Mayer Marx à Paris, Rosenfeld, Franck, Bloch à Lyon et Morhange à Metz, nous savons peu de choses. Recrutés au début parmi les rabbins et les laïcs, ils durent, après la loi Guizot de 1833, répondre à un certain nombre de conditions pour être agréés par les autorités. Bien que souvent critiqués par les milieux libéraux, ils jouèrent un grand rôle dans la francisation et l'accession à la culture profane des jeunes générations. En ce sens, ils furent les auxiliaires précieux des consistoires dans l'œuvre accomplie par ces derniers et dont nous donnerons maintenant un trop bref aperçu.

L'action des consistoires

Les consistoires furent les principaux artisans de la restructuration de la communauté israélite. En dépit de nom-

1. *L'Univers israélite*, I, 1844, pp. 280-281.
2. *L'Univers israélite*, III, 1846, p. 46.

breuses réticences, ils menèrent à bien une politique de
centralisation et de monopolisation à leur profit du pouvoir
dans la gestion des affaires communautaires. C'est donc
sous ce double aspect que sera étudiée leur œuvre. La nature
des charges dévolues à l'organisation consistoriale varia en
fonction des modifications apportées au statut du culte
israélite. Si une remarquable continuité peut être décelée
dans tout ce qui a trait au culte, il n'en va pas de même
pour ce qui concerne leur rôle policier. Certes, dès 1809,
les Consistoires avaient le redoutable pouvoir de délivrer les
permis de séjour moyennant le versement d'une somme de
cinq sols au Comité de bienfaisance. Ils se firent parfois
les auxiliaires zélés de la police, celui de Paris lui remettant
en 1812 une liste de trente Juifs à expulser [1]. Dans les
dernières années de la Restauration, le Consistoire perdit
la police des individus pour ne plus exercer que la police
du temple, ce de façon très autoritaire.

En effet, dépossédé peu à peu de ses prérogatives civiles,
le Consistoire s'efforça essentiellement de mettre au pas tous
les groupes, libéraux ou orthodoxes, qui prétendaient acquérir ou conserver une certaine autonomie. Organisme repré-
sentatif des Israélites et reconnu comme tel par les autorités,
le Consistoire estimait avoir le droit de contrôler étroitement toutes les institutions communautaires. Une telle prétention n'était pas une nouveauté. Dès le XVIIIᵉ siècle, les
prières en dehors des synagogues officielles étaient interdites
en Angleterre [2] et Hertzberg a montré qu'à la même époque
les syndics messins s'efforçaient d'obtenir le même résultat [3].
L'existence de telles pratiques explique aisément que le
règlement de 1806 ait exigé qu'aucune synagogue ne soit
« établie si la proposition n'en est pas faite par la synagogue
consistoriale ou l'autorité compétente » (Article 1). En

1. ANCHEL, op. cit., pp. 234-235.
2. S. W. BARON, The Jewish community : its history and structure to the American revolution, Philadelphie, 1942, t. II, p. 212.
3. HERTZBERG, op. cit., p. 202.

conséquence, les consistoires tentèrent d'obtenir la fermeture des *mynianim* (assemblées de prières), tenus chez des particuliers [1]. Ces assemblées répondaient à des besoins variés. Le groupe juif n'était pas exempt de tensions internes et l'existence d'oratoires privés permettait d'éviter que la prière ne devienne l'occasion de conflits. Si l'on en croit *Les Archives israélites*, « A chaque solennité religieuse, plusieurs synagogues du Haut-Rhin deviennent le théâtre de tumultes et de petites mêlées qui viennent se dénouer en police correctionnelle [2] ».

Dans la plupart des cas, ces *mynianim* constituaient un privilège des sociétés de secours mutuels (les *hebroth*), fort nombreuses à Paris et en province. Outre les services financiers et funéraires rendus à leurs membres, ces sociétés entretenaient des oratoires, où le culte était célébré selon la tradition la plus rigoureuse et avec une piété moins guindée que celle régnant dans les temples consistoriaux [3]. Les *mynianim* étaient donc des bastions du judaïsme orthodoxe, mais ils permettaient de pallier aussi le manque de place dans les synagogues officielles. A Paris, le temple de la rue Notre-Dame-de-Nazareth comptait seulement 500 places pour une population juive estimée en 1840 à 5 000 personnes. *Les Archives israélites*, farouches adversaires des *hebroth*, qualifiées de « réunions de fanatiques », écrivaient que « les 4/5 des Israélites de Paris seraient exclus du privilège de prier pour leurs morts si les réunions religieuses des sociétés de bienfaisance ne venaient pas à leur secours [4] ». En dépit de cela, le consistoire entreprit de fermer ces ora-

1. Le *mynian* désigne en hébreu l'assemblée de dix hommes majeurs, chiffre minimum requis pour la célébration publique du culte.
2. *Les Archives israélites*, II, 1841, p. 613.
3. A propos de ces sociétés, LOEB notait : « Dans ces associations fraternelles, au contraire, tout est liberté et mouvement ; l'initiative personnelle et l'inspiration populaire ont libre carrière. C'est chez elles que bat le cœur de la communauté israélite de Paris », in KAHN, *op. cit.*, pp. 6-7.
4. *Les Archives israélites*, II, 1841, p. 734.

toires pour affirmer son autorité face à des sociétés « auxquelles un nombre relativement assez considérable d'adhérents devait inspirer un sentiment exagéré de leurs forces
et le désir de se soustraire à l'autorité toute nouvelle du
Consistoire [1] ». Celui de Paris ordonna le 28 août 1809 la
réduction à trois des sept sociétés masculines existantes,
malgré l'opposition de Sintzheim, puis leur dissolution totale
le 24 novembre 1809. Cependant, les sociétés supprimées
se maintinrent, d'autres se créèrent et ouvrirent de nouveaux
oratoires, d'où de perpétuels conflits. A Paris en particulier,
l'oratoire de Sauphar était fermé et réouvert chaque année,
car il jouissait de la protection de Deutz et de Cologna.

La lenteur de l'action des consistoires était due au fait
que certains de leurs membres appartenaient aux institutions si âprement combattues. A Bliesbrücker, deux membres de la commission administrative du temple consistorial
priaient dans un *mynian* privé [2]. Deutz, membre de la Bienfaisance israélite, était particulièrement indulgent envers
ces sociétés, dont les opinions en matière religieuse étaient
proches des siennes. Quant au ministre-officiant de Paris,
David, il alla même jusqu'à demander à être autorisé à
célébrer l'office du samedi après-midi dans un oratoire
privé. Le Consistoire refusa, considérant que « sa place est
au temple pendant les heures de prières [3] ». Conscientes du
manque de place dans les synagogues consistoriales, les
autorités se résolurent peu à peu à tolérer les *mynianim*
privés, à condition que leurs réunions n'excédassent pas vingt
personnes. Le Consistoire protesta et, en 1838, le gouvernement décida qu'aucune « association de secours mutuels
ne pourrait avoir de caractère mixte, comportant tout à la
fois des intérêts pécuniaires et des exercices de prières [4] ».
Un tel arrêté constituait un coup très grave porté à l'exis-

1. KAHN, *op. cit.*, p. 14.
2. ALBERT, *op. cit.*, t. II, p. 574.
3. KAHN, *op. cit.*, p. 25.
4. *Idem*, p. 40.

tence de douze sociétés parisiennes. Elles se groupèrent en un syndicat pour faire revenir le Consistoire sur ses exigences, arguant qu'elles étaient contraires à la loi de 1833 sur la liberté de réunion. Les conflits se poursuivirent, mais l'autorité civile permettait généralement aux sociétés de conserver leurs oratoires. En 1851, une décision du Conseil d'Etat résolut le problème : les consistoires ne pouvaient faire appel à la justice pour obtenir la fermeture d'un oratoire, et devaient uniquement utiliser des sanctions religieuses contre les rebelles à leur autorité. C'était en fait les priver de tout moyen d'action efficace et ils prirent parti de tolérer les oratoires, à condition que les sociétés cotisassent au Comité de bienfaisance.

La vigoureuse mais infructueuse lutte contre les *mynianim* était due essentiellement à des difficultés d'ordre budgétaire, encore que le Consistoire prétendît agir au nom de l'ordre et de la morale. Pendant la période 1809-1830, le Consistoire eut la plus grande difficulté à assurer son équilibre financier. L'octroi d'un budget au culte israélite ne régla nullement le problème. Il l'aggrava au contraire en réduisant le nombre des donateurs volontaires et en faisant du Consistoire central un organisme dont la seule fonction semblait être l'obtention de crédits supplémentaires. La difficile situation financière des communautés peut être mesurée au fait que les consistoires de Marseille et de Paris s'endettèrent lourdement lors de la construction des synagogues consistoriales. En 1858, Marseille n'avait pas encore fini de rembourser les sommes empruntées en 1819 [1]. Le nombre des cotisants aux œuvres de la communauté était peu élevé : deux cents personnes à Paris en 1856, ce qui n'allait pas sans poser des problèmes. Pour remédier à cette situation, le Consistoire devait contrôler l'ensemble des lieux du culte afin de recueillir les dons faits lors de

1. *Compte rendu de la gestion du Consistoire israélite de Marseille pendant les années 1863-1864-1865,* Marseille, 1866, p. 7.

cérémonies religieuses. Un système d'impôts indirects fut institué par le biais de la taxe sur la viande cachère et de la vente des honneurs. En effet, dans la plupart des cas, il était d'usage de vendre à la criée les honneurs (montée à la Loi, port des rouleaux de la Loi, etc.), ce qui suscitait de nombreuses critiques. *Les Archives israélites* qualifiaient cette vente d' « ignoble » [1] et « d'enchères... faites dans un patois teutonico-judaïque [2] ». Quant à *l'Univers israélite*, il affirmait qu'il « est temps qu'on chasse les marchands du temple et que la maison de Dieu cesse d'être une halle aux mitzwoth [3] ». Il proposait de « faire une répartition équitable entre tous les membres de la communauté pour faire face aux frais du culte [4] », mais l'idée ne fut pas mise en pratique, même par les milieux orthodoxes. Autre source appréciable de revenus (15 000 francs par an à Paris), la taxe sur la viande cachère était sévèrement critiquée : « des taxes pareilles, on en trouve encore en Russie et à Rome, mais exigées par des lois d'intolérance et de persécution ! [5] ». Cet impôt apparaissait d'autant plus injuste qu'il ne portait pas sur les viandes chères et servait à l'extinction de la dette du temple. Sa suppression fut l'une des revendications essentielles du club démocratique des fidèles, qui reprit à son compte la maxime révolutionnaire : « Nul impôt ne peut être payé sans être autorisé par la loi. » En 1855, le consistoire de Paris supprima cette taxe.

Ces difficultés budgétaires n'empêchèrent pas les consistoires de réaliser une œuvre importante dans le domaine de la bienfaisance et d'accroître leur monopole sur les institutions communautaires. Ce fut le cas notamment des comités de bienfaisance, chargés de lutter contre la mendicité, de distribuer des secours, de procéder aux inhuma-

1. *Les Archives israélites,* II, 1841, p. 505.
2. *Id.,* p. 570.
3. *L'Univers israélite,* I, 1844, p. 283.
4. *Id.,* XI, 1855, p. 53.
5. *Id.,* V, 1850, p. 551.

tions, etc. Leur tâche fut rendue difficile par le nombre restreint de leurs souscripteurs et par la progressive disparition de l'habitude de léguer des sommes aux institutions charitables [1]. De plus, les tendances autoritaires des consistoires n'étaient pas de nature à améliorer leurs relations avec les comités de bienfaisance, dont les administrateurs se plaignaient d'être méprisés. Ainsi, Benoît Cohen écrivait le 12 février 1843 : « L'administration du comité est, il est vrai, inférieure dans la hiérarchie administrative à celle du Consistoire, mais il serait de bon goût que celle-ci ne cherchât pas à le faire sentir au comité [2]. » En 1864, une crise grave éclata à Metz ; le comité de bienfaisance local prétendait acquérir une certaine autonomie, cependant que le consistoire voulait « resserrer plus fortement, pour le plus grand profit du bon accord, les liens qui vous unissent à lui, liens qu'il ne comprend pas que vous trouviez gênants [3] ». Devant le refus du comité, le consistoire ordonna sa dissolution. Des résistances de ce type pouvaient avoir une certaine importance en province, mais non à Paris où l'accaparement des tâches de bienfaisance par certaines familles conféra aux consistoires le rôle d'intermédiaire entre elles et les pauvres. Le Comité de bienfaisance parisien passa en 1843 sous la direction d'Albert Cohn, délégué des Rothschild, qui lui donna une impulsion nouvelle faisant paraître pour la première fois un compte rendu moral et financier en 1843. Le budget du Comité passa de 50 820,55 francs en 1842 à 133 274,39 francs en 1852 et 175 963,25 francs en 1862, grâce à des dons des Rothschild

1. Ainsi, J. Lazard, ancien membre du Consistoire central, fut violemment critiqué par Les Archives israélites pour n'avoir fait dans son testament « aucune disposition libérale ou même de vulgaire charité », Les Archives israélites, I, 1840, p. 471.

2. ALBERT, op. cit., t. II, p. 414.

3. Communication du Consistoire de la circonscription israélite de Metz à propos de la dissolution du comité de bienfaisance consistorial de Metz, Metz, 1864, p. 5.

et à la création d'un capital par le placement des dons, système à propos duquel *L'Univers israélite* écrivait : « Pauvres, réjouissez-vous ! Vous manquez de tout, mais vous avez de l'argent placé [1] ! »

A partir des années 1840, les Rothschild furent à l'origine de la création de nombreuses institutions à Paris : société pour l'établissement des jeunes filles israélites, Fondation Nathaniel de Rothschild pour les loyers, œuvre des femmes en couches, orphelinat Salomon de Rothschild, etc. La fondation Rothschild la plus contestée fut sans nul doute l'hôpital israélite de Paris. Si les milieux orthodoxes de Paris étaient favorables à la création d'un hôpital, où les malades pourraient respecter les interdits alimentaires [2], Terquem y voyait la manifestation de tendances séparatistes regrettables. Le Consistoire passa outre à ses critiques, car « il faut au malade plus que des soins matériels, il lui faut des consolations religieuses [3] ». En 1842, une modeste maison de secours fut fondée et, dix ans plus tard, un don des Rothschild permit l'édification d'un hôpital, dont le premier directeur fut le rabbin Charleville. Le consistoire n'avait pas pour seule tâche d'encadrer l'individu juif durant sa vie, mais aussi de veiller aux inhumations selon le rite israélite dans les carrés spéciaux concédés par les autorités. Il dut prendre à sa charge l'inhumation des indigents, ce qui représentait en 1856 un dixième des dépenses du Comité de bienfaisance parisien [4]. Le consistoire se préoccupa essentiellement de changer les habitudes mentales des Juifs devant

1. *L'Univers israélite*, VII, 1852, p. 372.
2. Créhange écrivait : « Un hôpital chrétien pour un juif, c'est l'enfer ; sur chacune de ses portes, il lit en entrant le vers de Dante gravé en lettres de sang : Lasciate ogni speranzi voï ch'entrate », *op. cit.*, p. 7.
3. In *Inauguration, op. cit.*, p. 22.
4. Les indigents étaient inhumés dans des concessions provisoires, alors que la loi juive interdit l'exhumation des cadavres. En 1841, la ville de Paris y procéda, malgré une violente opposition des orthodoxes. *Cf. Les Archives israélites*, II, 1841, p. 318.

la mort. Certaines coutumes, telles l'habitude de placer le défunt sur une litière de paille et le port de la bière par les parents, furent prohibées, car jugées inconvenantes [1]. Les milieux libéraux s'efforcèrent de donner à la cérémonie funèbre une certaine dignité et exigèrent la participation des rabbins à celle-ci. A une demande de ce genre formulée par un notable de Strasbourg en 1853, le grand rabbin Aron répondit que « notre religion est la religion israélite, on ne peut la christianiser ». Pour lui, si les rabbins ne « vont pas au cimetière, c'est parce qu'ils n'y sont pas appelés par aucun acte particulier de leur ministère et que le premier israélite venu peut y prier [2] ». La conférence rabbinique de 1856 se préoccupa cependant de ce problème, demandant une uniformisation de la cérémonie et instituant un service commémoratif le jour de Kippour.

Le Consistoire ne réussit pas à mener une action efficace en deux domaines, l'enseignement religieux et la fusion des rites. Certes, il créa un très remarquable réseau d'écoles, qui facilita l'acquisition par les Juifs d'une culture profane, mais il ne sut pas assurer un enseignement religieux de qualité, censé combattre à la fois les préjugés de l'orthodoxie et l'indifférence naissante. Quelques manuels d'instruction religieuse et des livres de piété furent publiés avec l'appui des consistoires [3]. Un Talmud thora pour adultes fut créé en 1852, cependant que les rabbins demandèrent et obtinrent la création de cours d'instruction religieuse dans les lycées et collèges publics. En fait, l'échec du Consistoire fut dû tant à l'absence d'une Science du Judaïsme sur le modèle allemand qu'au bas niveau des connaissances requi-

---

1. KAHN, *op. cit.*, p. 135.
2. ALBERT, *loc. cit.*, p. 246, note 1.
3. Notamment les catéchismes de CAHEN et de HALÉVY, ainsi que *La Semaine israélite* de CRÉHANGE ou *Les Matinées du Samedi* de BEN-LÉVI. La Société des livres religieux et moraux, fondée par Cohn en 1854, ne publia qu'un seul livre, le dictionnaire hébreu-français de TRENEL-SANDER.

ses pour l'examen préalable à l'initiation religieuse. On pensait ainsi en permettre la célébration par les plus indifférents. Le Consistoire n'était pas le seul coupable et la tiédeur religieuse de beaucoup n'était pas pour faciliter sa tâche. Alfred Naquet, qui avait eu quelques tendances religieuses dans sa jeunesse, rapporte que son père lui interdisait de prier et même de jeûner le jour de Kippour, ce au nom de ses convictions républicaines [1]. Cette tiédeur en matière religieuse ne signifiait pas la fin des anciens clivages au sein du monde juif. Portugais, Allemands et Comtadins restèrent pendant longtemps des groupes distincts, voire opposés. En 1809, les Portugais de Paris refusaient aux Alsaciens le droit de se faire enterrer dans leur cimetière [2] et, en 1814 encore, Rodriguès revendiquait pour ses coreligionnaires portugais, plus éclairés, la prééminence au sein des consistoires [3]. La tendance majoritaire des consistoires était pourtant d'arriver à une fusion rapide des rites et des communautés. Sans devenir la règle, les mariages intercommunautaires se firent plus nombreux. Sur le plan social et communautaire, Portugais et Allemands arrivèrent à une sorte de coexistence pacifique, qui contrastait avec la situation antérieure. La fusion des rites, réclamée par les libéraux [4], n'eut pas lieu et, en 1876 encore, une tentative faite en ce sens échoua. Prosper Lunel affirma même alors : « Et pour l'édification personnelle de certains membres du Consistoire, je les engage vivement à lire les divers décrets de Napoléon Ier et surtout l'arrêté de la Cour de Colmar en date du 13 janvier 1828 [5]. » Cette phrase montrait que si

1. A. NAQUET, *Temps futurs. Socialisme. Anarchisme.* Paris, 1900, p. 1.
2. KAHN, *op. cit.*, p. 121.
3. AN F 19 II 014, lettre du 9 décembre 1814.
4. Voir *Les Archives israélites*, II, 1841, p. 127 : « Cette fusion nous paraît être une condition nécessaire pour la réussite complète et pour l'efficacité de la nouvelle organisation de notre synagogue. »
5. P. LUNEL, *Observations et notes explicatives, Assemblée du 12 novembre 1876*, Paris, 1876, p. 6.

l'action du Consistoire avait considérablement diminué les tensions, elle ne les avait pas entièrement supprimées.

Les consistoires et leurs contemporains : esquisse d'un bilan

Bien qu'ayant accompli une œuvre immense, les consistoires étaient sévèrement critiqués en raison de leur autoritarisme et de leur inaction en ce qui concernait les réformes du culte. La première de ces critiques fut surtout formulée dans les années suivant la chute de l'Empire. Les opposants au Consistoire s'efforcèrent de décrire celui-ci comme un legs de Napoléon, incompatible avec le nouveau climat politique. En 1820, David Singer publia un violent réquisitoire contre les consistoires, auxquels il reprochait leur immobilisme et leur caractère non démocratique, dénoncé également par Terquem :

Vous avez enfanté une organisation consistoriale et rabbinique pour des négociants, leurs parents et amis ; mais elle n'est point israélite ; tout pour les riches et leurs pensionnaires, rien pour la masse ; voilà votre éternelle devise [1].

Que les libéraux, qui n'hésitaient pas à employer des mesures coercitives contre leurs rivaux orthodoxes, aient reproché aux consistoires leur autoritarisme peut surprendre. En fait, ils souhaitaient que cet autoritarisme ne se limitât pas à des questions budgétaires, mais permît également l'instauration de réformes cultuelles importantes. A ce propos, Terquem écrivait : « Le travail, le projet, le rapport, tout est venu échouer sur cette banquise de glace connue sous le nom de Consistoire israélite de la Seine et qui barre le chemin à tout mouvement progressiste [2]. » Cette

1. *Les Archives israélites*, I, 1840, p. 518.
2. *Le Courrier de la Moselle*, 20 avril 1839.

opinion était partagée par le correspondant parisien de
l'*Allgemeine Zeitung des Judentums,* organe libéral allemand : « Les consistoires sont des ornements qui ont plus
empêché que favorisé le progrès du judaïsme [1]. »

De telles critiques rejoignaient celles concernant l'inaction
devenue proverbiale des consistoires. Evoquant celui du
Haut-Rhin, *Les Archives israélites* parlaient de la « négligence perpétuelle » qu'il « montre dans son administration [2] ». Quant à *L'Univers israélite*, il n'était pas moins
sévère en affirmant après la conférence rabbinique de
1856 :

> Mais le Consistoire central a-t-il des titres pour justifier des
> prétentions aussi exorbitantes ? Quelles sont ses œuvres ? Où sont
> les monuments de son activité et de sa domination ? Que faut-il
> répondre à l'étranger et à la postérité qui demanderont les traces
> de son passage dans la Synagogue de France ? Que faut-il écrire
> dans l'histoire de son règne ? Il faut répondre, il faut écrire un
> seul mot : IMPUISSANCE [3].

Ce jugement était pour le moins exagéré, sauf en ce qui
concerne la passivité devant les mesures discriminatoires
prises contre des Juifs ou les attaques dirigées contre le
judaïsme [4]. Lorsque Veuillot publia en 1858 une série
d'articles violemment antijuifs, les consistoires de Paris,
Nancy, Strasbourg et Colmar demandèrent au Consistoire
central de le poursuivre en justice. Celui-ci s'y refusa, conformément à un principe énoncé par Anspach dans une affaire
précédente : « Ce n'est pas par des bruits et par la polémique
qu'on peut vaincre les préjugés [5]. »

1. POSENER, *op. cit.*, t. I, p. 180.
2. *Les Archives israélites*, I, 1840, p. 558.
3. *L'Univers israélite*, XII, 1857, pp. 246-247.
4. *Ibid.*, p. 248 : « Nous voyons aussi que jamais il n'intervient
pour défendre l'honneur des israélites, souvent attaqué par des
écrivassiers... »
5. ALBERT, *op. cit.*, tome II, p. 367.

Ces critiques sont significatives des mentalités de l'époque, mais n'étaient pas toutes fondées. L'immobilisme consistorial était le reflet des résistances opposées par la masse orthodoxe à toute amélioration de sa condition morale et matérielle. *Les Archives israélites*, hostiles au consistoire du Haut-Rhin, reconnaissaient à propos de ce dernier que, même s'il avait déployé, lors de la fondation de l'Ecole du travail, « tout le zèle et empressement possibles pour seconder les efforts de sa commission centrale », ceux-ci « n'auraient pas été couronnés de meilleurs succès [1] ». Dans l'ensemble et compte tenu des différents obstacles auxquels ils furent confrontés, les consistoires réalisèrent une œuvre considérable. Ils assurèrent la pérennité du judaïsme français et surent parfois lui donner une nouvelle vigueur. Le cas de Paris est à cet égard très significatif. Alors qu'en 1841, *Les Archives israélites* pensaient que la communauté israélite de la capitale ne formerait jamais une vraie communauté, *L'Univers israélite* constatait en 1852 que « le judaïsme parisien, depuis quelque temps, est entré dans une phase nouvelle. Au déplorable laisser-aller d'autrefois a succédé une singulière activité [2]... » Cette dernière était le résultat des efforts déployés par Albert Cohn et par le consistoire de Paris. Le judaïsme français semblait promis à un brillant avenir, d'autant plus que la querelle entre orthodoxes et libéraux se termina en 1856 par un habile compromis rabbinique. Etudiée dans le chapitre qui suit, cette querelle fut l'occasion d'un débat long et violent, dont la connaissance est indispensable pour comprendre l'évolution du judaïsme français.

---

1. *Les Archives israélites*, I, 1840, p. 558.
2. *L'Univers israélite*, VII, 1852, p. 474.

CHAPITRE VI

Les tendances spirituelles
au sein du judaïsme français

L'ÉLABORATION de la doctrine de l'assimilation avait montré l'introduction dans la vie juive d'un pluralisme idéologique qui contrastait avec le monolithisme affligeant de la période précédente. Le débat, maintes fois évoqué, entre orthodoxes et libéraux en était l'illustration la plus évidente. La question de savoir si le culte devait être ou non réformé était la préoccupation majeure des cercles juifs de l'époque. Gerson-Lévy ironisait à ce propos en écrivant : « Décidément, le vent est à la réforme, on ne peut faire un pas sans entendre des vœux réformistes, ni lire une page imprimée sans y rencontrer ces sept lettres formidablement alignées [1]. » Quant à *L'Univers israélite,* il constatait non sans irritation : « deux grandes fractions se partagent le pouvoir dans le judaïsme, les orthodoxes et les hommes de progrès [2] ». Cette bipolarisation de la vie spirituelle du judaïsme français ne tenait pas compte de l'existence d'autres courants, notamment la frange des indifférents, dont l'importance était grossie à dessein par les rabbins et les milieux orthodoxes [3]. Quant aux libéraux, ils étaient particu-

1. *Les Archives israélites,* I, 1840, p. 527.
2. *L'Univers israélite,* I, 1844, p. 33.
3. Ainsi, ISIDOR n'hésitait pas à affirmer : « Nos cœurs sont veufs de croyances, nos temples sont déserts, nos autels sont abandonnés. L'incrédulité et l'indifférence se sont emparées de tous, des gros et des petits, des riches et des pauvres », *op. cit.,* p. 9.

lièrement sévères pour ceux qu'ils accusaient de faire planer sur l'avenir du judaïsme français une menace sérieuse. Terquem allait même jusqu'à leur reprocher de ne point mettre leurs lumières au service de leurs coreligionnaires [1].

Il ne faudrait pas pour autant exagérer l'importance numérique de ce groupe, qui représentait tout au plus 5 % de la population juive. Si l'on prend le cas de Paris, ville considérée comme l'épicentre de dissolution de la vie religieuse, *Les Archives israélites* notaient que les Juifs les plus détachés des pratiques ancestrales disaient cependant le *kaddish* (prière des morts) pour leurs parents et faisaient célébrer l'initiation religieuse de leurs enfants [2]. En fait, d'élémentaires précautions doivent être prises à la lecture des témoignages de l'époque. Un Juif pouvait cotiser aux œuvres de la communauté, mais ne point assister aux offices et ne point manger *cacher*. Il était alors un indifférent selon les orthodoxes. A l'opposé, un Juif pouvait manger *cacher*, prier dans un *mynian* privé. Il contribuait ainsi à faire dire aux rabbins que le Temple était désert. On pourrait multiplier à l'infini des exemples de ce genre et, pour l'étude des débats au sein du judaïsme français, il vaut mieux considérer avec *L'Univers israélite* que « le parti des indifférents est un zéro absolu, ayant une grandeur relative, mais sans aucune valeur réelle [3] ». Il était moins un parti qu'un agrégat d'individus qui servaient de proie ou de justification aux deux camps en présence : les libéraux et les orthodoxes.

---

1. TERQUEM, *op. cit.*, pp. 26-27 : « Cette classe augmente sans cesse et elle pourrait, par son union et sa grande influence, opérer le bien immédiatement ; mais malheureusement ses progrès sont stériles pour notre regénération. En France, les anti-pharisiens, surtout les jeunes gens, sont devenus étrangers à notre religion qu'ils ne connaissent que par les plaisanteries bonnes ou mauvaises de Voltaire... L'antipathie contre les Juifs que nous reprochons à cette classe, son indifférence en matière de religion nous privent d'une force qui serait bientôt prépondérante. »

2. *Les Archives israélites*, II, 1841, p. 506.

3. *L'Univers israélite*, I, 1844, p. 33.

Libéraux et orthodoxes

La division de la synagogue en deux courants, qualifiés de « Guelfes et Gibelins » du judaïsme [1], n'était pas un phénomène spécifiquement français par son ampleur ou ses origines. La Réforme était d'origine allemande, ce qui faisait dire à Terquem : « Nous avons apporté notre culte de l'Orient, sa restauration nous viendra de la même direction [2]. » La plupart des historiens juifs font remonter les origines de la Réforme à Moïse Mendelssohn, en dépit de la rigoureuse orthodoxie de ce dernier [3]. Le mouvement ne prit véritablement de l'importance qu'après le Congrès de Vienne en 1815. Privés de leurs droits civiques, les Juifs allemands tentèrent de mériter leur émancipation en se germanisant de plus en plus et en faisant dans le domaine religieux les concessions les plus larges à l'esprit de l'époque. En 1819, l'association pour la culture et la science du judaïsme (*Verein für Kultur und die Wissenschaft des Judentums*) fut fondée [4]. Elle servit de support idéologique à la Réforme, cette dernière prenant alors une grande importance en Allemagne et dans les colonies judéo-allemandes des Etats-Unis. Son apparition en France fut plus tardive, se situant dans les dernières années de la Restauration. Se différenciant très nettement du mouvement allemand, puisque l'émancipation était déjà un fait accompli, le mouvement français était la transcription au niveau religieux des débats d'avant la Révolution. De même que, pour Grégoire et Thiéry, les individus juifs étaient censés avoir dégénéré physiquement et moralement au cours des siècles, de même

1. GERSON-LÉVY, *op. cit.*, p. 105.
2. TERQUEM, *op. cit.*, p. 27.
3. Sur les origines de la réforme, voir D. PHILIPSON, *The reform movement in Judaism*, nouvelle édition révisée, introduction de *Solomon B. Freehof*, New York, Ktav Publishing House, 1967. La première édition est de 1907.
4. SCHOLEM, « La Science du judaïsme aujourd'hui », in *op. cit.*, pp. 427-440.

leur religion « était un culte dégénéré [qui] languit depuis longtemps dans un état de faiblesse et de relâchement [1] ». La Réforme était alors définie comme « le rétablissement d'une antique discipline sur laquelle on s'est relâché, la correction des abus que des mains d'homme y ont introduits, en un mot, un retour, autant que possible, à la forme primitive [2] ». Pour remédier à cette situation, les libéraux se proposaient de mettre le culte en harmonie avec les exigences du temps, certes difficilement cernables, mais plus nobles qu'une odieuse tractation sur les conditions à exiger des Juifs pour leur émancipation [3].

La parution en 1821 de la *Première Lettre d'un Israélite français à ses coreligionnaires sur l'urgente nécessité de célébrer l'office en français le jour du dimanche* marqua les débuts du mouvement libéral en France. L'auteur en était Tsarphati, pseudonyme d'Olry Terquem (1782-1862), bibliothécaire du dépôt de l'Arsenal et mathématicien de talent. Bien que plus radical en matières de réformes que Cahen, il collaborait régulièrement aux *Archives israélites*. D'origine messine, ancien élève de l'Ecole polytechnique, il avait une culture profane très large et souhaitait avant tout une francisation absolue de la communauté israélite, ainsi que sa fusion totale au sein de la nation. Son pseudonyme de Tsarphati était à cet égard révélateur, puisqu'il signifie en hébreu « français ». Il avait également une excellente culture juive ; Munk regrettait que « loin d'en faire un usage qui pourrait profiter à la science, il préfère le rôle de folliculaire [4] ». Libéral, car « une certaine flexibilité dans le culte était nécessaire au maintien de la religion [5] »,

1. *Les Archives israélites*, I, 1840, p. 581.
2. *Ibid.*
3. Bien que Chailly ait considéré : « S'il est juste, dis-je, de réclamer notre émancipation complète dans tout l'univers, il est juste aussi que nous la méritions par de larges concessions faites à l'esprit du siècle », *Les Archives israélites*, II, 1841, p. 395.
4. *Id.*, I, 1840, p. 327.
5. Terquem, *op. cit.*, p. 21.

Terquem se fit l'avocat des réformes les plus radicales : transfert du sabbat du samedi au dimanche, suppression de l'hébreu, etc. En employant des expressions telles que : « Le Temple, cette minable bicoque asiatique » ou « Le sabbat, cette cérémonie patibulaire », il choquait les milieux libéraux modérés [1], pour lesquels il montrait parfois peu de sympathies. Les critiques de Munk à l'égard de Terquem, « très arriéré et imbu de certains préjugés et de certaines doctrines prétentieusement libérales... », lui valurent de se voir traiter de « savant prussien », par Tsarphati. Ce dernier n'avait pas la rancune tenace et, quelques années plus tard, il exigeait la nomination de Munk comme grand rabbin de France.

Les Archives israélites représentaient la seconde et de loin la plus importante tendance du mouvement libéral. Ce journal était l'œuvre de Samuel Cahen, lui aussi d'origine messine et ancien instituteur à l'école consistoriale de Paris. Auteur d'un catéchisme et d'une traduction de la Bible, Cahen avait reçu une solide éducation juive [2] et faisait preuve d'une modération qui assura le succès de sa revue. Dès le premier numéro, il affirmait : « Comme Israélites, et quelles que soient les formes dont puisse se revêtir notre culte, nous ne pouvons et ne voulons pas renier notre passé [3]. » Sincèrement attaché au judaïsme, il dénonçait tout autant les « stationnaires » obstinés qui « travaillent au profit des missionnaires [4] » que les indifférents, à l'intention desquels

1. Ainsi, S. CAHEN affirmait : « ... l'on n'a pas le droit de se dire éclairé, seulement parce qu'on dédaigne les antiquités judaïques » ; *Les Archives israélites*, I, 1840, p. 3.
2. A. WEILL écrivait à Isidore Cahen : « Votre père était de cette race de Juifs érudits, parce que tous autodidactes, ayant étudié pour être rabbins et qui avaient renoncé volontairement au rabbinat dans la certitude de rendre plus de services au progrès de la civilisation en général et au judaïsme en particulier » (« Les Juifs de Paris, il y a cinquante ans », *La Gerbe*, 1890, p. 51).
3. *Les Archives israélites*, I, 1840, p. 3.
4. *Id.*, II, 1841, p. 392.

il écrivait : « Et puisque, grâce aux lumières du siècle, nous n'avons plus à lutter pour la liberté, montrons que cette liberté est compatible avec la croyance ; sans cela, nous le disons avec douleur, le judaïsme n'ira qu'en déclinant en France [1]. » L'un de ses collaborateurs, Gerson-Lévy, en profitait d'ailleurs pour souligner les mérites de la Réforme, car « l'esprit de concession est la soupape de sûreté du judaïsme [2] ». Journal d'émancipation intellectuelle, *Les Archives israélites*, qui avaient pour collaborateurs les plus éminents, Terquem, Ben-Lévi, S. Munk, Gerson-Lévy, etc., furent un élément déterminant dans la vie de la communauté israélite, bien que représentant une faible minorité de celle-ci.

En effet, la majorité des Juifs français demeura long-temps orthodoxe et ce fait explique sans doute la description peu flatteuse qu'en donnaient les libéraux. Pour Ben-Lévi, « le Rabbinophile est religieux par excellence ; il croit tout ce qui est imprimé en hébreu, et vénère le moindre bouquin judaïque [3]. Quant à Terquem, il disait de cette partie de la population juive qu'elle

renferme les pharisiens, nés et élevés dans les temps d'avilissement et qui ont précédé notre émancipation, et les pharisiens nouveaux par vice d'éducation. Les caractères de cette classe sont un amour extrême pour ses opinions et une haine violente contre celles des autres ; une observance rigoureuse des minuties rabbiniques, une morale complaisante dans les transactions pécuniaires, une érudition talmudique quelquefois prodigieuse, une ignorance littéraire complète, des vertus domestiques, des mœurs serviles ; et les manières cauteleusement basses des Shylocks anciens [4].

---

1. *Id.*, III, 1842, p. 131.
2. Gerson-Lévy, *op. cit.*, p. 17.
3. *Les Archives israélites*, II, 1841, p. 24.
4. Terquem, *op. cit.*, p. 24. L'emploi du terme « pharisien » montre clairement la reprise des catégories chrétiennes par Terquem.

A l'instar de son adversaire libéral, le parti orthodoxe ou conservateur [1] se divisait en deux tendances. La première, et de loin la plus importante, était représentée par *L'Univers israélite*, dont le directeur était Simon Bloch. « Journal des intérêts conservateurs du judaïsme », prétendant avoir vingt mille abonnés [2], *L'Univers israélite* était l'organe de la fraction orthodoxe la plus radicale, celle-là même qui hésitait à se définir comme un mouvement, car « le parti conservateur n'est pas un parti ; il constitue la vraie communauté israélite [3] ». Deux faits semblaient lui donner raison : l'importance numérique du parti « rétrograde » et l'absence de schisme dans la synagogue française, dont Bloch tirait parti :

En vérité, si l'opinion rétrograde n'a pas d'organe, on peut dire, avec plus de justesse : l'organe progressiste n'a pas d'opinion ! L'opinion rétrograde a ses temples, ses cérémonies, ses sabbats, ses grandes solennités, sa tradition, les joies et consolations de son existence israélite, la forte et merveilleuse unité de sa foi et de ses espérances ; mais vous, qu'avez-vous ? Où sont vos sanctuaires, vos institutions religieuses, vos communautés, vos orateurs sacrés [4] ?

Se voulant le seul et unique représentant du judaïsme, *L'Univers israélite* n'avait pas d'idéologie précise. Son attachement à la tradition relevait moins d'une foi lucidement réfléchie que d'une affectivité, d'un besoin de sécurité, largement compréhensibles, mais peu susceptibles de s'opposer efficacement à l'esprit corrosif du siècle. Opposant tradition et réforme, Bloch disait de la première : « Il n'y a donc pas de raison plausible pour que nous renoncions

1. Conservateur en ce sens qu'il entendait conserver le judaïsme dans son intégralité. Le terme a pris depuis un autre sens et désigne les partisans d'un compromis entre orthodoxes et libéraux.
2. *L'Univers israélite*, III, 1846, p. 17.
3. *Id.*, IV, 1847, p. 11.
4. *Id.*, IV, 1847, p. 17.

à une situation salutaire et certaine et que nous adoptions
un état de choses douteux et ne présentant aucune garantie [1]. » Il pouvait certes invoquer à l'appui qu'une « religion
doit être réformée lorsque des abus y sont introduits. Or,
je ne connais aucun abus dans notre religion. Je n'y trouve
qu'un petit nombre d'exagérations inoffensives [2] ». Cela
cachait mal l'argument suprême contre la Réforme, dont
l'aspect affectif n'avait d'équivalent que le constat d'impuis-
sance intellectuelle :

Pouvons-nous nous dépouiller entièrement de nos souvenirs
d'enfance, effacer les vives impressions que les pratiques du culte
— auxquelles nous avons assisté dans la maison paternelle, et
qui formèrent une grande partie de notre joie, de notre bonheur —, ont imprimées à nos sens et à notre esprit [3] ?

En fait, cette tendance était moins orthodoxe qu'ortho-
praxe. La doctrine importait moins que la pratique, qui
seule faisait de tel ou tel individu un libéral ou un orthodoxe. Certains tentèrent de réagir contre cette vision, dont
ils pressentaient les dangers.

Parmi eux, il faut citer Abraham Créhange, qui fut
successivement secrétaire du Club démocratique des fidèles,
membre du consistoire de Paris et du Comité central de
l'Alliance israélite universelle. Ne niant nullement l'urgence
d'une réforme, il pensait que l'émancipation politique devait
s'accompagner d'une émancipation intellectuelle, définie
comme « l'élargissement des idées et l'affranchissement de
cette honteuse servitude morale qui opprime la conscience
israélite et nous fait rougir devant le monde et ses préjugés
de déployer courageusement l'antique et glorieuse bannière
de notre foi [4] ». Les réformes qu'il souhaitait concernaient

1. *Id.*, I, 1844, p. 38.
2. *Id.*, III, 1846, p. 17.
3. *Id.*, I, 1844, p. 210.
4. *Id.*, IV, 1847, p. 53.

uniquement la restauration d'une certaine dignité dans le culte : « ne réformons rien dont la nécessité ne soit absolue, dont la cause première ne se trouve dans notre situation comme citoyens ni dans notre vie comme Israélites [1] ». Il était soutenu en cela par les orthodoxes bordelais. Noé proclamait : « Cessez d'invectiver contre le PROGRÈS [2] » et « Moi aussi, je veux la réforme... mais, peut-être plus conséquent que vous... je la demande à la morale de Moïse et non aux froides convenances du siècle [3] ». Bien qu'ayant joué un rôle non négligeable dans la vie communautaire (Créhange à Paris en 1848), cette tendance ne devint jamais une néo-orthodoxie du type de celle de Samson-Raphaël Hirsch [4] et dut céder le pas à *L'Univers israélite,* qui monopolisa à son profit la qualification d'orthodoxe.

Le parti orthodoxe ne se composait pas uniquement des plus fidèles observateurs de la loi de Moïse. Parmi ses alliés objectifs, se trouvaient les indifférents et les convertis. Alexandre Weill n'écrivait-il pas : « Un instant on me berça de l'idée de devenir un grand réformateur dans le judaïsme, mais ces genres de réformateurs me font l'effet de médecins coupant un orteil malade d'une jambe gangrenée [5]. » En faisant de la réforme une tentative vouée à l'échec, Weill légitimait la prétention des orthodoxes à être les seuls représentants du judaïsme, fût-il dégénéré. Il en allait de même avec les convertis. L'idée que le judaïsme pût être autre chose qu'un « chaos informe qui n'offre rien au penseur ni au philosophe [6] » et la création d'un mouvement, qui prétendait lutter contre l'indifférence de la nou-

1. *Id.,* I, 1844, pp. 127-128.
2. *Les Archives israélites,* II, 1841, p. 417.
3. POSENER, *op. cit.,* tome I, p. 178.
4. Voir à ce sujet M. KAPLAN, *Judaism a civilization. Towards a reconstruction of American-Jewish Life,* New York, 1967, pp. 131-150.
5. WEIL, *op. cit.,* p. 15.
6. CERFBERR de MEDELSHEIM, *op. cit.,* p. 16.

velle génération, étaient en opposition flagrante avec la
vision paulinienne du salut des Juifs par leur retour à la
« vraie » foi. L'Eglise profitait trop de l'indigence spirituelle du judaïsme d'alors pour ne pas chercher à réagir
contre un mouvement qui risquait de maintenir au sein du
judaïsme l'élite éclairée. Cela explique que Drach ait, après
son abjuration et sous le pseudonyme de Veil, publié un
pamphlet contre Terquem [1]. La complicité objective des
orthodoxes, des indifférents et des convertis était due au
fait que les trois groupes niaient que l'émancipation ait
modifié la position sociale des Juifs. Ceux-ci devaient rester
juifs selon la tradition la plus rigoureuse ou se fondre dans
la masse chrétienne. Seuls, les libéraux soutenaient que les
décrets de 1791 impliquaient une redéfinition du judaïsme,
ce que leurs revendications montraient clairement.

Les revendications des libéraux

Si les modifications introduites dans le culte furent moins
importantes en France qu'en Allemagne, les positions idéologiques étaient cependant tout aussi tranchées. D'un côté,
se trouvaient ceux pour lesquels « il y a des prohibitions
rabbiniques incompatibles les unes avec nos liaisons sociales,
les autres avec les nécessités de notre époque [2]... ». De l'autre
côté, on trouvait ceux pour lesquels « toute innovation en
matière religieuse présente un immense danger [3] ». Pour le
camp orthodoxe du reste, l'invocation des exigences du temps
était un vain prétexte :

Combien de fois hélas ! faudrait-il mettre en morceaux les
tables sacrées, supprimer de saintes coutumes, changer et mutiler

1. LOEB, *Biographie d'Albert Cohn*, Durlacher, 1878, p. 155.
2. *Les Archives israélites*, III, 1842, p. 583.
3. *Id.*, I, 1840, p. 73.

la religion et ses pratiques si l'on devait se conformer à l'impiété de chaque siècle ou à l'ignorance de chaque homme [1] !

Cette haine du siècle s'expliquait en un sens par l'exagération des revendications libérales, pendant la période allant de la parution de la première *Lettre tsarphatique* à la fondation des *Archives israélites* [2]. Le mouvement libéral naissant, loin d'élaborer une doctrine cohérente, se contenta de polémiquer violemment à propos du sabbat, du Talmud, et de la circoncision.

Terquem se fit l'avocat des réformes les plus radicales, demandant notamment le transfert du sabbat au dimanche. Désirant l'alignement des comportements religieux des Juifs sur ceux de la société environnante, il proclamait : « Le dimanche étant le jour de repos de la société chrétienne, le dimanche devient forcément celui de la société israélite [3]. » Il ne voyait en cela nulle contradiction avec le précepte biblique, car il fallait « admettre une distinction entre le sabbat et le samedi ; le mot français n'est pas forcément la traduction obligée du mot hébreu [4] » ce qui l'amenait à affirmer : « Conservons le sabbat, fête de la création, changeons le jour [5]. » Le transfert du sabbat au dimanche s'inspirait d'autres considérations, notamment du désir d'associer à la célébration du culte les Israélites qui avaient adopté des professions utiles et travaillaient le samedi [6]. Terquem

1. *Commission des conservateurs du judaïsme. A nos coreligionnaires de France*, Paris, 1856, p. 5.
2. Cette exagération faisait dire à *L'Univers israélite*, VII, 1852, p. 478 : « Déchirez la patente d'un commerçant, c'est de la réaction ; déchirez les rouleaux du Pentateuque, c'est du progrès ! »
3. TERQUEM, *op. cit.*, p. 22.
4. *Id.*, p. 21.
5. *Id.*, p. 17.
6. *Id.*, p. 30 : « Il y a dans la capitale peut-être quarante familles que leurs occupations empêchent de se trouver à la réunion du samedi. Il serait donc utile que le consistoire préparât l'établissement d'une succursale à l'usage des Israélites qui ne sont libres que le dimanche. »

demandait donc l'institution d'une « succursale israélite », c'est-à-dire d'un office solennel le dimanche, avec sortie et lecture de la Loi. Il soulignait que cette mesure permettrait de lutter contre l'indifférence des jeunes générations. Sa demande ne fut jamais reprise par les éléments modérés du mouvement libéral et le sabbat demeura fixé au samedi, bien que son observance ait commencé à décliner dans les années quarante.

L'abolition de la circoncision, considérée comme « une opération douteuse, sanguinaire, cruelle, périlleuse, portant le cachet de la férocité africaine, contrastant violemment avec les habitudes des peuples occidentaux et devant imposer du dégoût et de l'horreur à un homme vraiment cultivé [1] », se heurta à de nombreuse résistances. Le seul résultat obtenu en ce domaine par les libéraux fut l'institution du service des relevailles en 1858, cérémonie consistant en la présentation des nouveau-nés au temple et empruntée au christianisme. Le rabbin Simon Debré le reconnaissait en affirmant : « C'est peut-être à la ressemblance de cette cérémonie avec celle du baptême qu'on doit son acceptation sans réserve dans les milieux israélites socialement privilégiés [2]. » Quant au Talmud, il se trouvait au centre des débats, car Terquem et ses partisans se trouvaient immanquablement confrontés à la question : pourquoi conserver un tel culte et est-il autre chose que cette religion décrite sous les aspects les plus négatifs ? Or, précisément, c'était sur le Talmud qu'on faisait retomber tous les défauts du judaïsme. Ce dernier, débarrassé de cette « enveloppe cabalistico-talmudique qui le défigure [3] » et revenu au mosaïsme primitif, apparaissait au contraire comme une religion de la Raison, parfaitement compatible avec l'époque moderne. Un compromis tacite

---

1. Terquem, *op. cit.*, p. 7.
2. S. Debré, « The Jews of France », *Jewish Quarterly Review*, III, 1891, p. 416. Sur S. Debré, voir l'ouvrage de son fils, R. Debré, *L'honneur de vivre. Témoignage*, Stock-Hermann, 1974.
3. Terquem, *op. cit.*, p. 18.

intervint à ce sujet, conformément au principe suivant : « Le Talmud règne, mais ne gouverne point [1]. » Les actes les plus importants de la vie juive furent accomplis en tenant compte des préceptes talmudiques, mais ceux-ci furent discrètement passés sous silence par les rabbins dans leurs sermons.

L'apparition au sein du mouvement libéral d'une aile modérée permit d'orienter la discussion vers des sujets qui se prêtaient mieux au succès des revendications réformistes, notamment le problème du culte public. *Les Archives israélites* le soulignaient ainsi : « Quant à ce qui concerne la réforme religieuse, nous croyons que le moment est arrivé de s'occuper sérieusement et sans retard de mettre les pratiques du culte en rapport avec l'état actuel des esprits et les exigences du siècle [2]. » La célébration des offices manquait en effet essentiellement de dignité. Relatant les fêtes d'automne à Paris, *L'Univers israélite* s'en plaignait amèrement : « Jamais plus de désordre, de bruit, de conversations particulières et d'absence complète de recueillement n'avaient profané la maison de Dieu [3]. » Selon Gerson-Lévy, « le brouhaha synagogal avait trouvé place dans tous les dictionnaires [4] ». L'ironie ne résolvait rien et l'office juif était tristement mis en rapport avec les cérémonies chrétiennes, ces dernières devenant peu à peu le modèle à suivre : « Conservons nos assemblées de prières, les magnifiques cantiques du psalmiste, changeons d'idiome, introduisons successivement la prédication protestante, l'orgue catholique, les accords de Meyerbeer et Halévy [5]. »

L'usage de l'hébreu comme langue liturgique ne fut pas remis sérieusement en question, à l'exception de Terquem, sans doute parce que les leaders de l'aile libérale modérée

1. *L'Univers israélite*, I, 1844, p. 36.
2. *Les Archives israélites*, II, 1841, p. 408.
3. *L'Univers israélite*, VI, 1850, p. 50.
4. GERSON-LÉVY, *op. cit.*, p. 17.
5. TERQUEM, *op. cit.*, p. 17.

(Cahen, Munk), étaient d'excellents hébraïsants. Le rabbinat, tout en reconnaissant que les prières pouvaient être dites dans toutes les langues, affirmait qu'un « antique usage a consacré partout la langue hébraïque, dans laquelle les prières ont été primitivement prononcées [1] ». Les milieux orthodoxes étaient plus intransigeants sur ce point, s'opposant même à l'introduction de traductions dans le temple, car ces dernières « ont pour conséquence certaine et inévitable l'altération de l'union israélite et le déchirement de son unité dans le culte [2]. » L'abandon de l'hébreu leur semblait présupposer la disparition des liens supra-nationaux unissant les Juifs du monde et dont l'usage de la même langue liturgique était le signe le plus tangible. Fidèle à sa doctrine, Créhange ne se contentait pas des seules invectives de *L'Univers israélite*. Il avait en effet publié une traduction du rituel et, qualifié en la matière, il écrivait : « J'ai dit combien il était important de conserver la langue sacrée de nos prières. Aujourd'hui que je m'occupe de traductions ou d'imitations, je suis de plus en plus convaincu que les traductions ne sont que de pâles copies [3]. » Les libéraux modérés se préoccupaient d'ailleurs beaucoup plus d'obtenir la suppression de certaines prières jugées trop longues. Les prières les plus contestées étaient les *pioutim,* morceaux de poésie introduits dans le rituel au Moyen Age et qui étaient d'inégale valeur. Outre le fait qu'ils allongeaient considérablement la durée des offices, leur récitation n'était pas des plus intelligentes, ce qui faisait dire à Gerson-Lévy :

Sur une population de 90 000 individus que compte le judaïsme français, 85 000 ne disent ni ne comprennent les *pioutim.*

4 900 les disent sans les comprendre, c'est un narcotique stupéfiant.

90 ne les disent pas parce qu'ils les comprennent.

1. ULMANN, *op. cit.,* p. 57.
2. *L'Univers israélite,* XI, 1855, p. 55.
3. CRÉHANGE, *op. cit.,* p. 14.

10 les disent et croient les comprendre : ce sont les astrologues et les kabbalistes [1].

Sur ce point, on le verra, le mouvement libéral obtint satisfaction.

Bien que le culte continuât à être célébré en hébreu, la cérémonie acquit au fil des années une certaine solennité par l'introduction de pratiques chrétiennes, telle la prédication en français. Celle-ci était une revendication fondamentale des libéraux, car « La prédication, l'interprétation de la parole divine doit être sans contredit une des parties les plus essentielles du culte [2] ». Les orthodoxes n'y étaient pas opposés à condition qu'elle fût « essentiellement, exclusivement israélite, puisée dans nos saintes Ecritures et dans les livres de nos docteurs [3] ». En ce domaine cependant, les progrès furent lents, en raison du manque de formation des rabbins issus du séminaire messin. Des sermons n'étaient prononcés que lors des grandes fêtes et des cérémonies patriotiques. La « christianisation » du culte juif fut plus marquée en ce qui concernait l'institution de l'initiation religieuse des deux sexes et l'introduction de l'orgue. Cette dernière apparut dans les synagogues françaises dans les années quarante et se heurta à de nombreuses résistances du côté orthodoxe, lequel la considérait comme une *houquat haGoyim* (imitation des non-Juifs), sévèrement proscrite par le Talmud. Gerson-Lévy écrivit d'ailleurs son livre *Orgue et Pioutim* pour prouver le contraire : « Je ne prétends pas que l'orgue soit indispensable à la synagogue, pas plus qu'à l'église, mais je soutiens que le rabbin, qui veut l'interdire sous prétexte de *Houquat HaGoyim*, ment à sa science et à sa conscience [4]. » L'institution de l'initiation religieuse des deux sexes, à treize ans pour les garçons

1. GERSON-LÉVY, *op. cit.*, p. 40.
2. *Les Archives israélites*, II, 1841, p. 131.
3. *L'Univers israélite*, VII, 1852, p. 375.
4. GERSON-LÉVY, *op. cit.*, p. 17.

8

et douze ans pour les filles, se heurta à moins de difficultés. Cette cérémonie, calquée sur la première communion
catholique, avait le mérite, aux yeux des libéraux, de redonner à la femme une certaine importance dans la célébration
du culte et de la tirer de l'oubli où la laissait la législation
talmudique. A partir des années 1840 et parfois même à
l'initiative des rabbins, les consistoires firent célébrer chaque année cette cérémonie, considérée comme « un des
triomphes de notre siècle sur les errements du passé [1] ».

Le mouvement libéral connut un échec grave dans le
domaine de la Science du Judaïsme. Celle-ci joua un rôle
non négligeable dans la propagation des idées réformatrices
en Allemagne. En France, il n'en allait pas de même et
Terquem déplorait cette lacune :

> Où sont nos Jost, nos Geiger, nos Munk, nos Marcus, nos
> Rappoport, nos Stern, nos Zunz et tant d'autres qui prennent part
> au mouvement intellectuel de l'époque et combattent pour la
> délivrance d'Israël [2] ?

Un espoir bien timide naquit avec Les Archives israélites, qui se proposaient de rassembler « les documents
authentiques, inédits ou devenus rares, concernant les Juifs
qui ont habité la France avant 1789 [3] ». Elles ne tinrent
cependant pas leur promesse, mise à part la publication de
quelques notices. La situation tendit à s'améliorer avec la
fondation en 1880 de l'austère Société des études juives,
mais celle-ci se préoccupa surtout de propager la doctrine
de l'assimilation et ne fut jamais l'amorce d'une vraie Science
du Judaïsme.

---

1. KAHN, op. cit., p. 48.
2. TERQUEM, op. cit., pp. 21-22.
3. Les Archives israélites, I, 1840, p. 1.

L'affrontement entre libéraux et orthodoxes

Les querelles entre libéraux et orthodoxes étaient pour le moins violentes. *L'Univers israélite* et *Les Archives israélites* s'efforçaient de monopoliser à leur profit la réussite sociale des Israélites. Invectivant contre le parti rétrograde, Gerson-Lévy écrivait :

> Sont-ce des conservateurs ou des progressistes qui nous ont dotés d'écoles régulières, qui ont ouvert nos loteries, nos concerts et nos bals de charité, fondé nos sociétés pour l'encouragement du travail, favorisé l'extinction de la mendicité à domicile..., peuplé nos lycées et nos écoles spéciales ?
> Sont-ce des progressistes ou des conservateurs qui ont fourni à l'armée des chefs militaires, au barreau des avoués et des avocats, aux tribunaux et aux cours impériales des magistrats, des députés à la tribune, des professeurs à l'université, des artistes à la scène, des chefs et des employés dans toutes les administrations [1] ?

Pourtant, cette querelle ne s'accompagna pas d'un schisme. Quelques libéraux firent des tentatives en ce sens. En 1836, Munk, Cahen et Cohn demandèrent au consistoire de Paris l'autorisation de pouvoir prier selon leur convenance dans une annexe du temple. Ils s'inclinèrent devant le refus qu'on leur opposa. La menace d'une scission se fit plus précise lors de la démission du consistoire messin en 1841, lequel entendait protester ainsi contre l'inertie du Consistoire central en matière de réformes. Un petit groupe de Juifs messins entreprit de fonder une congrégation libérale, projet discuté lors d'une réunion le 7 août 1841 [2] et auquel Gerson-Lévy n'était pas étranger. Il ne mit pas son projet

---

1. GERSON-LÉVY, *op. cit.*, p. 108.
2. *Les Archives israélites*, II, 1841, p. 468.

à exécution et l'absence de schisme constitua donc l'originalité du judaïsme français.

Elle n'était pas due à l'amour particulier d'une unité mythique de la synagogue française, en dépit des assertions de *L'Univers israélite* : « Nous n'avons que des croyants et des indifférents ; nous n'avons pas d'incrédules ou d'infidèles... La plus parfaite union peut donc facilement être maintenue dans notre grande famille [1]. » Les orthodoxes eux-mêmes étaient séparatistes et les plus éclairés d'entre eux n'en désiraient pas moins chasser de la gestion des affaires communautaires ceux qu'ils soupçonnaient d'impiété ou de libéralisme. *L'Univers israélite* leur conseillait aimablement de retourner « à leurs comptoirs » et de ne pas porter « la contagion de l'indifférence dans le camp d'Israël [2] ». Le refus du schisme naquit plutôt des espoirs mis par les libéraux dans l'organisation consistoriale et de leur attitude, strictement légaliste, ainsi définie par des Juifs messins : « Il appartient peut-être aux corps légalement institués de lever les premiers l'étendard de la réforme... A la cabale qui marche dans l'ombre, opposons l'action légale et avouée de pétition [3]. »

Leurs espoirs furent certes déçus par l'inertie des notables, « ces hauts et puissants castrats qui, depuis bientôt trente années, étreignent et stérilisent nos consistoires [4] », mais cela ne les détourna pas pour autant de l'organisation consistoriale. Leurs attaques répétées contre les *mynianim* privés ne les autorisaient guère à fonder des communautés séparées, pour lesquelles ils n'auraient d'ailleurs pas trouvé de rabbins. Ils se contentèrent donc d'intensifier leur action au sein des consistoires, qui devinrent l'enjeu d'une lutte électorale serrée, notamment après l'introduction du suffrage universel en 1848. La réforme de 1844, dont *Les*

---

1. *L'Univers israélite*, V, 1850, p. 484.
2. *Id.*, I, 1844, p. 176.
3. *Les Archives israélites*, II, 1841, p. 469.
4. TERQUEM, *op. cit.*, p. 23.

Archives israélites se firent les ardents défenseurs, constitua pour les libéraux une victoire non négligeable, bien que la démission de Crémieux, après la conversion de ses enfants, leur ait porté un coup sévère. Les milieux orthodoxes ne manquèrent pas d'exploiter l'affaire à leur profit et *L'Univers israélite* proclamait triomphalement : « En quittant l'administration de notre culte, l'illustre orateur a lui-même rendu hommage au principe conservateur qui est devenu la base et l'élément vital de la société israélite en France [1]. »

Un rôle modérateur fut joué par les rabbins dont les deux camps en présence s'efforçaient de gagner les bonnes grâces. Ainsi, *Les Archives israélites* entendaient être utiles « au petit nombre de rabbins qui comprennent l'importance de leur mission ; stimuler ceux qui ne la comprennent pas [2] ». *L'Univers israélite* jouait en la matière le rôle d'un censeur vigilant. Ulmann ayant un jour affirmé que le judaïsme ne s'opposait pas irrémédiablement à l'introduction de réformes modérées, il fut pris à partie par Simon Bloch, qui lui demanda de rétracter « des paroles indignes d'un chef religieux en Israël [3] ». Le rabbin Dreyfus dut prendre la défense de son collègue, dont l'observance rigoureuse des préceptes mosaïques ne l'empêchait point d'être pris pour un dangereux novateur. En matière de réforme religieuse, le rabbinat français était fort divisé. Son aile la plus radicale, animée par Lambert et par Klein, s'opposait à toutes les réformes. Elle réduisait les rabbins à être des « chiens de garde » du judaïsme et non des leaders spirituels, capables d'en donner une formulation plus moderne. Klein le précisait sans détour :

Ministre de la religion, c'est à lui d'être le gardien vigilant du troupeau confié à sa garde, à en épier les besoins, d'en écarter les dangers ; et, si le mal a déjà fait invasion il doit faire tous

1. *L'Univers israélite*, III, 1846, p. 465.
2. *Les Archives israélites*, II, 1841, p. 3.
3. *L'Univers israélite*, III, 1846, p. 63.

ses efforts pour y porter remède et en prévenir la contagion.
Voilà un devoir dont rien ne saurait le dispenser, mais voilà aussi
tout son devoir [1].

Cette position rigide était contestée par quelques rabbins
issus du séminaire messin et plus sensibles aux exigences
de l'époque. Leur porte-parole était le rabbin Dreyfus, de
Mulhouse. Il écrivit en 1844 à *L'Univers israélite* une lettre,
dans laquelle il disait du « rabbinisme français » :

> Il se lèvera compacte *(sic)* et uni, si jamais nos croyances
> étaient sérieusement menacées, pour opposer une digue puissante
> au débordement des novateurs dangereux, comme il sera unanime
> pour réclamer les améliorations que la religion permet [2].

Cela ne veut pas dire que l'aile modérée du rabbinat ait
été « réformatrice ». Ses concessions avaient pour seul but
le maintien de l'unité au sein de la communauté israélite.
Lors de la conférence rabbinique de 1856, Ulmann ne manqua pas de souligner que, si le dogme était intangible, il
fallait ajouter à cette règle une autre « qui nous impose
d'embrasser dans notre sollicitude tout ce qui porte le nom
d'Israélite. Plusieurs de nos frères se trouvent, par les circonstances, placés si loin du centre israélite, dans un isolement si complet que les derniers échos de la religion expirent
avant d'arriver jusqu'à eux ; il faut ouvrir de nouvelles
voies [3]. »

---

1. KLEIN, *op. cit.,* p. 19.
2. *L'Univers israélite,* I, 1844, p. 120.
3. ULMANN, *Lettre pastorale adressée aux fidèles du culte israélite
au nom de la conférence* (des grands rabbins de France) *par son
président, le grand rabbin du Consistoire central,* Paris, 1856, p. 3.

La conférence rabbinique de 1856

Afin de résoudre la querelle, Ulmann décida de réunir une assemblée rabbinique à Paris en 1856, copiée sur le modèle des synodes allemands. Il pouvait se prétendre l'exécuteur des souhaits de *L'Univers israélite* et des *Archives israélites*. Dès 1841, A. Chailly demandait la convocation d'un synode [1]. En 1845, *L'Univers israélite* constatait tristement que « la piété et le savoir ne sont plus rien, la réforme, c'est tout [2] » et exigeait, pour remédier à la situation, la convocation d'un nouveau Sanhédrin. L'aile modérée du rabbinat donna son adhésion au projet pour différentes raisons. Ulmann avait d'ailleurs pris d'infinies précautions. L'assemblée convoquée n'était ni un synode ni un sanhédrin, car, « sans cela, les grands rabbins n'auraient pas seuls le droit d'y assister [3] ». L'élimination des laïcs était une mesure prudente et la présence au sein d'une même assemblée de libéraux et d'orthodoxes aurait rapidement abouti à un affrontement peu amène. Dès l'ouverture de la conférence, Ulmann prit soin de préciser la nature de celle-ci :

> Ce n'est pas un synode, ce n'est pas un grand sanhédrin que nous formons ; c'est une simple conférence, un entretien intime, amical, presque familier, qui nous offre cependant l'avantage de mieux nous éclairer réciproquement sur les besoins de notre culte et d'échanger nos idées sur les moyens les plus propres à favoriser les progrès religieux et moraux de nos coreligionnaires [4].

L'assemblée rabbinique ne pouvait d'ailleurs prétendre au titre de synode, car « aucune question de dogme, aucun

1. *Les Archives israélites*, II, 1841, p. 654.
2. *L'Univers israélite*, II, 1845, p. 405.
3. *Les Archives israélites*, XVII, 1856, p. 244.
4. *Compte rendu des résolutions formées par MM. les grands rabbins de France, réunis en conférence du 15 au 23 mai 1856*, Paris, 1856, p. 13.

point de doctrine, aucune mesure de réforme, dans l'acception ordinaire de ce mot, n'a dû être l'objet de notre examen, de nos discussions [1] ».

Ces précautions de langage n'étaient pas vaines, car les
milieux orthodoxes réagirent très vivement à l'annonce de
la conférence. Dès janvier 1856, *L'Univers israélite* dénonça
le caractère antidémocratique de la démarche d'Ulmann,
car nulle communauté n'avait selon lui demandé des réformes : « Or, il est de principe positif que nul changement
en matière religieuse ne peut être décrété sans la demande
expresse et les besoins absolus et invincibles de la majorité
des membres de la communauté [2]. » Les leaders de l'orthodoxie alsacienne réagirent plus habilement en convoquant
des réunions rabbiniques préparatoires dans leurs circonscriptions consistoriales. En dépit de la pluralité des opinions
émises, ces conférences adoptèrent des positions très dures,
qui avaient l'avantage de donner aux grands rabbins l'image
de délégués aux mains ligotées par leurs collègues départementaux. Les milieux libéraux n'étaient pas moins partagés.
Les Archives israélites se félicitaient de la convocation de
la réunion, mais Gerson-Lévy dénonçait le refus de la
transformer en un sanhédrin, refus attribué à la timidité
des grands rabbins qui, « pour se soustraire jusqu'au soupçon d'une pression sur la masse, dont l'opiniâtreté est en
raison directe de l'ignorance, ont été assez modestes pour
répudier le titre de synode, ne voulant pas imposer leur
volonté aux synagogues rétives, colères, indisciplinables [3] ».

La conférence rabbinique se réunit à Paris du 15 au
23 mai 1856. La discrétion qui l'entoura fut critiquée par
Les Archives israélites, qui reprochèrent au Consistoire de
n'avoir point songé « à présenter au chef de l'Etat et au
ministre des Cultes le corps des grands rabbins consisto-

1. *Lettre pastorale, op. cit.,* p. 4.
2. *L'Univers israélite,* XI, 1856, p. 205.
3. Gerson-Lévy, *op. cit.,* p. 3.

riaux [1] ». La conférence était présidée par Ulmann et comprenait les grands rabbins Aron (Strasbourg), Libermann (Nancy), Isidor (Paris), Klein (Colmar), S. Marx (Bordeaux), D. Marx (Bayonne), D. Cahen (Marseille) et Weil (Alger). Il y avait un absent de marque, Lambert, dont l'état de santé empira opportunément en avril 1856. Il fut le seul à marquer ainsi son opposition non seulement à toute réforme, mais à toute discussion à ce sujet. Son attitude rigide privait l'aile radicale du rabbinat de son représentant le plus autorisé, qui aurait pu le mieux influencer ceux dont l'orthodoxie aurait eu tendance à vaciller. Les participants à la conférence étaient particulièrement représentatifs des mutations intervenues dans le judaïsme français. On notera l'absence d'un représentant sépharade et la division très nette entre modérés et radicaux. Ces derniers étaient Aron, Klein, Libermann, encore que ce dernier s'imposât par la suite une prudente réserve. Ils se trouvaient en minorité devant les modérés (Ulmann, Isidor, Weil, S. et D. Marx), Cahen votant avec ceux-ci, exception faite du service des relevailles.

Pendant ses travaux, la conférence ne se préoccupa nullement de points de doctrine, car les dogmes paraissaient à tous invariables. L'aile modérée justifia habilement ses demandes. Prétendant ne pas vouloir « changer des coutumes consacrées pour le vain plaisir de les changer », elle affirmait « ne pas refuser des améliorations qui répondent à des besoins légitimes et réels [2] ». L'ordre du jour de la conférence était particulièrement chargé : *pioutim*, prédication, chants et mélodies, célébration des offices, mariage, service des relevailles, majorité religieuse, révision du catéchisme, caisse de retraite.

Au centre des débats, figura la suppression des *pioutim*, encore que les grands rabbins aient eu une attitude para-

1. *Les Archives israélites*, XVII, 1856, p. 349.
2. Isidor, *Lettre pastorale adressée par le grand rabbin du Consistoire central aux israélites français*, Paris, 1867, p. 3.

doxale. Les participants votèrent en effet à l'unanimité une résolution affirmant que rien, en principe, ne s'opposait à une révision des *pioutim,* mais deux d'entre eux refusèrent de reconnaître l'opportunité d'y procéder, suivant en cela l'avis de Lambert :

Aussi, quoique je ne sois rien moins qu'amateur des *pioutim,* je ne souscrirais cependant pas à leur suppression, parce que cette suppression sèmerait la discorde dans la plus grande partie des communautés, y causerait de grands désordres et produirait des sectes [1].

La majorité des participants étaient d'un avis contraire. Sans nier la nécessité de lire des *pioutim,* Ulmann considérait que « réduites à un cadre convenable et choisies parmi les plus sublimes, ces oraisons, au lieu d'être une cause d'ennui et de distraction, seraient l'ornement de notre liturgie et offriraient à la piété la nourriture spirituelle qu'elle cherche dans notre culte [2] ». Le grand rabbin de France fut chargé d'indiquer les modifications à apporter, mais celles-ci n'étaient nullement impératives. La réduction des *pioutim* était laissée à l'initiative de chaque communauté, après approbation du grand rabbin de la circonscription. Klein, Aron et Lambert pouvaient donc parfaitement s'y opposer, d'autant plus que leur singulière propension à revendiquer pour eux la représentativité du judaïsme de l'Est semblait démentir l'éventualité de demandes en ce sens. On peut suggérer ici une explication, difficilement vérifiable, mais plausible. En ce cas, comme en bien d'autres et de nos jours encore, le refus des cercles orthodoxes à autoriser toute innovation, toute modification du culte, procède d'une méfiance profonde envers le peuple « à la nuque raide » et d'une paradoxale absence de foi dans la capacité des Juifs à se maintenir d'eux-mêmes comme un groupe distinct.

1. *Commission... op. cit.,* p. 7.
2. *Lettre pastorale..., op. cit.,* p. 8.

C'est, c'était singulièrement mépriser les individus qu'on est censé défendre et surtout ignorer les aspects irrationnels de l'identité juive. Le succès du courant libéral est dû en fait à son aptitude à postuler pour le Juif la faculté de se déterminer en dehors de tout cadre contraignant, idéal plus en accord avec les valeurs modernes et le nouveau statut des Israélites.

Quelques modifications de détail furent introduites dans la célébration des offices. Les grands rabbins décidèrent notamment d'établir un recueil de partitions, conservant les rites ashkénaze et sépharade, mais fondé sur « un récitatif simple, naturel et n'exigeant pas plus de temps qu'une prononciation ordinaire et correcte [1] ». La conférence décida également de limiter la récitation des bénédictions particulières, prononcées dans le rite portugais après la montée à la Loi, car elles prolongeaient la durée des offices. Toutes ces résolutions furent adoptées à l'unanimité, à l'exception d'une seule, à laquelle un participant s'opposa. Après chaque sortie des Rouleaux de la Loi, il existe une prière appelée *Moussaf,* pendant laquelle les *Cohanim* bénissent la communauté. La conférence décida de recommander à ce moment l'imposition des mains par les parents sur la tête de leurs enfants. Par six voix contre une et une abstention, la conférence décida qu'au point de vue doctrinal, « il est permis d'introduire l'orgue dans les temples et de le faire toucher, le jour de sabbat et les fêtes, par un non-Israélite [2] ». Là encore, la décision n'était nullement impérative et Ulmann prit lui-même d'infinies précautions pour la justifier :

La majorité au contraire... tout en désapprouvant la tendance d'entourer nos cérémonies religieuses d'une pompe qui menace d'enlever au culte israélite son caractère de simplicité, a pensé que, dans une question comme celle-ci, où aucun principe n'est

1. *Compte rendu..., op. cit.,* p. 18.
2. *Id.,* p. 19.

compromis, où l'avis contraire ne saurait se prévaloir d'aucune raison positive, d'aucun texte formel, d'aucun argument sérieux, et n'a d'autre base qu'une certaine répugnance plus ou moins légitime, le rabbin peut céder aux exigences du temps et ne doit pas s'opposer au vœu d'une communauté qui demande l'introduction de l'orgue, lorsqu'elle croit y trouver un élément d'édification et un moyen de rehausser la dignité du culte [1].

Les termes utilisés semblaient décharger les rabbins de toute responsabilité en la matière. Cela n'empêcha pas le développement de l'usage de l'orgue dans les grandes synagogues après les années soixante-dix. La conférence se sépara le 23 mai et Ulmann précisa que de telles réunions se tiendraient tous les cinq ans.

Les réactions

En dépit de leur modération, les décisions prises déclenchèrent une crise grave au sein du judaïsme français. Les milieux orthodoxes exagérèrent visiblement l'enjeu du débat, ce dont Gerson-Lévy se moquait en ces termes :

Tout le monde est en émoi, qui pour, qui contre, c'est un tohu-bohu auquel de plus intelligents que moi ne comprendraient rien. Il ne s'agit de rien moins que de l'épée de Damoclès suspendue sur nos têtes par le complot de nos chefs spirituels contre le judaïsme et sa loi divine [2].

Les cercles libéraux se félicitèrent des résultats de la conférence, mais firent preuve d'une certaine discrétion, préférant ne pas envenimer la querelle par des propos par trop triomphalistes. Dans les milieux orthodoxes, la réaction fut très vive et habilement orchestrée. Itamar Cohen créa une

1. *Lettre pastorale..., op. cit.,* p. 9.
2. *Les Archives israélites,* XVII, 1856, p. 623.

commission des conservateurs du judaïsme. Elle rassemblait tous ceux, laïcs ou rabbins, qui entendaient s'opposer aux résolutions de la conférence, non « à cause de ces résultats en eux-mêmes, dont nous ne nous faisons pas juges, mais à cause des tendances qu'ils trahissaient, des doctrines nouvelles qu'ils semblaient vouloir établir, de la confusion qu'ils jetaient dans les idées et les esprits israélites [1] ». Cohen recueillit les avis de différents rabbins, français et étrangers, conformément à une antique coutume. Les réponses furent publiées sous forme d'une brochure. Parmi les rabbins consultés, on trouvait Klein, Lambert, quelques rabbins d'Alsace, certains de leurs collègues italiens, suisses, allemands et palestiniens.

On s'en doute, ce recueil était pour le moins hostile aux décisions des grands rabbins, considérées comme dangereusement novatrices et sans caractère d'opportunité pratique. La suppression des *pioutim* était sévèrement condamnée car elle entraînait des inconvénients graves, « dont le moindre serait de priver notre culte de son uniformité et de lui faire prendre autant de formes qu'il y a de pays [2] ». L'introduction de l'orgue souleva un véritable tollé de protestations, parce qu'elle altérait la simplicité du culte et était d'origine chrétienne. Le rabbin Lévy, de Nieder-Hagenthal, adopta une position radicale. Reprenant l'argumentation selon laquelle l'orgue devait ramener au temple les indifférents, il écrivait : « A quoi bon attirer ainsi de force dans le sanctuaire des gens qui méprisent notre culte traditionnel [3] ? » La commission des conservateurs agissait en étroite relation avec *L'Univers israélite,* dont le directeur, Bloch, fut « démis » à l'époque de son poste au Consistoire. Son journal fit une campagne vigoureuse contre les décisions de la conférence, publiant notamment une protestation de

1. *Commission..., op. cit.,* p. 1.
2. *Id.,* p. 17.
3. *Id.,* p. 10.

Klein. De son côté, la commission des conservateurs, dans un tract, déclarait :

Repoussez des tentatives qui, timides et peut-être innocentes aujourd'hui, peuvent devenir demain téméraires et peut-être coupables. Repoussez le culte étranger et anti-israélite qu'on voudra vous imposer à la place du culte de vos pères, du culte de votre conscience, du culte de votre amour, du culte de votre salut éternel [1].

Cette tirade grandiloquente était quelque peu exagérée, nul ne voyant poindre dans les décisions de la conférence le renouveau des abominations de Canaan, mais elle donne une idée de l'état d'esprit des cercles orthodoxes. Bloch envisagea même de fonder un comité de résistance, dont le pogramme tenait à ces mots : « Résistance à tous les empiétements, à toutes les usurpations, à tous les abus de pouvoir en matière de culte [2]. »

Ce comité n'eut guère de succès et les orthodoxes échouèrent dans leur tentative de faire abroger les décisions rabbiniques, car « il n'y en a pas une... dont le commissaire synagogal du dernier des villages n'ait pu prendre l'initiative sans faillir au moindre dogme [3] ». Les réformes furent appliquées très progressivement, ce qui irritait Gerson-Lévy : « On se demandait dans le public à quoi avait abouti la conférence ? Réponse : à défrayer ses membres du plaisir de voir la capitale [4]. » Le propos était audacieux, mais erroné. Ce fut sans doute cette lenteur qui permit de faire adopter sans trop de difficultés les décisions prises. L'évolution des structures socio-professionnelles, la perte de l'Alsace et de la Lorraine en 1871 réduisirent à néant le camp orthodoxe ou en firent le défenseur des décisions de 1856.

1. Netter, *op. cit.*, p. 425.
2. *L'Univers israélite*, XII, 1857, p. 250.
3. Gerson-Lévy, *op. cit.*, p. 110.
4. *Id.*

L'absence de toute néo-orthodoxie et la dépendance des rabbins vis-à-vis des consistoires, illustrée par la menace de destitution que firent peser sur Klein les notables de Colmar, furent également des facteurs importants de l'échec des orthodoxes.

Bien que fort modeste quant à ses résultats, la conférence de 1856 fut importante, puisqu'elle marqua le début du mouvement conservateur en France. Ce dernier était un habile compromis rabbinique entre libéraux et orthodoxes. Les premiers pouvaient prétendre avoir obtenu des résultats non négligeables en ce qui concernait la dignité de l'office, les seconds voyaient le culte traditionnel en hébreu être maintenu sans trop de modifications. Cette situation était pour le moins paradoxale. Les mutations socio-économiques et mentales très profondes, qui affectèrent le judaïsme français, se répercutèrent peu dans le domaine religieux. Au contraire de l'Allemagne, tout se passa comme si l'ascension sociale des Israélites les avait amenés non à un bouleversement radical du culte, mais à un singulier conformisme. Les Juifs français se contentèrent de la greffe de quelques éléments nouveaux sur un tronc fort ancien, dont peu de racines furent coupées. Cela ne rendit pas l'arbre plus solide, mais permit d'éviter qu'il ne s'abattît. En se faisant les avocats de concessions raisonnables, les rabbins signèrent l'acte de décès du mouvement libéral. Ce n'est pas sans raison que Zadoc Kahn constatait en 1890 :

> Les réformes religieuses, les innovations dans le culte ont occupé jadis le premier plan ; on était avide de nouveautés, épris de changements et bien des lances ont été rompues dans des luttes d'opinions un peu bruyantes. Cette fièvre s'est calmée ; d'ailleurs beaucoup d'innovations ont été réalisées sans justifier ici ni les craintes des uns, ni les espérances des autres [1].

1. Z. KAHN, in *La Gerbe*, Paris, 1890, p. 14. En 1903, S. Reinach et quelques universitaires juifs fondèrent une Union libérale israélite, demeurée minoritaire en dépit de son action importante en bien des domaines.

C'était là un succès non négligeable, mais une maigre consolation pour la perte des pouvoirs des rabbins. Vers 1860, le judaïsme français avait pris un visage nouveau et la majorité de ses membres se reconnaissaient dans la doctrine politique de l'assimilation et dans celle, religieuse, du conservatisme. Les efforts entrepris depuis 1791 en vue d'une restructuration de la communauté israélite s'avéraient fructueux. Les Israélites français pouvaient prétendre jouer sur la scène juive internationale un rôle important grâce à la création de l'Alliance israélite universelle.

La fondation de l'Alliance israélite universelle

La situation des Juifs demeurés sous le joug de lois discriminatoires demeurait pour les cercles libéraux et orthodoxes une source de préoccupations constantes, sans doute par réaction contre une indifférence ainsi définie par Bloch :

On ignore totalement ce qui se passe chez nos coreligionnaires d'autres pays... Ce fil électrique qui aujourd'hui encore enveloppe toute la chrétienté et qui fit sentir autrefois au juif français ce qui se passe chez le juif africain ou chinois, ce fil magique, cette âme du judaïsme, est coupée en deux et nous parque dans un isolement moral mille fois plus horrible que le ghetto de Rome ou la *ville juive* de Prague [1].

Cette indifférence fut battue en brèche par les conséquences de la conquête de l'Algérie, qui fit passer sous domination française une population juive estimée à 50 000 personnes. *Les Archives israélites* publièrent en 1840 un article au titre significatif : « Sur l'état des Juifs de l'Algérie, et sur les moyens de les tirer de l'abjection dans laquelle ils sont tombés. » On y lisait entre autres : « Les juifs de ce pays

1. POSENER, *op. cit.*, tome I, pp. 190-191.

sont esclaves de leurs préjugés : ils vivent avec eux, entre eux, pour eux ; aussi s'écartent-ils toujours des vrais préceptes religieux qu'ils ignorent le plus souvent [1]. » C'était, émanant d'une plume juive, la réplique des propos tenus quelques décennies auparavant par les émancipateurs sur les Juifs français. Le Consistoire s'efforça d'œuvrer à la régénération des Juifs algériens en obtenant la création, en 1845, de trois consistoires algériens. Bien qu'ayant produit des résultats non négligeables, le système consistorial ne régla pas tous les problèmes. Dans les milieux coloniaux, il devint d'usage d'établir une distinction entre les Israélites de la métropole et les Juifs d'Algérie, ce contre quoi Crémieux réagissait vivement :

> Et alors viennent les bonnes paroles pour nous, Juifs de la France continentale, ah ! pour moi surtout dont on veut bien faire une exception spéciale. Vous m'avez brisé le cœur. Je ne veux, ni pour mes coreligionnaires de France, ni pour moi de cette estime que vous nous accordez en avilissant nos frères [2].

En dépit de cette fière assertion, l'existence de groupes juifs, sous domination française et ne jouissant pas des droits civiques, avait sensibilisé l'opinion publique juive au problème de la régénération des Juifs opprimés.

A ses débuts, le Consistoire avait semblé être l'éventuel porte-parole et arbitre des Juifs européens. Dès 1818, la communauté israélite de Copenhague s'adressa au Consistoire pour lui demander son avis sur l'opportunité de réformes religieuses [3]. Pendant l'affaire de Damas, il apparut comme le seul représentant des Israélites français et bénéficia largement des succès obtenus par son vice-président, Crémieux. Il devint dès lors la structure idéale pour revendiquer soit la fin des persécutions, soit l'émancipation

1. *Les Archives israélites*, I, 1840, p. 537.
2. *Procès du Cadi Mohamed bou Abdallah*, Paris, 1860, p. 84.
3. ALBERT, *op. cit.*, tome I, p. XVI.

des Juifs dans le monde. Dès 1840, *Les Archives israélites*
émirent le vœu que

le Consistoire central des Israélites de France se mette à la
tête d'une vaste association de tous les Israélites de l'Europe,
qui aurait pour objet de faire cesser, par des démarches et par
des sacrifices, l'état d'ilotisme dans lequel gémissent nos coreligionnaires des pays non civilisés [1]...

L'inaction du Consistoire dans les cas d'antisémitisme en
France amena nombre de ses membres à envisager la création d'une nouvelle organisation, sur le modèle de l'éphémère Comité La Fayette pour l'émancipation des Juifs [2].
La réalisation de cette idée prit du temps, puisqu'il s'avérait
fort difficile à l'époque de réunir au sein d'un même groupe,
libéraux et orthodoxes, à moins d'un événement extérieur
d'une exceptionnelle gravité. C'est sous cet angle qu'il convient d'apprécier le rôle joué par l'affaire Mortara en 1858.
La conversion et l'enlèvement d'un enfant juif de Bologne,
Edgar Mortara, suscita une violente émotion dans le monde
juif et plus particulièrement en France, où l'opinion était
favorable à l'unité italienne et à la réduction du pouvoir
temporel des papes.

La vague de protestations s'intégrait fort bien dans les
desseins de la politique étrangère française. Toute création d'une association internationale pouvait être interprétée comme une tentative de seconder, dans un domaine
particulier, les visées du Quai d'Orsay, en créant hors de
France des cercles francophiles, dont le noyau de base
serait constitué par les communautés juives. *Les Archives
israélites* et *L'Univers israélite* étaient prêts à soutenir sans
réserve une telle idée. Si, pour *Les Archives israélites*, un

1. *Les Archives israélites*, I, 1840, p. 632.
2. P. DUKER, « The Lafayette committee for Jewish emancipation », in *Essays on Jewish life and thought presented in honour of
S.W. Baron*, New York, 1959.

tel projet était avant tout la marque d'un patriotisme français bien compris, pour *L'Univers israélite,* la nouvelle association aurait permis de considérer

toute l'Europe comme une vaste Palestine, et la vérité israélite comme une Jérusalem impérissable, vers laquelle devraient se tourner toutes nos pensées, tous nos sacrifices, toutes nos espérances de bonheur et de gloire [1] !

Libéraux et orthodoxes étaient prêts à accepter un tel compromis, lequel fut réalisé lors d'une réunion, le 17 mars 1860, au domicile parisien de Charles Netter. Celle-ci aboutit à la création de l'Alliance israélite universelle, dont le premier président fut Jules Carvallo. Les buts de la nouvelle association étaient précisés dans l'appel rédigé par Eugène Manuel : « Travailler partout à l'émancipation et aux progrès moraux des Israélites... Prêter un appui efficace à tous ceux qui souffrent de leur qualité d'Israélites... Encourager toute publication propre à ce résultat. » L'Alliance israélite universelle, qui eut à affronter l'hostilité du Consistoire, représentait l'aboutissement des efforts entrepris par la communauté française pour se restructurer.

Si, de 1791 à 1848, le problème majeur avait été d'assurer la transition entre l'ancienne *kehilah* et le Consistoire, véhicule de l'idéologie assimilatrice, les années 1848-1860 se caractérisèrent non seulement par de profondes mutations socio-économiques, mais aussi par la transformation de la doctrine de l'assimilation. De tentative d'adapter le judaïsme à l'époque moderne et au nouveau statut juridique des Israélites, elle devint l'expression la plus achevée du judaïsme lui-même. A la volonté de s'intégrer à la nation française succéda le désir d'en propager les valeurs dans les autres communautés juives du monde. C'est en ce sens que la fondation de l'Alliance israélite universelle constitue une

1. *L'Univers israélite,* XV, 1860, p. 301.

rupture dans l'histoire du judaïsme français. Régénération et assimilation avaient cessé d'être les buts à poursuivre en France même, mais étaient les fins ultimes que le judaïsme français se proposait de réaliser en manifestant son active solidarité avec les Juifs opprimés. Agrégat de nations désunies à la veille de la Révolution, puis communauté confrontée à des problèmes sans fin, il était devenu dans les années 1860 le symbole d'une réussite exemplaire. Sujet passif et d'importance mineure dans l'histoire juive jusque-là, il pouvait prétendre à en être le principal acteur, bien qu'il continuât à ne pas être l'auteur du scénario. Aux yeux des Israélites français de l'époque, une telle situation valait bien le sacrifice de quelques « antiquités judaïques », tant la confiance absolue mise en l'avenir contrastait avec les incertitudes d'un passé qu'on croyait à jamais révolu.

Conclusion

D E 1791 à 1860, le judaïsme français a subi de lentes, mais profondes mutations qui modifièrent radicalement son visage et ses comportements en bien des domaines. Les contemporains en étaient conscients et Gerson-Lévy n'hésitait pas à décrire ses coreligionnaires comme une « génération toujours progressive, que des siècles séparent déjà de ce que nous étions il y a cinquante ans [1] ». Intégrés de façon irréversible à la société française, les Israélites en adoptèrent les valeurs, censées être la fidèle réplique de l'idéal prophétique. Quel jugement porter devant une telle évolution ? Nul ne peut prétendre à une sereine objectivité. Plus que toute autre, l'histoire juive est chargée d'un contenu affectif rendu plus pesant par ses aspects tragiques, souvent contemporains. Les jugements portés sur elle sont plus révélateurs de la *Weltanschauung* de l'auteur que de la froide réalité des faits. C'est sans doute le cas ici et le lecteur prendra soin de considérer ces lignes non comme une conclusion *stricto sensu,* mais comme un ensemble d'hypothèses.

L'accès des Juifs à l'égalité civile et politique représente l'apport principal, bien qu'incomplet, de la Révolution française. Sans présager de ses conséquences, il faut reconnaître que le fait a profondément marqué la conscience juive. A

1. GERSON-LÉVY, *op. cit.,* p. 14.

ceux qui se réjouirent de se voir conférer *de jure* l'égalité avec les non-Juifs ont succédé ceux pour qui les Juifs sont *de facto* les égaux de leurs concitoyens chrétiens, sentiment que les persécutions raciales du xxe siècle ont renforcé. A l'exception de quelques esprits chagrins [1], l'émancipation est devenue le canon idéologique de base pour toute communauté juive, y compris Israël. Loin d'être une anti-émancipation, le sionisme en est la forme sublimée et la plus récente. Que Léon Pinsker ait intitulé son pamphlet *Auto-émancipation,* les deux termes étant inséparables, est à cet égard significatif. Le fait est d'autant plus remarquable que, dans le cas français, l'émancipation ne signifia pas immédiatement l'égalité absolue devant la loi. Cette dernière fut l'œuvre de la Restauration et surtout de la monarchie de Juillet, après l'intermède du premier Empire, marqué par un retour à l'arbitraire et à la persécution. Plus que les décrets révolutionnaires, ce fut cette amélioration définitive de leur statut juridique qui joua un rôle déterminant dans la modification des structures du judaïsme français. Tant que leur condition demeura incertaine ou dépendante de leurs efforts, sans garantie d'une réponse de l'autre côté, les Israélites restèrent « stationnaires », selon la terminologie de l'époque. Après 1831, les sacrifices consentis parurent moins la condition de l'égalité que la marque d'une gratitude envers la France, symbole de la justice. En ce sens, la Révolution et l'Empire commirent une erreur, celle de poser un préalable à l'émancipation, préalable néfaste aux deux parties en présence. Cependant, son souvenir s'effaça de la conscience collective judéo-française pour céder la place à la vision d'une Révolution émancipant d'un trait ses Juifs. Sans doute, était-ce prendre quelque liberté avec l'histoire, mais les Israélites pouvaient invoquer à leur appui

---

1. *Cf.* A. MANDEL, *Le périple,* Fayard, 1972, p. 242 : « Si j'avais de l'argent, je fonderais un nouveau périodique juif : *L'Etoile jaune* ou *Le Ghetto.* J'y dirais enfin l'urgence du retour aux sources, de la révocation du décret de la pseudo-émancipation. »

et non sans légitime raison ce jugement de l'avocat Halphen : « Maudire le passé, c'est bénir le présent [1]. »

Si le statut juridique des Juifs dans le monde eut tendance à s'aligner sur le modèle français, la communauté israélite de ce pays fut l'une des premières à adopter le profil démographique et socio-économique du judaïsme moderne. Elle devint une communauté très largement urbanisée, concentrée dans les secteurs secondaire et tertiaire. Bien que demeurés, pour leur majorité, dans les anciennes zones de résidence et en dépit de débuts difficiles, les Israélites français firent preuve dans les années quarante d'une étonnante faculté d'adaptation au nouveau système économique. Passés du ghetto aux quartiers populaires puis aux beaux quartiers, les fils des colporteurs, maquignons et usuriers pouvaient légitimement tirer fierté des progrès accomplis, même si ceux-ci, loin de résoudre les tensions sociales avec le groupe non juif, allaient en créer d'autres. Cause ou conséquence de cette modification de ses structures professionnelles, la francisation du groupe juif lui permit d'accéder à la culture profane et à une vie intellectuelle bien supérieure à celle des anciens ghettos. On peut à ce propos parler d'acculturation [2], mais ce terme ne résout rien. La littérature profane était cruellement mise en rapport avec l'indigence spirituelle des communautés juives européennes au XVIIIe siècle. Walter Laqueur illustre bien ce fait : la plus importante polémique au sein du judaïsme occidental portait sur la question de savoir si les amulettes vendues par le rabbin messin Eybeschutz contenaient ou non des inscriptions sabatéennes. On comprend dès lors que l'acquisition de la culture française ait été considérée non comme une acculturation, mais comme le passage à un statut supérieur, y compris pour ceux qui, sincèrement attachés à la tradition

---

1. HALPHEN, *op. cit.*, p. VI.
2. Comme le fait Mme PIETTE-SAMSON en intitulant sa thèse : *Les Juifs de Paris (1808-1840). Problèmes d'acculturation.*

juive, voyaient dans cette synthèse un enrichissement de
celle-ci et sa forme la plus achevée.

Si le groupe juif adopta les valeurs de la société environnante, il demeurait cependant un groupe distinct sur le
plan social et politique. Son taux de natalité, important
dans les premières années suivant l'émancipation, déclina
constamment par la suite. Il était cependant protégé d'une
disparition totale par le maintien, pour des raisons variées,
de l'endogamie. De plus, et le fait peut sembler paradoxal,
tout en proclamant hautement sa volonté de fusion, le
groupe juif constituait sur le plan social un ghetto sans
judaïsme. L'individu juif continuait de vivre de façon privilégiée au sein du groupe juif, soit par habitude, soit par
méfiance. Que l'observance rigoureuse des préceptes bibliques ait cessé de régler son existence ne signifiait pas pour
autant que le judaïsme ait cessé d'être présent dans sa vie
quotidienne. Il était même devenu plus pesant, car sa
transformation en une affaire privée, « privatissime » selon
l'expression d'E. Lévinas, l'amenait à privilégier dans ses
relations sociales ceux qui pouvaient le mieux comprendre
et partager cette complicité. En ce sens, les violentes attaques de Terquem contre le particularisme juif n'étaient pas
dénuées de tout fondement. Le bouillant Juif messin avait
compris que la doctrine de l'assimilation, loin d'amener la
fusion qu'il souhaitait, contribuait à maintenir des comportements sociaux et mentaux, « ... dont la somme était censée
constituer le caractère juif [1] ». De même, sur le plan politique, les Israélites constituaient un groupe particulier. Prêts
à soutenir tout gouvernement favorablement disposé à leur
égard, ils faisaient porter tout leur dévouement non sur le
gouvernement, mais sur l'Etat, dont ils se firent les auxiliaires en bien des domaines. Sans doute faut-il y voir la
volonté de se concilier ainsi un allié sûr, à l'abri des aléas
et des vicissitudes de la politique.

1. ARENDT, op. cit., p. 149.

Il ne faudrait pas pour autant négliger les mutations profondes connues par le groupe juif de 1789 à 1860. La plus importante réside dans sa transformation en une collectivité religieuse, mais elle ne peut être comprise qu'en fonction de deux autres facteurs ; l'abandon du concept de *galouth* et l'introduction d'un pluralisme idéologique au sein des communautés. Depuis la destruction du Second Temple, l'histoire juive s'inscrivait dans le cadre conceptuel de la *galouth*, de l'exil, au sens de l'éradication profonde d'un peuple de sa terre, avec l'espoir d'y retourner à la fin des temps. Après 1791, la *galouth* fut remplacée par la diaspora, c'est-à-dire la dispersion des Juifs dans une multitude de pays, dispersion considérée comme un facteur normal de leur existence et comme la conséquence d'une mission spéciale assignée à ce groupe. Il s'agissait de la reprise d'une doctrine élaborée par les rabbins médiévaux et connue sous le nom *d'or laGoyim* (une lumière pour les nations). H. Arendt a mis ce fait en rapport avec la laïcisation du judaïsme et a souligné les dangers d'une telle vision [1]. La suppression de toute référence à l'exil de Jérusalem, ville devenue pour Gerson-Lévy un simple « souvenir historique [2] », avait pour conséquence la disparition de la notion de nation juive. Celle-ci n'avait de légitimité et de raison d'être que si elle se savait en *galouth* et non en diaspora. Ben-Lévi, dans un article déjà cité, le faisait remarquer à sa façon :

---

1. *Ibid.*, pp. 165-166 : « Dans la laïcisation des Juifs, l'élément décisif fut ce divorce entre le concept d'élection et l'espoir messianique, alors que dans la religion juive ils constituaient deux aspects du plan divin de rédemption de l'humanité. L'espoir messianique donna naissance à un penchant pour les solutions définitives apportées aux problèmes politiques, dans le but ambitieux de réaliser le paradis sur terre. L'idée d'élection fit naître cette incroyable illusion partagée tant par les Juifs non croyants que par les non-Juifs, selon laquelle le peuple juif était par nature plus intelligent, meilleur, plus sain et mieux équipé pour survivre : le moteur de l'histoire et le sel de la terre. »

2. Gerson-Lévy, *op. cit.*, p. 121.

« ... C'est que le juif dont l'âme est à Jérusalem tandis que son corps est en France n'existe plus guère de nos jours, c'est que la *nation juive* ne se trouve plus sur le sol français [1]. »

Privée de la référence à la *galouth,* la nation juive ne pouvait se maintenir face aux effets corrosifs du pluralisme idéologique introduit dans les communautés israélites. Elle supposait en effet que l'ensemble de ses membres se reconnaissent dans une même doctrine et respectent de façon impérative les mêmes commandements particularistes. Ce n'est plus le cas après 1791 et L. Wogue notait non sans regret : « Il y a aujourd'hui dans le temple ce qui n'a jamais été : une opinion publique [2]. » Réformateurs, orthodoxes et conservateurs s'affrontèrent violemment, tout en reconnaissant à chacun de ces courants le droit de parler au nom de tout ou partie de la communauté israélite. Cette faille dans le monolithisme traditionnel instaurée, il devint impossible de conserver une cohésion interne et un consensus idéologique suffisants pour assurer la survie de la nation juive. En ce sens, la Révolution ne fit que mettre le point final à un processus amorcé par la *haskalah.* Cependant, ce pluralisme devint la condition nécessaire à la survie du judaïsme après l'émancipation. En faisant de ce dernier une sorte d'auberge espagnole où chacun trouvait ce qu'il voulait bien y amener, il a permis à des individus appartenant à des milieux sociaux, à des courants politiques et spirituels différents de maintenir des liens avec leur communauté d'origine. Il a aussi contribué à renforcer les extraordinaires facultés d'adaptation du judaïsme aux mutations historiques les plus diverses.

La réduction du judaïsme à une religion édulcorée et fortement teintée de valeurs chrétiennes et la perte de ses

1. *Les Archives israélites,* III, 1842, p. 150.
2. WOGUE, *op. cit.,* p. 11.

caractères nationaux sont certes le résultat du choc entre le judaïsme et la modernité. Contrairement à l'attente des Lumières et de la Révolution, le judaïsme survécut à ce heurt, devenant même un phénomène parfaitement compatible avec les valeurs de la société environnante, pouvant être reconnu et salarié par l'Etat. Si ses valeurs étaient identiques à celles de la Révolution française, alors le respect dû à ces dernières impliquait que l'on continuât à conserver les premières. Cela explique qu'une communauté israélite, particulièrement bien structurée, ait pu se reconstituer après l'émancipation. A l'exception de la police des individus, elle conservait tous les traits des anciennes nations juives : autoritarisme, absence de démocratie, prédominance de la classe riche, monopolisation du pouvoir au profit d'un nombre restreint d'institutions. Si l'on prend en considération la modération des réformes cultuelles et le maintien des principaux dogmes, force est de constater que le Consistoire de 1860 présente beaucoup d'analogie avec la *kehilah* de 1789. Les aspects extérieurs sont les mêmes (ou presque), de même que la trame du discours du judaïsme sur lui-même. Seuls les termes utilisés ont varié, la France a remplacé la Palestine, la Révolution le Messie, etc.

Le fait est, à notre avis, révélateur de ce qu'a été l'assimilation à la française. Elle n'a nullement signifié la fin du judaïsme, elle a été une étape de l'histoire juive, toute aussi juive et collective que d'autres. Le judaïsme français a tenté et créé une symbiose harmonieuse entre deux héritages. Certes, comme les Basques, les Bretons et les Occitans, les Juifs furent broyés dans le moule uniformisateur français. S'il y eut viol au début, la victime devint par la suite consentante et fut même l'un des plus actifs propagateurs, par le biais de l'Alliance israélite universelle, de l'idéal français. Ce dernier est aujourd'hui remis en question par de nombreuses minorités, au nom du droit à la différence. Beaucoup de Juifs revendiquent actuellement contre l'émancipation à la française un nationalisme, qui trouverait sa réalisation soit en diaspora [1], soit en Israël. Quelles que soient ces orientations et nos sympathies pour elles, elles ne peuvent servir de critère pour juger la période étudiée ici. Peut-être faut-il s'en tenir à ce simple constat : vers 1860, les descendants des parias de la veille pouvaient non sans fierté se proclamer citoyens français, profondément attachés à leur sol natal et à sa culture. Que la France n'ait pas toujours payé un tel amour de retour ne les a pas empêchés de lui rester fidèles aux moments les plus sombres de son histoire. Certains y verront la preuve d'une démission ou d'une inconscience dramatique, mais cela dépasse la compétence de l'historien. Dans notre cas, nous avons voulu étudier un passé, le nôtre, qu'il nous faut connaître sans le renier. Nous laissons le soin au lecteur de dire si l'itinéraire emprunté par le judaïsme français de 1789 à 1860 était sinon le meilleur, du moins le plus approprié à assurer sa survie. Pour nous, la réponse est positive.

---

1. Voir l'excellent livre de R. MARIENSTRAS, *Etre un peuple en diaspora*, préface de P. Vidal-Naquet, F. Maspero, 1975.

Bibliographie

I. LE JUDAÏSME FRANÇAIS
AVANT L'ÉMANCIPATION

BLUMENKRANZ B. (sous la direction de), *Histoire des Juifs en France*, Privat, Toulouse, 1973. Consulter sur la période 1501-1789 : CAHEN G. « La région lorraine », pp. 77-136 ; DIANOUX H.J. de, « Le Sud-Est », pp. 193-220 ; SZAPIRO E., « Le Sud-Ouest », pp. 221-261 ; WEILL G., « L'Alsace », pp. 137-192.

DOUBNOV S., *Histoire moderne du peuple juif*, 2 vol., Payot, 1933.

KAHN L., *Les Juifs de Paris au XVIIIᵉ siècle d'après les archives de la Lieutenance générale de police à la Bastille*, Durlacher, 1894.

MOSSÉ A., *Histoire des Juifs d'Avignon et du Comtat Venaissin*, Lipschutz, 1934.

NETTER N., *Vingt siècles d'histoire d'une communauté juive (Metz et son grand passé)*, Lipschutz, 1938.

ROUBIN N., « La vie commerciale des Juifs comtadins en Languedoc au XVIIIᵉ siècle », *Revue des études juives*, XXXIV, pp. 276-293 ; XXXV, pp. 91-105 ; XXXVI, pp. 75-100 (1896-1897).

SCHEID E., *Histoire des Juifs d'Alsace*, Durlacher, 1887.

SZAJKOWSKY Z., *Jews and the French Revolutions of 1789, 1830 and 1848*, Ktav Publishing House, New York, 1970.

Consulter : « The Marranos and Sephardim of France »,
pp. 24-44 ; « The Economic Status of the Jews in Alsace, Metz
and Lorraine (1648-1789) », pp. 151-219 ; « Relations among
Sephardim, Ashkenazim and Avignonese Jews in France from
the 16th to the 20th Centuries », pp. 235-266. Dans la biblio-
graphie, ce recueil sera désigné sous l'abréviation de JFR ;
— « La vita intelletuale profana fra gli Ebrei nella Francia del
XVIII secolo », *Rassegna Mensile di Israel*, XXVII, 1961,
n°s 3-4, pp. 122-129 et 179-191.

II. LES PRÉMISSES DE L'ÉMANCIPATION

a) *Le mouvement des Lumières*

HERTZBERG A., *The French Enlightenment and the Jews*, Columbia University Press, New York et Londres, 1968.

KATZ J., *Tradition and Crisis. Jewish Society at the End of the
Middle-Ages*, The Free Press, Glencoe, 1961.

POLIAKOV L., *Histoire de l'antisémitisme*, tome III, *De Voltaire
à Wagner*, Calmann-Lévy, 1968.

b) *Le concours de Metz et la commission Malesherbes*

CAHEN A., « L'émancipation des Juifs devant la société royale des
sciences et arts de Metz en 1787 et M. Rœderer », *Revue des
études juives*, I, 1880, pp. 83-104.

DELPECH F., « La Révolution et l'Empire », *in* BLUMENKRANZ,
op. cit., pp. 265-304.

GROSCLAUDE P., *Malesherbes, témoin et interprète de son temps*,
Fischbacher, 1961.

LÉMANN J., *La prépondérance juive*, tome I : *ses origines* (1789-
1791), Lecoffre, 1889.

La Révolution française et l'émancipation des Juifs, EDHIS, 1968, 8 volumes. Consulter particulièrement :

   I. MIRABEAU, *Sur Moses Mendelssohn, sur la réforme politique des Juifs*, 1787.

  II. THIÉRY, *Dissertation sur cette question : Est-il des moyens de rendre les Juifs plus heureux et plus utiles en France ?*, 1788.

 III. GRÉGOIRE, *Essai sur la régénération physique, morale et politique des Juifs*, 1789.

 IV. HOURWITZ Z., *Apologie des Juifs*, 1789.

TRIBOUT DE MOREMBERT H., *Considérations sur le concours de l'Académie royale de Metz de 1787 et 1788*, Mémoires de l'Académie nationale de Metz, VIᵉ série, éditions « Le Lorrain », Metz, 1974.

III. L'ÉMANCIPATION

a) *La convocation des Etats généraux*

FEUERWERKER D., « Les Juifs en France. Anatomie de 207 cahiers de doléances de 1789 », in *Annales E.S.C.*, XX, 1965, pp. 45-61.

LIBER M., « Les Juifs et la convocation des Etats généraux (1789) », *Revue des études juives*, LXIII, pp. 185-210 ; LXIV, pp. 89-108 et 244-277 (1912) ; LXV, pp. 89-133 ; LXVI, pp. 161-212 (1913).

b) *L'émancipation*

BAUER J., « Les Juifs comtadins pendant la Révolution », *Revue des études juives*, LIV, 1907, p. 284.

HAGANI B., *L'émancipation des Juifs,* préface de C. Guignebert, Rieder, 1928.

KAHN L., *Les Juifs de Paris pendant la Révolution,* Ollendorff, 1898.

La Révolution française et l'émancipation des Juifs, EDHIS, 1968. Consulter :

  V. *Adresses, Mémoires et Pétitions des Juifs, 1789-1794.*
  VI. *La Commune et les Districts de Paris. Discours, Lettres et Rapports, 1790-1791.*
  VII. *L'Assemblée Nationale Constituante. Motions, Discours et Rapports. La Législation nouvelle, 1789-1791.*
  VIII. *Lettres. Mémoires et Publications diverses, 1787-1806.*

SAGNAC P., « Les Juifs et la Révolution française (1789-1791), *Revue d'histoire moderne et contemporaine,* I, 1899, pp. 5-19 et 209-234.

SZYSTER B., *La Révolution française et les Juifs. Esquisse historique de l'émancipation juive en France (1789-1792),* Thèse, imprimerie du Sud-Ouest, Toulouse, 1929.

IV. LA DISPARITION DES INÉGALITÉS

a) *Révolution et Consulat*

GODECHOT J., « Les Juifs de Nancy de 1789 à 1795 », *Revue des études juives,* LXXXVI, 1928, pp. 1-35.

SZAJKOWSKI Z., « The Attitudes of French Jacobins towards Jewish Religion », *JFR,* pp. 399-412 ; « French Jewry during the Thermidorian Reaction », *JFR,* pp. 422-433.

b) *Les dettes des anciennes communautés*

ARON M., « Liquidation des dettes de l'ancienne communauté juive de Metz, 1790-1802 », *Annuaire de la Société des études juives,* II, 1883, pp. 109-135.

SZAJKOWSKI Z., *Autonomy and Communal Jewish. Debts during the French Revolution of 1789*, New York, 1959.

c) *Napoléon et les Juifs*

ANCHEL R., « Contribution levée en 1813-1814 sur les Juifs du Haut-Rhin », *Revue des études juives*, LXXXII, 1926, pp. 495-501.
— *Napoléon et les Juifs*, Presses universitaires de France, 1928.
FAUCHILLE P., *La question juive en France sous le premier Empire, d'après des documents inédits*, A. ROUSSEAU, 1884.
GELBER N. M., « La police autrichienne et le Sanhédrin de Napoléon », *Revue des études juives*, LXXXIII, 1927, pp. 1-21 et 113-145.
HOFFMAN F. M., *A Furtado and the Sephardic Jews of France. A study on emancipation*, thèse, Ann Arbor, 1969.
LÉVI I., « Napoléon Ier et la réunion du Grand Sanhédrin », *Revue des études juives*, XXVIII, 1894, pp. 264-280.
PIÉTRI F., *Napoléon et les Israélites*, Berger-Levrault, 1965.
POSENER S., « Les Juifs sous le premier Empire. Les statistiques générales », *Revue des études juives*, XCIII, 1932, pp. 192-214 ; XCIV, 1934, pp. 157-166.
SAGNAC P., « Les Juifs et Napoléon (1806-1808) », *Revue d'histoire moderne et contemporaine*, II, 1900-1901, pp. 461-484 et 595-626 ; III, 1901-1902, pp. 461-492.
SCIALTIEL G. D., « Les Juifs de Nice et le décret de 1808 », *Revue des études juives*, LXVII, 1914, pp. 118-124.
TAMA D., *Organisation civile et religieuse des Israélites de France et du royaume d'Italie... suivie de la collection des actes de l'Assemblée des Israélites de France... et de celle des procès-verbaux et décisions du Grand Sanhédrin, convoqué en 1807...*, Paris, 1808.

d) *Monarchie de Juillet et second Empire*

BÉDARRIDE J., *Les Juifs en France, en Italie et en Espagne. Recherches sur leur état depuis leur dispersion jusqu'à nos jours*

9

sous le rapport de la législation, de la littérature et du commerce, Michel Lévy, 1859.

DELPECH F., « De 1815 à 1894 », *in* Blumenkranz, *op. cit.,* pp. 265-346.

HALPHEN A. E., *Recueil des lois, décrets, ordonnances, avis du Conseil d'Etat, arrêtés et règlements concernant les Israélites depuis la Révolution de 1789, suivi d'un appendice contenant la discussion dans les assemblées législatives, la jurisprudence de la Cour de cassation et celle du Conseil d'Etat et des notes diverses,* Paris, 1851.

LUCIEN-BRUN H., *La condition des Juifs en France depuis 1789,* Lyon, 1900.

RABI W., *Anatomie du judaïsme français,* éd. de Minuit, 1962.

V. LES STRUCTURES ÉCONOMIQUES ET SOCIALES, LA DÉMOGRAPHIE

BOUVIER J., *Les Rothschild,* Fayard, 1960.

CLÉMENT-JANIN, *Notice sur la communauté israélite de Dijon,* F. Carré, Dijon, 1879.

Consistoire israélite de Marseille, *Etat des Communautés de l'ancien Comtat,* Marseille, 1874.

DELPECH F., « La seconde communauté juive de Lyon (1775-1870) », *in Mélanges André Fugier, Cahiers d'Histoire,* XIII, 1968, pp. 51-66.

DREYFUS E. et MARX L., *Autour des Juifs de Lyon et alentour,* Lyon, 1958.

GINSBURGER M., *Histoire de l'école du travail de Strasbourg,* Strasbourg, 1935.

— *Histoire de la communauté israélite de Bischeim au Saum,* Strasbourg, 1937.

— *Histoire de la communauté israélite de Soultz,* Strasbourg, 1939.

KAHN L., *Histoire de la communauté israélite de Paris : Le comité de bienfaisance, l'hôpital, l'orphelinat, les cimetières,* Durlacher, 1886.

— *Histoire de la communauté israélite de Paris : Les professions manuelles et les institutions de patronage,* Durlacher, 1885.

— *Histoire des écoles communales et consistoriales israélites de Paris (1809-1884),* préface de Z. Kahn, Durlacher, 1884.

— *Les sociétés de secours mutuels, philanthropiques et de prévoyance,* préface de M. I. Loeb, Durlacher, 1887.

KAHN S., *Notice sur les Israélites de Nîmes (672-1808),* Nîmes, 1901.

LÉVY I., *Les mendiants juifs en Alsace et en Lorraine,* s.l., 1857.

MARX R., *La Révolution et les classes sociales en Basse-Alsace,* thèse, Strasbourg, 1971.

MOSSMAN, *Etude sur l'histoire des Juifs à Colmar,* Colmar, 1866.

POSENER S., « The immediate economic and social effects of the emancipation of the Jews in France », *Jewish Social Studies,* I, 1939, pp. 271-326.

Rapports de sociétés :

Société d'encouragement au travail pour les jeunes Israélites indigents du Bas-Rhin, rapport, Strasbourg, 1833.

Société israélite des Amis du travail (Rapport sur le règlement d'institutions de la société israélite des Amis du Travail), Paris, 1825.

Société des arts et métiers parmi les Israélites de Metz : extrait du procès-verbal de la séance générale du 7 février 1841, Metz, 1841.

Société d'encouragement des arts et métiers parmi les Israélites de Marseille, Marseille, 1859.

ROBLIN M., *Les Juifs de Paris. Démographie. Economie. Culture,* A. et J. Picard et Cie, 1952.

SCHEID E., *Histoire des Juifs de Haguenau, suivie des recensements de 1763, 1784 et 1808,* Durlacher, 1885.

SCHNURMANN E., *La population juive en Alsace,* Librairie du recueil Sirey, 1936.

SOMBART W., *Les Juifs et la vie économique,* Payot, 1923.

Uhry I., *Monographie du culte israélite à Bordeaux*, Bordeaux, 1892.

Weyl J., *Les communautés israélites du Comtat Venaissin et celles qui en sont issues*, Marseille, 1885.

Wittersheim P., *Mémoire sur les moyens de hâter la régénération des Israélites de l'Alsace*, Metz, 1825.

VI. ASSIMILATION ET VIE POLITIQUE

Ben Baruch (pseudonyme d'A. Créhange), *Des droits et des devoirs du citoyen. Instruction tirée de l'histoire sainte ou entretiens d'un maître d'école avec ses élèves* (25 février 1848), Paris, 1848.

Bloch S., *Le judaïsme et le socialisme*, Paris, 1850.

Fabius A., *La France sauvée*, Paris-Lyon, 1851.

Lazard R., *Michel Goudchaux, 1797-1862 : son œuvre et sa vie politique*, F. Alcan, 1907.

Posener S., *A. Crémieux, 1796-1880*, préface de S. Lévi, 2 vol., F. Alcan, 1933-1934.

Weill G., « Les Juifs et le saint-simonisme », *Revue des études juives*, XXXI, 1895, pp. 261-273.

VII. ASSIMILATION ET INTÉGRATION SOCIALE

Altmann A., (sous la direction de), *Studies in nineteenth century Jewish intellectual history*, Cambridge, Mass., 1964.

Arendt H., *Sur l'antisémitisme*, Calmann-Lévy, col. Diaspora, 1973.

Ben-Lévi, *Les matinées du samedi, livre d'éducation morale et religieuse à l'usage de la jeunesse israélite*, Paris, 1842.

BERLIN I., *Trois essais sur la condition juive*, Calmann-Lévy, col. Diaspora, 1973.

BERR M., *Préface de l'ouvrage intitulé : abrégé de la Bible et choix de morceaux de piété et de morale à l'usage des Israélites de France, par un Israélite français*, Paris, 1819.
— *Un mot de M. Michel Berr, avec des notes, en réponse à un pamphlet anonyme, intitulé : un mot à M. Michel Berr, publié par des Juifs de Paris*, Paris, 1824.
— *Du rabbinisme et des traditions juives...*, Paris, 1832.

CAHEN S., *Précis élémentaire d'instructions morales et religieuses pour les jeunes Israélites français*, Paris, 1820.

CERFBERR DE MEDELSHEIM A., *Ce que sont les Juifs de France*, Paris-Strasbourg, 1844.

HALÉVY E., *Instruction religieuse et morale à l'usage de la jeunesse israélite*, Paris, 1820.

HALÉVY L., *Résumé de l'histoire des Juifs modernes*, Paris, 1828.

HALLEZ T., *Des Juifs en France, de leur état moral et politique, depuis les premiers temps de la monarchie jusqu'à nos jours*, Paris, 1845.

Inauguration de l'hôpital israélite de Paris, Paris, 1852.

Inauguration du temple consistorial israélite de Marseille, Marseille, 1865.

ISIDOR L., *Programme et discours à l'occasion de l'initiation religieuse de neuf jeunes filles israélites de Sarrebourg*, Strasbourg, 1842.

JAVAL J., *Judaïsme et christianisme*, Montauban, 1862.

JÉHOUDA J., *Les cinq étapes du judaïsme émancipé*, Genève, 1942.

LAMBERT L. M., *Catéchisme du culte judaïque*, Metz, 1818.
— *Précis de l'histoire des Hébreux, depuis le patriarche Abraham jusqu'en 1840*, Metz, 1840.

LÉVY M., *De la vitalité de la race juive en Europe*, Paris, 1866.

MARRUS M. R., *Les Juifs de France à l'époque de l'affaire Dreyfus. L'assimilation à l'épreuve,* préface de P. Vidal-Naquet, Calmann-Lévy, collection Diaspora, 1972.

PIETTE-SAMSON C., *Les Juifs de Paris (1808-1840). Problèmes d'acculturation,* thèse, Paris, 1971.

RATISBONNE T., *La question juive,* Paris, 1868.

RODRIGUÈS H., *La justice de Dieu ; introduction à l'histoire des judéo-chrétiens,* Michel Lévy, 1869.

SALVADOR G., *J. Salvador, sa vie, ses œuvres et ses critiques,* Calmann-Lévy, 1881.

SALVADOR J., *Loi de Moïse ou système religieux et politique des Hébreux,* Paris, 1822.

— *Paris, Rome, Jérusalem ou la question religieuse au XIXe siècle,* Michel Lévy, 2 vol., 1860.

TSARPHATI (Pseudonyme d'Olry TERQUEM), *Huitième lettre d'un Israélite français à ses coreligionnaires sur la religion des riches au XIXe siècle, en forme d'un dialogue entre un riche et un pauvre,* Paris, 1836.

ULMANN S., *Recueil d'instructions morales et religieuses à l'usage des Israélites français,* Strasbourg, 1843.

WOGUE L., *Guide du croyant israélite,* Paris, 1898.

VIII. LA COMMUNAUTÉ ET SES INSTITUTIONS

a) *Les consistoires*

ALBERT P., « Le rôle des consistoires israélites vers le milieu du XIXe siècle », *Revue des études juives,* CXXX, 1971, pp. 231-254.

— *The Jewish Consistory of France. A study on social history, (1830-1870),* Ann Arbor, 2 vol., 1973.

ANCHEL R., *Notes sur les frais du culte juif en France de 1815 à 1831,* imprimerie Hemmerlé, 1928.

b) *Le rabbinat*

BAUER J., *L'école rabbinique de France (1830-1930),* préface d'I. Lévi, Presses universitaires de France, 1931.

CAHEN A., « Le rabbinat de Metz pendant la période française (1567-1871) », *Revue des études juives,* VII, 1883, pp. 103-116 et 204-226 ; VIII, 1884, pp. 255-274 ; XII, 1886, pp. 283-297 ; XIII, 1886, p. 105-126.

LIPMAN A., *Un grand rabbin français : Benjamin Lipman (1819-1886) ; biographie, sermons, allocutions, lettres pastorales, lettres, notes,* Durlacher, 1928.

WOGUE L., *La prédication israélite en France,* Paris, 1890.

— *Le rabbinat français au* XIXe *siècle,* Paris, 1843.

c) *L'Alliance israélite universelle*

CHOURAQUI A., *L'Alliance israélite universelle et la renaissance juive contemporaine, 1860-1960 ; cent ans d'histoire,* préface de R. Cassin, Presses universitaires de France, 1965.

GRAETZ M., *Changes in the Jewish consciousness of French Jewry, from the 1820's to the 1860's. The social and intellectual background of the foundation of the Alliance Israélite Universelle,* thèse, Jérusalem, 1972, en hébreu, avec un résumé en anglais.

d) *Divers*

LOEB I., *Biographie d'Albert Cohn,* Durlacher, 1878.

SCHWAB M., *Salomon Munk. Sa vie et ses œuvres,* F. Leroux, 1900.

WEILL A., *Ma jeunesse,* vol. I : *mon enfance ;* vol. II : *mon adolescence ;* vol. III : *Reginéle, mon premier amour,* éd. Deantu, 1870.

— *Mes années de bohème, suite de ma jeunesse,* Sauvaitre, 1888.

WEILL J., *Zadoc Kahn (1839-1905),* F. Alcan, 1912.

IX. RÉFORME ET ORTHODOXIE
DANS LE JUDAÏSME FRANÇAIS

BLOCH S., *La foi d'Israël, ses dogmes, son culte, ses cérémonies et pratiques religieuses, sa loi morale et sociale, sa mission et son avenir*, Paris, 1859.

COHEN I., *Commission des conservateurs du judaïsme. A nos coreligionnaires de France*, Paris, 1857.

Compte rendu des résolutions formées par MM. les Grands Rabbins de France réunis en conférence du 15 au 23 mai 1856, Paris, 1856.

CRÉHANGE A., *Discours prononcé le 24 juin 1839 dans la séance du Consistoire de Paris en faveur des réunions religieuses des sociétés de secours mutuels israélites*, Paris, 1839.

— *Discours de M. Créhange prononcé dans la réunion préparatoire des Israélites de Paris, le 1ᵉʳ décembre 1844*, Paris, 1845.

— *La Semaine Israélite... entretiens de Josué Hadass... sur les Saintes Ecritures dans leurs rapports avec la religion et la morale des Israélites...*, Paris, 1846-1847.

— *La sentinelle juive. Réponse à la dix-septième lettre de la correspondance d'un Israélite dit Tsarphati*, Paris, 1839.

DREYFUS S., *Réflexions sur l'état et l'avenir du culte israélite en France*, Paris, 1844.

ISIDOR L., *Lettre pastorale adressée par le grand rabbin du Consistoire central aux Israélites français. 15 septembre 1867 (tisri 5632)*, Paris, 1867.

PHILIPSON D., *reform movement in judaism*, nouvelle édition révisée, introduction de Solomon B. Freehof, New York, Ktav Publishing House, 1967. La première édition est de 1907.

STAUBEN D., *Scènes de la vie juive en Alsace*, Paris, 1860.

TSARPHATI (O. TERQUEM), *Première lettre d'un Israélite français à ses coreligionnaires sur l'urgente nécessité de célébrer l'office en français le jour du dimanche*, Paris, 1821.

— *Deuxième lettre : Projet de règlement concernant la circon-*

cision, suivi d'observations sur une lettre pastorale du grand
rabbin de Metz et sur un écrit de M. Lazare (aîné), Paris,
1821.
— Troisième lettre d'un Israélite français à ses coreligionnaires,
Paris, 1821.
— Quatrième lettre d'un Israélite français à ses coreligionnaires
sur les changements importants qu'a subis l'almanach israélite
de 5584, Paris, 1824.
— Cinquième lettre d'un Israélite français à ses coreligionnaires
sur l'article 21, concernant les fonctions rabbiniques, du décret
de 1806, Paris, 1824.
— Sixième lettre d'un Israélite français à ses coreligionnaires
sur l'établissement d'une école de théologie à Paris et la suppression des écoles talmudiques en province, Paris, 1824.
— Septième lettre d'un Israélite français à ses coreligionnaires
sur un ouvrage intitulé : calcul des mois et bénédictions pour
l'année 5586, Paris, 1825.
— Huitième lettre, op. cit., Paris, 1836.
— Neuvième lettre d'un Israélite français à ses coreligionnaires
sur la tolérance de l'église et sur la tolérance de la synagogue
comparées ; et sur le système de M. Munk, Paris, 1837.

ULMANN S., Lettre pastorale adressée aux fidèles du culte israélite au nom de la conférence (des grands rabbins de France)
par son président le grand rabbin du Consistoire central, Paris,
1856.

X. PÉRIODIQUES

L'Israélite français, Paris, 1817-1818.
La Régénération, Strasbourg, 1836-1837.
Les Archives israélites de France, Paris, 1840-1938.
L'Univers israélite, Paris, 1844-1939.
La Vérité, Paris, 1848.
Le Lien d'Israël, Mulhouse, 1855-1861.

XI. ARCHIVES

a) *Archives nationales*

Voir les dossiers suivants :

F19 11 004. Assemblée de notables et Grand Sanhédrin.

F19 11 005. Travaux et procès verbaux de l'Assemblée et du Sanhédrin.

F19 11 007. Exécution du décret du 17 mars 1808 sur les créances.

F19 11 010. Demandes d'exemption au décret du 17 mars 1808.

F19 11 012. Etat civil.

F19 11 013. Liquidation des dettes des anciennes communautés. Bienfaisance.

F19 11 014. Sépultures.

F19 11 015. Rapport de G. Baruch-Weil sur le culte.

F19 11 016. Décrets et projets concernant l'organisation du culte. 1862.

F19 11 023. Dénombrement de la population juive. 1808.

F19 11 019. Synagogues, rabbinat.

F19 11 024. Statistiques de 1840.

F19 11 028. Etablissements d'instruction.

F19 11 029. Police du culte.

F19 11 030. Coutumes et usages.

F19 11 031. Prières publiques.

F19 11 032. Cimetières et inhumations.

F19 11 034. Consistoires et notables.

F19 11 035. Notables.

F19 11 036. Plaintes contre les Consistoires.

F19 11 037. Conflit entre le Consistoire central et celui de Colmar. 1849-1857.

F19 11 039. Nominations des membres laïcs du Consistoire central. 1808-1905.

F19 11 146. Algérie.

b) *Archives départementales*

Consulter les feuillets V.

c) *Archives consistoriales.*

Consistoire central.

Les archives du Consistoire central ont été classées par G. Nahon. On consultera :

IAI : Création.
IBI : Registre des procès verbaux. 1808-1815.
IBII : Registre des procès verbaux. 1815-1825.
IBIII : — — — . 1825-1832.
IBIV : — — — . 1832-1848.
IBV : — — — . 1848-1871.
3BI : Registre des finances.
2CI : Recensement.
2C2 : Nomination de notables.
IC7, IC8, IC9, IC10 : Correspondance.
3E : Affaires politiques.
4E : Instruction primaire.
2G1 : Grands rabbins de France.
3G1 : Rabbinat. 1830-1935.
3G2 : Rabbinat. Affaires diverses. xixᵉ siècle.

Chronologie

1. AVANT L'ÉMANCIPATION

1784	Lettres patentes accordées aux Juifs d'Alsace.
1785	La Société royale des arts et sciences de Metz propose comme sujet de son concours de 1787 la question : « Est-il des moyens de rendre les Juifs plus heureux et plus utiles en France ? »
1788	L'abbé Grégoire, Hourwitz et Thiéry sont lauréats du concours de Metz.
1788	Commission Malesherbes.

2. L'ÉMANCIPATION

26 février 1789	Les Juifs sépharades reçoivent l'autorisation de participer aux élections pour les Etats généraux. Les Juifs de l'Est sont autorisés à se réunir à Paris pour rédiger un cahier de doléances.
Juillet 1789	Emeutes antijuives dans le Sundgau.
3 août 1789	L'Assemblée nationale prend les Juifs sous sa protection.
Août 1789	Rédaction des cahiers de doléances par les Juifs de l'Est.

31 août 1789	Adresse des Juifs à l'Assemblée nationale.
24 décembre 1789	Ajournement du débat sur la question juive par l'Assemblée nationale.
28 janvier 1790	Emancipation des Juifs « portugais, espagnols et avignonnais ».
20 juillet 1790	Abolition de la taxe Brancas.
27 septembre 1791	Emancipation de tous les Juifs de France.

3. L'EMPIRE

Février 1805	Réunion de la commission Portalis.
30 mai 1806	Publication d'un décret portant convocation de l'Assemblée des notables et instituant un moratoire d'un an sur les dettes.
26 juillet 1806	Ouverture de l'Assemblée des notables.
Septembre 1806	Convocation du Grand Sanhédrin.
9-10 décembre 1806	Adoption d'un projet du règlement du culte.
7 février 1807	Ouverture du Grand Sanhédrin.
9 mars 1807	Dissolution du Grand Sanhédrin.
6 avril 1807	Fin de l'Assemblée des notables.
17 mars 1808	Publication de trois décrets, dont l'un, dit « décret infâme », restreint les droits civiques des Israélites.
10 novembre 1808	Installation du Consistoire central.

4. RESTAURATION

1817	Création de L'Israélite français.
1818	Abrogation du décret infâme.
29 juin 1819 et 1820	
Août 1823	Publication de deux ordonnances renforçant les pouvoirs des consistoires.

1821	Publication de la première *Lettre tsar-phatique*, marquant la naissance du mouvement libéral.
1829	Fondation de l'école rabbinique de Metz.

5. MONARCHIE DE JUILLET

8 février 1831	Octroi d'un budget au culte israélite.
Janvier 1840	Fondation des *Archives israélites*. Publication du projet Crémieux de réforme des consistoires.
Avril 1844	Fondation de *L'Univers israélite*.
25 mai 1844	Ordonnance portant réorganisation du culte israélite.
3 mars 1846	Abolition du serment *more judaico*.

6. RÉVOLUTION DE 1848

Février 1848	Crémieux et Goudchaux sont respectivement ministres de la Justice et des Finances.
Avril-mai 1848	Emeutes antijuives en Alsace.
7 juin 1848	Instauration du suffrage universel pour les élections consistoriales.

7. SECOND EMPIRE

15-23 mai 1856	Conférence rabbinique à Paris.
1858	Affaire Mortara.
1859	Transfert du séminaire rabbinique à Paris.
Mai 1860	Fondation de l'Alliance israélite universelle.

ANNEXES

Annexe I

DÉCRET D'ÉMANCIPATION DES JUIFS PORTUGAIS, ESPAGNOLS ET AVIGNONNAIS (1790)[1]

LETTRES PATENTES *du roi, sur un décret de l'Assemblée nationale, portant que les juifs, connus en France sous le nom de juifs portugais, espagnols et avignonnais, y jouiront des droits de citoyens actifs ; données à Paris au mois de janvier 1790 ; registrées en parlement, en vacations, le 9 février audit an.*

LOUIS, par la grâce de Dieu et par la loi constitutionnelle de l'État, roi des Français : A tous présents et à venir, salut. L'Assemblée nationale a décrété, le 28 janvier présent mois, et nous voulons et ordonnons ce qui suit :

. . . .

Tous les juifs connus en France sous le nom de *juifs portugais, espagnols et avignonnais,* continueront de jouir des droits dont ils ont joui jusqu'à présent, et qui leur avaient été accordés par des lettres patentes. En conséquence, ils jouiront des droits de citoyens actifs, lorsqu'ils réuniront d'ailleurs les conditions requises par les décrets de l'Assemblée nationale, dont nous avons ordonné l'exécution.

Mandons et ordonnons, etc.

A Paris, au mois de janvier, l'an de grâce mil sept cent quatre-vingt-dix, et de notre règne le seizième.

Visa,   Signé, LOUIS.

L'ARCHEVÊQUE DE BORDEAUX   Par le roi :
                                                 Signé, DE SAINT-PRIEST.

1. HALPHEN, *op. cit.*, pp. 1-2.

Annexe II

DÉCRET D'ÉMANCIPATION DES JUIFS ASHKÉNAZES (1791) [1]

LOI *relative aux juifs, donné à Paris le* 13 *novembre* 1791.
LOUIS, par la grâce de Dieu et par la loi constitutionnelle de l'Etat, roi des Français : A tous présents et à venir, salut.
L'Assemblée nationale a décrété, et nous voulons et ordonnons ce qui suit :
    Décret de l'Assemblée nationale du 27 septembre 1791.
L'Assemblée nationale, considérant que les conditions nécessaires pour être citoyen français et pour devenir citoyen actif sont fixées par la Constitution, et que tout homme qui, réunissant lesdites conditions, prête le serment civique et s'engage à remplir tous les devoirs que la Constitution impose, a droit à tous les avantages qu'elle assure ;
Révoque tous ajournements, réserves et exceptions insérés dans les précédents décrets, relativement aux individus juifs qui prêteront le serment civique, qui sera regardé comme une renonciation à tous privilèges et exceptions introduits précédemment en leur faveur.
Mandons et ordonnons à tous les corps administratifs et tribunaux, que les présentes ils fassent consigner dans leurs registres, lire, publier et afficher dans leurs départements et ressorts repectifs, et exécuter comme loi du royaume. En foi de quoi nous avons signé ces présentes, auxquelles nous avons fait apposer le sceau de l'Etat. A Paris, le treizième jour du mois de novembre, l'an de grâce mil sept cent quatre-vingt-onze, et de notre règne le dix-huitième.

                                          Signé : LOUIS.
Et scellées du sceau de l'Etat.   Et plus bas, M.L.F. DU PORT.

1. *Ibid.,* pp. 9-10.

Annexe III

Premier décret

DÉCRET *impérial qui ordonne l'exécution d'un règlement du 10 décembre 1806, concernant les juifs.*

Au Palais des Tuileries, le 17 mars 1808.

NAPOLÉON, empereur des Français, roi d'Italie, et protecteur de la confédération du Rhin,

Sur le rapport de notre ministre de l'Intérieur ;

....

Notre conseil d'Etat entendu,

Nous avons décrété et décrétons ce qui suit :

Art. 1er. Le règlement délibéré dans l'assemblée générale des juifs, tenue à Paris le 10 décembre 1806, sera exécuté et annexé au présent décret.

2. Nos ministres de l'Intérieur et des Cultes sont chargés, chacun en ce qui le concerne, de l'exécution du présent décret.

Signé : NAPOLEON.
Par l'empereur :
Le ministre secrétaire d'Etat, signé : HUGUES B. MARET.

RÈGLEMENT

Les députés composant l'assemblée des israélites, convoqués par décret impérial du 30 mai 1806, après avoir entendu le rapport de la commission des neuf, nommée pour préparer les travaux de l'assemblée, délibérant sur l'organisation qu'il conviendrait de donner à leurs coreligionnaires de l'empire français et du royaume d'Italie, relativement à l'exercice de leur culte et à sa police intérieure, ont adopté unanimement le projet suivant :

Art. 1er. Il sera établi une synagogue et un consistoire israélite dans chaque département renfermant deux mille individus professant la religion de Moïse.

1. *Ibid.,* pp. 37-42.

2. Dans le cas où il ne se trouve pas deux mille israélites dans un seul département, la circonscription de la synagogue consistoriale embrassera autant de départements, de proche en proche, qu'il en faudra pour les réunir. Le siège de la synagogue sera toujours dans la ville dont la population israélite sera la plus nombreuse.

3. Dans aucun cas, il ne pourra y avoir plus d'une synagogue consistoriale par département.

4. Aucune synagogue particulière ne sera établie, si la proposition n'en est faite par la synagogue consistoriale à l'autorité compétente. Chaque synagogue particulière sera administrée par deux notables et un rabbin, lesquels seront désignés par l'autorité compétente.

5. Il y aura un grand rabbin par synagogue consistoriale.

6. Les consistoires seront composés d'un grand rabbin, d'un autre rabbin, autant que faire se pourra, et de trois autres israélites, dont deux seront choisis parmi les habitants de la ville où siégera le consistoire.

7. Le consistoire sera présidé par le plus âgé de ses membres, qui prendra le nom d'*ancien* du consistoire.

8. Il sera désigné par l'autorité compétente, dans chaque circonscription consistoriale, des notables, au nombre de vingt-cinq, choisis parmi les plus imposés et les plus recommandables des israélites.

9. Ces notables procéderont à l'élection des membres du consistoire, qui devront être agréés par l'autorité compétente.

10. Nul ne pourra être membre du consistoire ; 1° s'il n'a trente ans ; 2° s'il a fait faillite, à moins qu'il ne soit honorablement réhabilité ; 3° s'il est connu pour avoir fait l'usure.

11. Tout israélite qui voudra s'établir en France ou dans le royaume d'Italie, devra en donner connaissance, dans le délai de trois mois, au consistoire le plus voisin du lieu où il fixera son domicile.

12. Les fonctions du consistoire seront

1° De veiller à ce que les rabbins ne puissent donner, soit en public, soit en particulier, aucune instruction ou explication de la loi qui ne soit conforme aux réponses de l'assemblée, converties en décisions doctrinales par le grand sanhédrin ;

2° De maintenir l'ordre dans l'intérieur des synagogues, surveiller l'administration des synagogues particulières, régler la perception et l'emploi des sommes destinées aux frais du culte mosaïque, et veiller à ce que, pour cause ou sous prétexte de religion, il ne se forme, sans une autorisation expresse, aucune assemblée de prières ;

3° D'encourager, par tous les moyens possibles, les israélites de la circonscription consistoriale à l'exercice des professions utiles, et de faire connaître à l'autorité ceux qui n'ont pas des moyens d'existence avoués ;

4° De donner, chaque année, à l'autorité connaissance du nombre de conscrits israélites de la circonscription.

13. Il y aura, à Paris, un consistoire central, composé de trois rabbins et de deux autres israélites.

14. Les rabbins du consistoire central seront pris parmi les grands rabbins, et les autres membres seront assujettis aux conditions de l'éligibilité portées en l'art. 10.

15. Chaque année il sortira un membre du consistoire central, lequel sera toujours rééligible.

16. Il sera pourvu à son remplacement par les membres restants. Le nouvel élu ne sera installé qu'après avoir obtenu l'agrément de l'autorité compétente.

17. Les fonctions du consistoire central seront, 1° de correspondre avec les consistoires ; 2° de veiller dans toutes ses parties à l'exécution du présent règlement ; 3° de déférer à l'autorité compétente toutes les atteintes portées à l'exécution dudit règlement, soit par infraction, soit par inobservation ; 4° de confirmer la nomination des rabbins, et de proposer, quand il y aura lieu, à l'autorité compétente, la destitution des rabbins et des membres des consistoires.

18. L'élection du grand rabbin se fera par les vingt-cinq notables désignés en l'art. 8.

19. Le nouvel élu ne pourra entrer en fonctions qu'après avoir été confirmé par le consistoire central.

20. Aucun rabbin ne pourra être élu, 1° s'il n'est natif ou naturalisé Français ou Italien du royaume d'Italie ; 2° s'il ne rapporte une attestation de capacité, souscrite par trois grands rabbins italiens, s'il est Italien, et français, s'il est Français, et, à dater de 1820, s'il ne sait la langue française en France, et l'italienne dans le royaume d'Italie : celui qui joindra à la connaissance de la langue hébraïque quelque connaissance des langues grecque et latine sera préféré, toutes choses égales d'ailleurs.

21. Les fonctions des rabbins sont, 1° d'enseigner la religion ; 2° la doctrine renfermée dans les décisions du grand sanhédrin ; 3° de rappeler en toute circonstance l'obéissance aux lois, notamment et en particulier à celles relatives à la défense de la patrie, mais d'y exhorter plus spécialement encore tous les ans, à l'époque de la circonscription, depuis le premier appel de l'autorité jusqu'à la complète exécution de la loi ; 4° de faire considérer aux israélites le service militaire comme un devoir sacré, et de leur déclarer que, pendant le temps où ils se consacreront à ce service, la loi les

dispense des observances qui ne pourraient point se concilier avec lui ; 5° de prêcher dans les synagogues, et réciter les prières qui s'y font en commun pour l'empereur et la famille impériale ; 6° de célébrer les mariages et de déclarer les divorces, sans qu'ils puissent, dans aucun cas, y procéder que les parties requérantes ne leur aient bien et dûment justifié de l'acte civil de mariage ou de divorce.

22. Le traitement des rabbins membres du consistoire central est fixé à six mille francs ; celui des grands rabbins des synagogues consistoriales, à trois mille francs ; celui des rabbins des synagogues particulières sera fixé par la réunion des israélites qui auront demandé l'établissement de la synagogue ; il ne pourra être moindre de mille francs. Les israélites des circonscriptions respectives pourront voter l'augmentation de ce traitement.

23. Chaque consistoire proposera à l'autorité compétente un projet de répartition entre les israélites de la circonscription, pour l'acquittement du salaire des rabbins : les autres frais du culte seront déterminés et répartis sur la demande des consistoires par l'autorité compétente. Le payement des rabbins membres du consistoire central sera prélevé proportionnellement sur les sommes perçues dans les différentes circonscriptions.

24. Chaque consistoire désignera hors de son sein un israélite non rabbin, pour recevoir les sommes qui devront être perçues dans la circonscription.

25. Ce receveur payera par quartier les rabbins, ainsi que les autres frais du culte, sur une ordonnance signée au moins par trois membres du consistoire. Il rendra ses comptes chaque année, à jour fixe, au consistoire assemblé.

26. Tout rabbin qui, après la mise en activité du présent règlement, ne se trouvera pas employé, et qui voudra cependant conserver son domicile en France ou dans le royaume d'Italie, sera tenu d'adhérer, par une déclaration formelle et qu'il signera, aux décisions du grand sanhédrin. Copie de cette déclaration sera envoyée, par le consistoire qui l'aura reçue, au consistoire central.

27. Les rabbins membres du grand sanhédrin seront préférés, autant que faire se pourra, à tous autres pour les places de grands rabbins.

Certifié conforme :
Le ministre secrétaire d'Etat, signé : HUGUES B. MARET.

2° DÉCRET *impérial, qui prescrit des mesures pour l'exécution du règlement du* 10 *décembre* 1806 *concernant les juifs.*

Au Palais des Tuileries, le 17 mars 1808.

NAPOLÉON, empereur des Français, roi d'Italie et protecteur de la confédération du Rhin ;

Sur le rapport de notre ministre de l'Intérieur ;

Notre conseil d'Etat entendu,

Nous avons décrété et décrétons ce qui suit :

Art. 1er. Pour l'exécution de l'art. 1er du règlement délibéré par l'assemblée générale des juifs, exécution qui a été ordonnée par notre décret de ce jour, notre ministre des Cultes nous présentera le tableau des synagogues consistoriales à établir, leur circonscription et le lieu de leur établissement.

Il prendra préalablement l'avis du consistoire central.

Les départements de l'empire qui n'ont pas actuellement de population israélite, seront classés par un tableau supplémentaire, dans les arrondissements des synagogues consistoriales, pour le cas où des israélites venant à s'y établir, ils auraient besoin de recourir à un consistoire.

2. Il ne pourra être établi de synagogue particulière, suivant l'art. 4 dudit règlement, que sur l'autorisation donnée par nous en conseil d'Etat sur le rapport de notre ministre des Cultes, et sur le vu, 1° de l'avis de la synagogue consistoriale ; 2° de l'avis du consistoire central ; 3° de l'avis du préfet du département ; 4° de l'état de la population israélite qui comprendra la synagogue nouvelle.

La nomination des administrateurs des synagogues particulières sera faite par le consistoire départemental, et approuvée par le consistoire central.

Le décret d'établissement de chaque synagogue particulière en fixera la circonscription.

3. La nomination des notables dont il est parlé en l'art. 8 dudit règlement sera faite par notre ministre de l'Intérieur, sur la présentation du consistoire central et l'avis des préfets.

4. La nomination des membres des consistoires départementaux sera présentée à notre approbation par notre ministre des Cultes, sur l'avis des préfets des départements compris dans l'arrondissement de la synagogue.

1. *Ibid.*, pp. 42-44.

5. Les membres du consistoire central dont il est parlé à l'article 13 dudit règlement, seront nommés pour la première fois par nous, sur la présentation de notre ministre des cultes, et parmi les membres de l'assemblée générale des juifs ou du grand sanhédrin.

6. Le même ministre présentera à notre approbation le choix du nouveau membre du consistoire central, qui sera désigné chaque année selon les art. 15 et 16 dudit règlement.

7. Le rôle de répartition dont il est parlé à l'art. 23 dudit règlement, sera dressé par chaque consistoire départemental, divisé en autant de parties qu'il y aura de départements dans l'arrondissement de la synagogue, soumis à l'examen du consistoire central, et rendu exécutoire par les préfets de chaque département.

8. Nos ministres de l'Intérieur et des Cultes sont chargés de l'exécution du présent décret.

Signé : NAPOLÉON.

Par l'empereur :
Le ministre secrétaire d'Etat, signé : Hugues B. Maret.

DÉCRET *impérial concernant les juifs* [1].

Au Palais des Tuileries, le 17 mars 1808.

Napoléon, empereur des Français, roi d'Italie, et protecteur de la confédération du Rhin ;

Notre conseil d'Etat entendu,

Nous avons décrété et décrétons ce qui suit :

TITRE Ier

Art. 1er. A compter de la publication du présent décret, le sursis prononcé par notre décret du 30 mai 1806, pour le payement des créances des juifs, est levé.

2. Lesdites créances seront néanmoins soumises aux dispositions ci-après.

3. Tout engagement pour prêt fait par des juifs à des mineurs, sans l'autorisation de leur tuteur ; à des femmes sans l'autorisation de leur mari ; à des militaires, sans l'autorisation de leur capitaine si c'est un soldat ou un sous-officier, du chef du corps si c'est un officier, sera nul de plein droit, sans que les porteurs ou cessionnaires puissent s'en prévaloir et nos tribunaux autoriser aucune action ou poursuite.

1. *Ibid.,* pp. 44-47.

4. Aucune lettre de change, aucun billet à ordre, aucune obligation ou promesse, souscrite par un de nos sujets non commerçants, au profit d'un juif, ne pourra être exigé sans que le porteur prouve que la valeur en a été fournie entière et sans fraude.

5. Toute créance dont le capital sera aggravé d'une manière patente ou cachée, par l'accumulation d'intérêts à plus de cinq pour cent, sera réduite par nos tribunaux.

Si l'intérêt réuni au capital excède dix pour cent, la créance sera déclarée usuraire, et comme telle annulée.

6. Pour les créances légitimes et non usuraires, nos tribunaux sont autorisés à accorder aux débiteurs des délais conformes à l'équité.

TITRE II

7. Désormais, et à dater du 1er juillet prochain, nul juif ne pourra se livrer à aucun commerce, négoce ou trafic quelconque, sans avoir reçu, à cet effet, une patente du préfet du département, laquelle ne sera accordée que sur des informations précises, et que sur un certificat, 1° du conseil municipal, constatant que ledit juif ne s'est livré ni à l'usure ni à un trafic illicite ; 2° du consistoire de la synagogue dans la circonscription de laquelle il habite, attestant sa bonne conduite et sa probité.

8. Cette patente sera renouvelée tous les ans.

9. Nos procureurs généraux près nos cours sont spécialement chargés de faire révoquer lesdites patentes, par une décision spéciale de la cour, toutes les fois qu'il sera à leur connaissance qu'un juif patenté fait l'usure ou se livre à un trafic frauduleux.

10. Tout acte de commerce fait par un juif non patenté sera nul et de nulle valeur.

11. Il en sera de même de toute hypothèque prise sur des biens par un juif non patenté, lorsqu'il sera prouvé que ladite hypothèque a été prise pour une créance résultant d'une lettre de change, ou pour un fait quelconque de commerce, négoce ou trafic.

12. Tous contrats ou obligations souscrits au profit d'un juif non patenté, pour des causes étrangères au commerce, négoce ou trafic, pourront être révisés par suite d'une enquête de nos tribunaux. Le débiteur sera admis à prouver qu'il y a usure ou résultat d'un trafic frauduleux ; et, si la preuve est acquise, les créances seront susceptibles soit d'une réduction arbitrée par le tribunal, soit d'annulation si l'usure excède dix pour cent.

13. Les dispositions de l'art. 4, titre 1er du présent décret, sur les lettres de change, billets à ordre, etc., sont applicables à l'avenir comme au passé.

14. Nul juif ne pourra prêter sur nantissement à des domestiques ou gens à gages, et il ne pourra prêter sur nantissement à d'autres personnes, qu'autant qu'il en sera dressé acte par un notaire, lequel certifiera, dans l'acte, que les espèces ont été comptées en sa présence et celle des témoins, à peine de perdre tout droit sur les gages, dont nos tribunaux et cours pourront en ce cas ordonner la restitution gratuite.

15. Les juifs ne pourront, sous les mêmes peines, recevoir en gage les instruments, ustensiles, outils et vêtements des ouvriers journaliers et domestiques.

TITRE III

16. Aucun juif, non actuellement domicilié dans nos départements du Haut et du Bas-Rhin, ne sera désormais admis à y prendre domicile.

Aucun juif, non actuellement domicilié, ne sera admis à prendre domicile dans les autres départements de notre empire, que dans le cas où il y aurait fait l'acquisition d'une propriété rurale, et se livrera à l'agriculture, sans se mêler d'aucun commerce, négoce ou trafic.

Il pourra être fait des exceptions aux dispositions du présent article, en vertu d'une autorisation spéciale émanée de nous.

17. La population juive, dans nos départements, ne sera point admise à fournir des remplaçants pour la conscription ; en conséquence, tout juif conscrit sera assujetti au service personnel.

Dispositions générales

18. Les dispositions contenues au présent décret auront leur exécution pendant dix ans, espérant qu'à l'expiration de ce délai et par l'effet des diverses mesures prises à l'égard des juifs, il n'y aura plus aucune différence entre eux et les autres citoyens de notre empire, sauf néanmoins, si notre espérance était trompée, à en proroger l'exécution, pour tel temps qu'il sera jugé convenable.

19. Les juifs établis à Bordeaux et dans les départements de la Gironde et des Landes, n'ayant donné lieu à aucune plainte, et ne se livrant pas à un trafic illicite, ne sont pas compris dans les dispositions du présent décret.

20. Nos ministres sont chargés, chacun en ce qui le concerne, de l'exécution du présent décret.

Signé : NAPOLÉON.
Par l'empereur :
Le ministre secrétaire d'Etat, signé : Hugues B. Maret.

Annexe IV

Arrêt de la Cour de Cassation du 3 mars 1846 annulant l'obligation de prêter le serment *more judaico* [1].

« La Cour,

» Vu les art. 1er et 5 de la Charte constitutionnelle, 1357 du Code civil et 121 du Code de procédure ;

» Attendu que tous les Français sont égaux devant la loi et jouissent des mêmes droits, quelle que soit leur religion ;

» Que la même présomption de bonne foi protège tous leurs actes ;

» Attendu que le serment déféré ou référé, aux termes de l'art. 1357 du Code civil, a un caractère essentiellement religieux, puisque celui qui le prête prend Dieu à témoin de son affirmation ;

» Que la véritable garantie contre le parjure réside dans la conscience de l'homme et non dans des solennités accessoires qui n'ajoutent aucune force réelle à l'acte solennel du serment ;

» Attendu que d'après l'art. 121 du Code de procédure civile, le serment doit être prêté par la partie en personne et à l'audience ;

» Que cet article n'admet d'exception pour le lieu de la prestation de serment que dans le cas d'empêchement légitime et dûment constaté ; qu'alors le juge, accompagné de son greffier, doit se transporter chez la partie pour recevoir son serment ;

» Attendu que le serment consiste dans les mots *je jure* qu'on est tenu de prononcer en levant la main ;

» Que cette forme est consacrée par un usage constamment suivi en France ; qu'elle a été expressément adoptée pour les Français de la religion protestante par les édits de 1572 et 1598 (art. 20 et 21) ; qu'elle est prescrite par nos lois politiques et criminelles ;

» Qu'elle est la seule à laquelle les Français puissent être soumis, et que dans le cas de faux serment, tous sont punis des mêmes peines ;

» Attendu que le juge ne peut autoriser une autre forme de serment que lorsque la personne qui doit le prêter ne professe pas la religion de la majorité des Français, et en fait elle-même la demande ;

» Attendu que lorsque les juifs ont été soumis par des déclara-

1. *Ibid.*, pp. 329-332.

tions, lois, ordonnances et en dernier lieu par les lettres patentes du 10 juillet 1784, enregistrées au conseil souverain d'Alsace, le 26 avril suivant, à un serment particulier et exceptionnel, ils étaient placés hors du droit commun et obtenaient à peine quelque tolérance pour la jouissance des droits que tous les hommes tiennent du droit naturel et du droit des gens ;

» Attendu que cet état de choses a été complètement changé ; 1° par la loi du 21 septembre 1791, qui a fait jouir les juifs de tous les droits civils, civiques et politiques accordés aux Français ;

» 2° Par le décret du 19 octobre 1808, qui a organisé le culte israélite ;

» 3° Par la loi du 8 février 1831, qui a mis le traitement des ministres de la religion juive à la charge de l'Etat ;

» 4° Et surtout par la Charte de 1830, qui a proclamé de nouveau le principe de l'égalité entre les Français et la liberté des cultes ;

» Attendu que les mesures exceptionnelles établies pour dix années, par le décret du 17 mars 1808, relativement aux créances des juifs de quelques départements ont cessé d'avoir effet en 1818, et que les juifs français sont complètement assimilés maintenant à leurs concitoyens ;

» Attendu que sous le prétexte d'attribuer plus d'importance et d'efficacité à leur serment, on ne peut leur imposer une législation abrogée, des usages qu'ils répudient et des solennités dont ils méconnaissent l'utilité ;

» Qu'agir ainsi, c'est violer la loi et porter directement atteinte à la liberté de conscience si hautement proclamée par la Charte constitutionnelle ;

» Attendu que Lazare Cerf, demandeur, auquel Gougenheim a déféré le serment décisoire, conformément à l'article 1357 du Code civil, a demandé à faire ce serment devant le tribunal de Saverne dans la forme ordinaire ;

» Que loin d'accueillir sa demande expresse, le tribunal de Saverne et ensuite l'arrêt attaqué l'ont condamné à faire son serment *more judaico*, dans la synagogue, entre les mains du rabbin et en présence du juge de paix du canton ;

» Attendu qu'en jugeant ainsi, la cour royale de Colmar a fait revivre une législation entièrement abolie, a méconnu les art. 1 et 5 de la Charte constitutionnelle de 1830, et a expressément violé l'article 1337 du Code civil et de l'article 121 du Code de procédure ;

» Par ces motifs casse et annule l'arrêt de la cour royale de Colmar du 20 décembre 1842.

Index

RACHEL (Felix, Rachel, dite), 102, 128.
RATISBONNE (Alphonse), 188.
RATISBONNE (Louis), 188.
RATISBONNE (Théodore, Marie), 159.
R A T T I -MENTHON (consul de France à Damas), 149.
Recensements, 99, 101.
Réforme du culte, et la conférence de 1856, 231-239 ; et la doctrine de l'assimilation, 138-148 ; et l'orthodoxie, 210, 211, 216 ; et la solidarité juive, 148-151, 240-243 ; définition, 137 ; importance et leaders, 213-216 ; revendications, 220-226 ; *voir aussi Les Archives israélites,* BEN-LÉVI, CAHEN (Isidore et Samuel), GERSON-LÉVY, MUNK (Salomon), TERQUEM (Olry).
Réforme de 1844, 181-185.
Régénération, voir Assemblée des notables, concours de Metz.
REGNAUD DE SAINT-JEAN D'ANGELY (comte Michel), 75.
REINACH (Salomon), 239 note 1.
Religion, *voir* Judaïsme.
Restauration, 69-70, 86-87, 88, 91, 100, 109, 117, 121, 125, 129, 161, 179-180.
Révolution de 1789, 43-59 ; participation des Juifs à la, 160-161 ; et la doctrine de l'assimilation, 138-140, 144 ; et les violences antijuives pendant la, 50, 54, 62-66 ; *voir aussi* Assemblée nationale, Emancipation, Etats généraux.
Révolution de Juillet 1830, 62, 91, 92 ; et participation des Juifs à la, 88 note 1, 161-162 ;

et accord d'un budget au culte israélite, 89-90.
Révolution de 1848, participation des Juifs à la, 163 ; et le consistoire, 163-164 ; et les milieux orthodoxes, 164, 185-186 ; et les pogroms en Alsace, 123-124, 163 note 1.
REWBELL (Jean-François), 49, 51, 56.
Rites, 196, 206-207, 235.
ROBESPIERRE (Maximilien de), 49, 50.
RODRIGUÈS (Jacob), 74, 190, 206.
ROEDER (Pierre-Louis), 37, 39, 40.
Rôle messianique de la France, 138-139.
ROSENFELD (directeur de l'école juive de Lyon), 197.
ROTHSCHILD (baron James de), 125, 161.
ROTHSCHILD (Mayer-Amschel), 125.
ROTHSCHILD (famille), 125, 129-130 ; et les œuvres de bienfaisance, 120, 203-204.

Sabbat, observance du, 64 ; transfert au dimanche du, 215, 221-222.
Saint-Esprit, *voir* Bayonne.
Saint-Etienne, 109.
Saint-Mandé, 113.
Saint-simonien, mouvement, 162.
SALADIN (membre du conseil des Cinq Cents), 68.
SALVADOR (Joseph), 138 note 1, 146-147.
Sanhédrin (grand), convocation, 81 ; délégués au, 82 ; et décisions doctrinales, 83-84,

Table des matières

Collection « DIASPORA »
dirigée par Roger Errera

ACHEVÉ D'IMPRIMER
SUR LES PRESSES DE
L'IMPRIMERIE AUBIN
86 — LIGUGÉ/VIENNE
N° 8754
ÉDITIONS CALMANN-LÉVY
3, RUE AUBER, PARIS 9e
N° 10379
D. L. : 1er trim. 1976